Gerhard Maletzke · Einführung in die Massenkommunikationsforschung

2. Auflage
1975

VVS

GERHARD MALETZKE (Hrsg.)

Einführung in die Massenkommunikationsforschung

VERLAG VOLKER SPIESS · BERLIN

1975

Gedruckt mit Hilfe der Stiftervereinigung der Presse e. v.

Druck: Pustet, Regensburg
ISBN 3-920889-00-2

Inhaltsverzeichnis

Erster Teil: Grundlagen, Gesamtüberblicke

Zweiter Teil: Beiträge zu den einzelnen „Feldfaktoren" der Massenkommunikation

1. Kommunikation

2. Aussage

3. Medien

4. Rezipient

Vorwort

1. Einen Sammelband zur Einführung in die Massenkommunikationsforschung herauszugeben, ist ein gewagtes Unterfangen. Eine Publikation dieser Art fordert unausweichlich Kritik heraus, und zwar eine Kritik, deren Richtung sich recht deutlich voraussehen läßt. Sammelbände können immer nur eine begrenzte Anzahl von Beiträgen aufnehmen; sie können deshalb das thematisch abgesteckte Gebiet niemals auch nur annähernd abdecken. Unter dem Zwang zu Begrenzung und Selektion greifen sie mehr oder weniger punktuell einige Teilthemen heraus, und so bleiben manche Erwartungen, die man gegenüber einer Einführung hegen mag, unerfüllt. Der eine Leser wird dies, der andere jenes vermissen.

Nicht um dieser Kritik zu entgehen, sondern um dem Leser und Kritiker die Intentionen des Herausgebers verständlicher zu machen, sollen im folgenden einige Worte über die *Prinzipien* gesagt werden, *die der Auswahl der Beiträge zugrundelagen.*

Ein erstes Kriterium war die Frage, wieweit sich die Beiträge für eine Einführung in den mittlerweile weitverzweigten Problembereich der Massenkommunikation eignen, und zwar insbesondere im Hinblick auf die angezielten Leserkreise. Gedacht ist dieses Buch vor allem für Studenten der Publizistik — oder Kommunikationswissenschaft sowie anderer Fächer, die mehr oder weniger eng mit dieser Disziplin zusammenhängen. Gedacht ist es aber auch für Kommunikationspraktiker, die etwas mehr über die Bedingungen, Voraussetzungen und Hintergründe ihrer Arbeit wissen wollen. Nicht zuletzt soll dieses Buch drittens auch denjenigen dienen, die sich in ihrer Berufspraxis von ganz anderen Seiten her mit Problemen der Massenkommunikation konfrontiert sehen, etwa Pädagogen, Politiker, Juristen, Theologen u. a. — Allen drei Gruppen soll hier die Möglichkeit geboten werden, sich mit der Grundproblematik der Massenkommunikation und — zumindest in groben Zügen — mit dem gegenwärtigen Stande der Massenkommunikationsforschung vertraut zu machen. Die Bedeutsamkeit und Nützlichkeit der Beiträge für diese Leserkreise war somit ein wichtiger Auswahlgesichtspunkt. Arbeiten, die nur einen kleinen Teil dieser „Zielgruppen" interessieren würden — so beispielsweise reine Methodenfragen — kamen von vornherein nicht in Betracht.

Zum zweiten sollten möglichst die wichtigsten Aspekte des Gesamtthemas berücksichtigt werden. Eben hier setzen jedoch die schon angedeuteten Schwierigkeiten ein: Der Versuch, systematisch alle Problemkreise der Massenkommunikation zu erfassen, müßte von vornherein daran scheitern, daß die Zahl dieser Probleme ein Vielfaches der hier möglichen Beiträge ausmacht. Ein bequemer Ausweg aus diesem Dilemma wäre es, sich ganz auf Beiträge allgemeiner Art, auf Überblicke, Grundsatzdiskussionen, Zusammenfassungen zu beschränken. Doch erfüllt nach Ansicht des Herausgebers diese Einführung ihren Zweck in vollem Umfang erst dann, wenn sie über derartige allgemeine Arbeiten hinaus wenigstens hier und da exemplarisch tiefere Einblicke in Teilprobleme und Einzelfragen bietet. Aus dieser Überlegung ergab sich die Zweiteilung des Buches in einen allgemeineren ersten und einen spezielleren, zum mindesten im Ansatz systematischen zweiten Teil.

Ferner sollten die Beiträge möglichst ausgewogen, aber nicht einseitig sein, etwa zugunsten bestimmter Lehrmeinungen oder „Schulen" der Massenkommunikationsforschung. Es sollten also die wichtigsten verschiedenen Auffassungen zu Wort kommen.

Des weiteren wurden vor allem neuere, aktuelle, dem heutigen Stand der Forschung und Diskussion gerecht werdende Arbeiten ausgewählt. Die ältesten Beiträge stammen aus dem Jahre 1968. Zweifellos gibt es auch ältere Studien, die bis heute nichts an Aktualität und Bedeutung verloren haben; doch wäre es eine eigene Aufgabe, derartige „zeitlose" Untersuchungen neu zu edieren.

Ein gewichtiges Kriterium war schließlich die Frage, ob die Beiträge — für die genannten Zielgruppen — als Originalquelle leicht oder schwer zugänglich sind. Nur in einigen wenigen Fällen wurden Arbeiten aufgenommen, die für das deutschsprachige Publikum leicht erreichbar sind. Im übrigen wurden Studien ausgewählt, die entweder noch gar nicht veröffentlicht oder in wenig bekannten Publikationen zu finden sind.

Abschließend sei vermerkt, daß es bei der Auswahl *nicht* darauf ankam, Autoren mit großen Namen zu präsentieren, zumal die Arbeiten der „Klassiker" der Massenkommunikationsforschung zumeist in den Bibliotheken leicht zugänglich sind. So kommt die Mehrzahl der Beiträge von (noch) nicht so prominenten Forschern der jüngeren Generation.

2. Als Herausgeber danke ich allen, die am Zustandekommen dieser Einführung in die Massenkommunikationsforschung beteiligt waren. Es sind dies vor allem die Autoren, Verlage und Institutionen, die ihre Zustimmung zum Abdruck der Beiträge gaben und die sich in einigen notwendigen Fällen auch mit den (manchmal für die betroffenen Autoren „schmerzlichen") Kürzungsvorschlägen einverstanden erklärten; ferner der Verleger, Herr Volker Spiess, der das Vorhaben großzügig und nach Kräften förderte; nicht zuletzt auch die Übersetzerin der englischsprachigen Beiträge, Frau Johanna Marawske. Ihnen und allen anderen Beteiligten gilt mein herzlicher Dank.

Berlin, im April 1972

Gerhard Maletzke

Einleitung

Um den Beiträgen dieses Buches einen größeren Rahmen zu geben, der auch erkennen läßt, wie die einzelnen Arbeiten miteinander zusammenhängen, sind einige kurze Erläuterungen notwendig.

1. Unter *Massenkommunikation* verstehen wir alle Formen von Kommunikation, bei der Aussagen

öffentlich	(also ohne begrenzte personell definierte Empfängerschaft)
durch technische Verbreitungsmittel	(Medien)
indirekt	(also bei räumlicher oder zeitlicher oder raumzeitlicher Distanz zwischen den Kommunikationspartnern)
und einseitig	(also ohne Rollenwechsel zwischen Aussagenden und Aufnehmenden)
an ein disperses Publikum	(im Unterschied zu einem Präsenzpublikum)

vermittelt werden (1). Dabei sollte man sich allerdings vergegenwärtigen, daß dies nur *eine* Definition unter zahlreichen möglichen ist und daß hier lediglich eine Nominaldefinition vorliegt (2), also ein Vorschlag, welcher reale Sachverhalt mit dem definierten Begriff bezeichnet werden soll. Ein derartiger Vorschlag strebt eine Übereinkunft über die Verwendung des Begriffes an und kann somit weder richtig noch falsch, er kann nur zweckmäßig oder unzweckmäßig sein. Dies bedeutet, daß man sich durchaus auch mit anderen Definitionen von „Massenkommunikation" auseinandersetzen sollte; doch ist hier nicht der Ort für eine solche Begriffsdiskussion, die erfahrungsgemäß nur einen kleinen Teil der Leser interessieren würde.

2. Die Wissenschaft, die sich mit dem in unserer Definition eingegrenzten Realitätsbereich befaßt und die — mit gewissen Akzentunterschieden — als Zeitungs- oder Publizistikwissenschaft oder neuerdings auch als *Massenkommunikationsforschung* bezeichnet wird, hat sich nicht nur durch das Hinzukommen neuer Medien ständig quantitativ ausgeweitet, sie hat sich auch im Verlaufe ihrer Geschichte qualitativ verändert: Zunächst wurde diese Disziplin von Forschern beherrscht, die betont historisch-hermeneutisch, also — mit einem wenig präzisen Schlagwort — „geisteswissenschaftlich" an ihren Gegenstand herangingen. Als Reaktion auf diese einseitige und begrenzte Sichtweise und angeregt durch das Entstehen der modernen Sozialforschung trat dann der empirisch-analytische Ansatz in den Vordergrund mit dem Ziel, analog zu den klassischen Naturwissenschaften durch die empirische Überprüfung von Gesetzeshypothesen zu einer allgemeinen Theorie der Massenkommunikation zu kommen. Der ältere geisteswissenschaftliche Ansatz ist

zwar nicht verschwunden, er nimmt aber insgesamt heute nur noch einen bescheidenen Anteil in der Massenkommunikationsforschung ein. Vom Forschungsobjekt her gesehen wäre es möglich und auch wünschenswert, daß sich beide Richtungen miteinander nicht nur arrangieren, sondern integrieren. Diese Problematik wurde vom Herausgeber an anderer Stelle ausführlicher erörtert (3).

3. Der sozialwissenschaftliche Ansatz brachte ein *Denkmodell* mit sich, das man dem Gesamtprozeß der Massenkommunikation zugrundelegen und mit dem man diesen Prozeß systematisch analysieren kann:

Betrachtet der Forscher die Massenkommunikation als Interaktion zwischen Kommunikationspartnern, so drängt sich ihm ein Modell, ein Schema auf, in welchem diese Partner — Kommunikator und Rezipient — die Pole *eines Beziehungsfeldes* darstellen; die Interaktion besteht dann darin, daß der Kommunikator Aussagen produziert und mit Hilfe technischer Verbreitungsmedien an die Rezipienten (an ein disperses Publikum) vermittelt. Freilich ist dies zunächst eine sehr vereinfachte Sichtweise; bei genauerer Analyse erweist sich das Feld der Massenkommunikation als ein hochkomplexes System. Es zeigt sich, daß alle Faktoren des Feldes funktional miteinander verbunden sind; jeder Faktor wirkt auf die anderen ein und wird von diesen beeinflußt. Derartige Wechselwirkungen lassen sich nicht hinreichend mit der Denkkategorie der Kausalität, also mit dem Ursache-Wirkungsmodell erfassen. Vielmehr benutzt man heute den von der Technik über die Biologie und Ökonomie herkommenden, von den Sozialwissenschaften übernommenen kybernetischen Denkansatz der Interdependenzen, des Regelkreises, der Rückmeldung und Rücksteuerung, des Feedback, der Reziprozität. Wir können darauf hier nicht eingehen; doch ist nach dieser Einleitung als Beispiel eine graphische Darstellung des Beziehungsfeldes der Massenkommunikation wiedergegeben (4), das — wie wir meinen — zusammen mit den Erläuterungen hinreichend klarmacht, was mit einem kybernetischen Interdependenzsystem gemeint ist.

Wenn soeben betont wurde, daß die vorgeschlagene Definition der „Massenkommunikation" nur eine von zahlreichen Möglichkeiten darstellt, so gilt hier analog dasselbe: Außer dem hier ausgewählten „Feldsystem" gibt es verschiedene andere Modelle, die jedoch alle in ihren Grundzügen dem hier dargestellten ähneln (5).

Anzumerken bleibt, daß diese Modelle nicht nur als Ordnungs- und Orientierungshilfe dienen, indem sie die Komplexität der Realität auf ein überschaubares Maß reduzieren, sondern daß sie auch heuristische Suchschemata darstellen, also Systeme, die sichtbar machen, welche Probleme an welchen Stellen des Feldes sich der Forschung stellen. Die Feldmodelle haben zu wichtigen Erkenntnissen darüber geführt, welchen bis dahin zum Teil kaum beachteten Fragen und Aspekten die Forscher ihre Aufmerksamkeit widmen sollten. Dies führte dazu, daß die Massenkommunikationsforschung in ihrem

Problembewußtsein heute sehr viel weiter reicht als die zur Verfügung stehenden Methoden. Durch die Feldsysteme lassen sich zahlreiche Probleme scharf und präzise formulieren, für deren Lösung die bislang entwickelten Methoden nicht ausreichen. Eine wichtige Aufgabe der künftigen Forschung wird also darin bestehen, Methoden zu finden, die den komplexen Prozessen im Felde der Massenkommunikation gerecht werden.

4. Für den zweiten, aus spezielleren Beiträgen bestehenden Teil dieses Buches bietet sich das *Feldmodell* der Massenkommunikation als *Gliederungsgrundlage* an. Jeder der vier Hauptfaktoren des Feldes ist mit mindestens einem Beitrag hier vertreten. Doch mag diese Zuordnung nicht immer zu erkennen sein, und so ist es wohl nützlich, kurz zu erläutern, welcher „Standort" den Aufsätzen des zweiten Teils zukommt. Wenn dabei in einigen wenigen Fällen die Autoren ihr Thema so behandeln, daß man es an verschiedenen Stellen einordnen könnte, wird hier der Beitrag demjenigen Faktor zugewiesen, bei dem offensichtlich der thematische Schwerpunkt liegt.

(a) Seit einiger Zeit wird immer wieder betont, der Feldfaktor *„Kommunikator"* sei von der Forschung über Gebühr vernachlässigt worden. Das ist sicher richtig, doch zeichnet sich hier ein Wandel ab: Die Zahl der Studien über diesen Fragenkomplex nimmt rasch zu. Auch in dem vorliegenden Buch ist dieser Faktor nicht unterrepräsentiert: Vier Aufsätze sind ihm gewidmet, nämlich

G. Kieslich: Ein Beruf ohne Berufsbild:
Gedanken zur Ausbildung von Journalisten
W. B. Lerg: Angebot oder Austausch:
Thesen zur Organisation der Rundfunkanstalt
P. Glotz und W. R. Langenbucher:
Monopol und Kommunikation
K. Nordenstreng und Mitarbeiter:
Grundsätze der Nachrichtenvermittlung

Diese Beiträge machen die Spannweite dessen deutlich was in der Lehre von der Massenkommunikation als „Kommunikator" bezeichnet wird: Die Skala reicht von einzelnen Journalisten, Publizisten, Sprechern, Schauspielern u. ä. als *Individuen* bis hin zu verzweigten und *komplexen Institutionen*, die man heute soziologisch als *Systeme* versteht.

Die Arbeit von Nordenstreng zählt zu jenen Studien, die ihren Platz an verschiedenen Stellen des Modells finden könnten; da jedoch hier der Schwerpunkt bei den Zielen und Intentionen der *Kommunikatoren*, bei deren Politik und Strategie liegt, wurde der Beitrag diesem Faktor zugeordnet.

(b) Mit wichtigen Aspekten des Faktors *„Aussage"* befassen sich

F. Dröge und Mitarbeiter:
Die Aussage: Stimulusfeld

Es geht dabei um das Problem, wieweit und auf welche Weise die verschiedenen Gestaltungsformen der Aussage die Wirkungen der Massenkommunikation mitbestimmen.

Bei diesem Faktor lag es nahe, auch einen oder zwei Beiträge über die Inhalts- oder Aussagenanalyse einzufügen. Davon haben wir abgesehen, nicht nur wegen des begrenzten Platzes, sondern vor allem auch aus der Erfahrung heraus, daß Methodenfragen dieser Art meist nur einen begrenzten Kreis von Fachvertretern interessieren.

(c) Beim Faktor *„Medium"* wäre es zweifellos wünschenswert gewesen, daß jedem einzelnen Verbreitungsmittel — gedrucktes Wort, Film, Schallplatte, Hörfunk, Fernsehen — mindestens ein Beitrag gewidmet wäre. Aus Gründen der räumlichen Begrenzung war das nicht möglich. Exemplarisch stehen hier von den „konventionellen" Medien der Film, repräsentiert durch Artikel von

M. Osterland:
Die Funktion des Films in der Gesellschaft

und das Fernsehen durch die Studie

Zur wissenschaftlichen Erforschung des Fernsehens.

Darüber hinaus wurde ein Beitrag abgedruckt, der auf einen wichtigen Sektor der jüngsten Medienentwicklung, auf die Massenkommunikation durch Satelliten eingeht:

H. Weirich und O. Wilfert:
Auf dem Weg in die elektronische Kommunikation.

(d) Bei dem Faktor *„Rezipient"*, der in der Massenkommunikationsforschung der letzten Jahrzehnte eine zentrale Position einnahm, wäre es angesichts seiner Komplexität mehr noch als bei den vorherigen Faktoren unmöglich gewesen, auch nur in Ansätzen den verschiedenen Aspekten gerecht zu werden. So blieb es bei nur einer Arbeit:

E. Rosengren:
Funktionale Aspekte bei der Nutzung der Massenmedien

Diese Studie greift ein wichtiges Problem dieses Faktors heraus: Die Funktionen, welche die Aussagen und Medien — psychologisch gesehen — für die Rezipienten ausüben.

*

Wenn somit im zweiten Teil die einzelnen Feldfaktoren der Massenkommunikation jeweils nur in sehr begrenzten Teilaspekten angesprochen werden, sollte man dabei nicht vergessen, daß die allgemeineren, übergreifenden Darstellungen des ersten Teils mehrfach auf diese Faktoren wie auch auf deren Beziehungen untereinander eingehen.

Anmerkungen

(1) Hierzu ausführlicher *Gerhard Maletzke:* Psychologie der Massenkommunikation, Hamburg: Verlag Hans Bredow-Institut 1963, S. 32 ff.

(2) *Karl-Dieter Opp:* Methodologie der Sozialwissenschaften, Hamburg: Rowohlt 1970, S. 93 ff.

(3) *Gerhard Maletzke:* Publizistikwissenschaft zwischen Geistes- und Sozialwissenschaften, Berlin: Verlag Volker Spiess 1967.

(4) *Gerhard Maletzke:* Psychologie der Massenkommunikation, S. 41.

(5) Als Beispiele können gelten: *George Gerbner:* Towards a general model of communication, Audiovisual Communication Review 14 (1956), S. 177—199; *Frank C. Johnson* und *George R. Klare:* General models of communication research, Journal of Communication 11 (1961) S. 13—26; *John W. Riley* und *Mathilda W. Riley:* Mass communication and the social system, S. 577, in: A. K. Merton u. a. (Hrsg.): Sociology today, New York: Basic Books 1959.

Schema des Feldes der MK

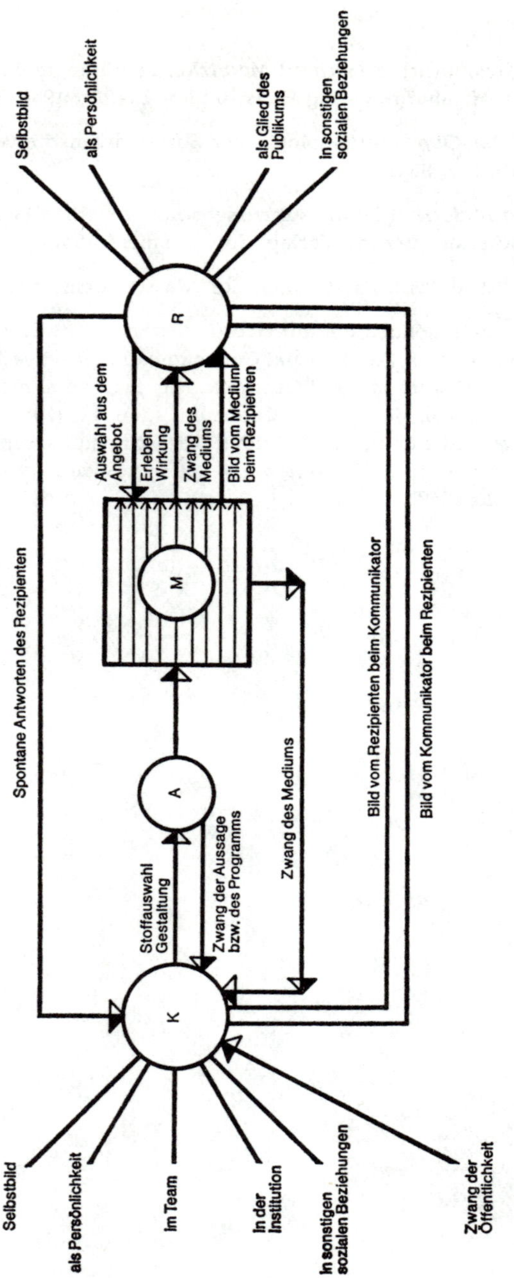

Erläuterungen zu diesem Feldschema:

Der Kommunikator (K) produziert die Aussage (A) durch Stoffauswahl und Gestaltung. Diese Tätigkeit wird determiniert durch die Persönlichkeit des Kommunikators, durch dessen Selbstbild, seine allgemeinen sozialen Beziehungen, durch Einflüsse aus der Öffentlichkeit und durch die Tatsache, daß der Kommunikator in der Massenkommunikation meist in einem Produktionsteam arbeitet, das wiederum einer Institution eingefügt ist. Außerdem muß der Kommunikator die Erfordernisse seines Mediums sowie die Struktur seines „Programms" kennen und berücksichtigen. Nicht selten steht er unter dem „Zwang" eigener Aussagen, die er früher einmal veröffentlicht hat. Und schließlich formt sich der Kommunikator von seinem Publikum ein Bild, das seine Arbeit und damit auch die Aussage und damit endlich auch die Wirkungen wesentlich mitbestimmt.

Die Aussage wird durch das Medium (M) zum Rezipienten (R) geleitet. Sie muß dabei den technischen und dramaturgischen Besonderheiten des jeweiligen Mediums sowie den psychologischen Voraussetzungen beim Rezipienten und der soziologischen Struktur des Publikums angepaßt werden.

Der Rezipient wählt bestimmte Aussagen aus dem Angebot aus und läßt sie auf sich einwirken. Der Akt des Auswählens, das Erleben der Aussage und schließlich auch die daraus resultierenden Wirkungen hängen ab von der Persönlichkeit des Rezipienten, von dessen Selbstbild, von seinen allgemeinen sozialen Beziehungen, von den wahrnehmungs- und verhaltenspsychologischen Eigenarten des Mediums auf der Empfängerseite und von dem Bild, das sich der Rezipient von der Kommunikatorseite formt; außerdem wird der psychologische Prozeß der Massenkommunikation mitbestimmt durch die Tatsache, daß der einzelne Rezipient Glied eines dispersen Publikums ist und sich dessen mehr oder weniger klar bewußt ist.

Schließlich deutet der obere Pfeil im Schema an, daß der Rezipient die allen Massenmedien inhärente Einseitigkeit der Aussagenvermittlung durch „spontane Antworten" überwinden kann, etwa durch Briefe an die Redaktion oder durch Anrufe beim Sendeleiter. Dabei muß jedoch der Rezipient immer andere „Kanäle" benutzen als die Massenkommunikation. Bei dieser Sachlage kommt nur eine mühsame und unvollkommene „Gegenseitigkeit" zustande.

Ein derartiges Schema kann allerdings die komplexen Prozesse der Massenkommunikation nur in erster Näherung erfassen. Die eigentlichen Interdependenzen zwischen den Feldfaktoren sind einer solchen Darstellung nicht zugänglich.

Erster Teil:
Grundlagen, Gesamtüberblicke

Christian Padrutt

Publizistik als Wissenschaft*)

Es wurde schon in der Einleitung erwähnt, daß es für den Gegenstand, von dem dieses Buch handelt, mehrere Bezeichnungen gibt „Zeitungswissenschaft", „Publizistikwissenschaft", „Massenkommunikationsforschung", „Wissenschaft von der öffentlichen Kommunikation". Aus dieser Tatsache läßt sich der Schluß ableiten, daß es (noch?) keine einheitliche Auffassung über die Aufgaben und Ziele sowie über den „Standort" dieser Disziplin im akademischen System gibt.

Welche genauere Bedeutung haben diese Bezeichnungen? Wie sind sie zustandegekommen? Welche „Ideologien" liegen ihnen zugrunde? Ist das Fach, von dem hier die Rede ist, eine Geistes- oder eine Sozialwissenschaft? Oder beides? Oder ist diese Frage heute irrelevant? Hat dieses Fach überhaupt eine Daseinsberechtigung als eine eigene Disziplin, oder könnten ihre Aufgaben nicht auch von den „traditionellen" Wissenschaften gelöst werden?

Diese und weitere damit verknüpfte Fragen behandelt Padrutt in seiner Zürcher Antrittsvorlesung. Er zeigt, wie sich das Fach im Zusammenhang mit dem Entstehen der Medien ständig ausweitete und sich so von der Zeitungs- zur Publizistik- und Kommunikationswissenschaft entwickelte, die davon ausgeht, daß sich die Massenkommunikation nur im Rahmen der gesamten menschlichen Kommunikation adäquat erfassen läßt. Ferner erörtert der Autor, wie sich in diesem Prozeß der Schwerpunkt der Forschung von einem historisch-hermeneutischen und teilweise auch normativen Ansatz zu einem empirisch-positivistischen Konzept hin verlagert hat und wie innerhalb dieser neueren Richtung das kausalistische Denken abgelöst wurde von einem funktionalistischen Modell interdependenter Faktoren der Massenkommunikation. Schließlich wird auch ein Themenkreis gestreift, der gerade im publizistischen Bereich schwierig und problematisch ist: das Verhältnis von Praxis und Wissenschaft.

Wer die Möglichkeiten menschlicher Verständigung ins Auge zu fassen sucht, sieht sich einer verwirrenden Vielgestaltigkeit gegenüber: Musik, Gestik, Gespräch, Rede, Telefon, Flugblatt, Buch, Zeitung, Zeitschrift, Plakat, Radio, Schallplatte, Film, Fernsehen. So unterschiedlich diese Formen nach Gestalt und Gehalt erscheinen, so sind sie doch durch eine gemeinsame Grundfunktion gekennzeichnet: Sie dienen der zwischenmenschlichen Kommunikation, dem — wie Karl Jaspers einprägsam festgehalten hat — „Miteinander von Mensch zu Mensch". Der Austausch von Wissen, Meinungen und Vorstellungen, von

*) Antrittsvorlesung. Journalistisches Seminar der Universität Zürich, J. S. — Informationen Nr. 1, Sommersemester 1970.

Bewußtseinsinhalten also, bildet eine existenzielle Voraussetzung des einzelnen Menschen, seiner Gruppierungen und der Gesellschaft.

Diese Bedeutungsvermittlung zwischen Menschen in jeglicher Form wird als „Kommunikation" begriffen. Kommunikation bedeutet, daß — auf den einfachsten Nenner gebracht — ein Mensch eine Aussage macht, die von einem anderen Menschen aufgenommen wird. Die verschiedenartigen Ausgestaltungen erlauben jedoch die Abgrenzung von charakteristischen Formen, wobei das äußerst komplexe und vielfältige Phänomen der Kommunikation unter mannigfachen Aspekten aufgegliedert werden kann. Als fruchtbar erweisen sich für die Fragestellung nach der Publizistik die von Gerhard Maletzke gebildeten Gegensatzpaare von direkter und indirekter, gegenseitiger und einseitiger, privater und öffentlicher Kommunikation.

Sie führen zu einem naheliegenden, weil vielverwendeten Begriff: Die bei räumlicher, zeitlicher oder raumzeitlicher Distanz zwischen Menschen vermittelte, durch ein technisches Medium in einseitiger Weise auf eine unbegrenzte Anzahl von Empfängern zielende und damit öffentliche Kommunikation kann somit als „Massenkommunikation" gefaßt werden. Diese Begriffsbestimmung umschließt demnach alle Vorgänge, die sich um die Massenkommunikationsmittel Presse, Film, Schallplatte, Radio und Fernsehen gruppieren.

Demgegenüber können jedoch auch Erscheinungen der zwischenmenschlichen Kommunikation ausgemacht werden, bei denen das „Miteinander" sich zwar auch außerhalb der Privatsphäre — also in der Öffentlichkeit — abwickelt, aber von Angesicht zu Angesicht verläuft und einen Rollenabtausch von aussagender und aufnehmender Person ermöglicht. Der solchermaßen bestimmte Raum wird zusammen mit der Massenkommunikation als „Publizistik" bezeichnet. Publizistik erstreckt sich demnach nicht allein auf die von der Zeitung bis zum Buch reichenden Erzeugnisse der Druckerpresse, auf Film, Schallplatte, Radio und Fernsehen, sondern auch auf andere Formen der Bedeutungsvermittlung, von der Flüsterpropaganda über die Ausstellung und den Vortrag bis zum Teach-in. Der Unterschied zwischen Massenkommunikation und Publizistik liegt somit vornehmlich im Einbezug auch jener Arten der Vermittlung von Wissens-, Meinungs- und Vorstellungsinhalten, die sich ohne Einschaltung eines technischen Hilfsmittels — eines Mediums — öffentlich vollzieht. Beiden Bereichen gemeinsam und sie entscheidend bestimmend ist dabei der Öffentlichkeitscharakter: Die Aussagen, in denen sich der Aussagende dem Empfänger mitteilt, werden — in einem weiten Sinne verstanden — veröffentlicht, indem sie an sich jedermann zugänglich sind; außerhalb der Sphäre personenbezogener Kommunikation streben sie nach einer unbeschränkten Empfängerschaft.

Wenn demnach Arzt und Patient in der Sprechstunde über Lungenkrebs sprechen, ist dies direkte, gegenseitige und private Kommunikation. Ein öffentlicher Vortrag desselben Mediziners über Lungenkrebs erlangt jedoch publizistische Bedeutung, insbesondere dann, wenn Presse, Radio oder Fernsehen darüber berichten.

Das Beispiel vermag zudem noch einen weiteren Punkt zu klären: Der öffentliche Vortrag befaßt sich mit einem aktuellen Thema. Der Lungenkrebs als Gegenstand publizistischer Aussage läßt den Empfänger reagieren; die Vortragsankündigung bewegt ihn zur Teilnahme, die Aufnahme unbekannt-unerwarteter Darlegungen veranlaßt ihn zur Diskussion mit dem Referenten oder mit Freunden und Angehörigen. Im Handeln der Personen, die vom publizistischen Vorgang erfaßt werden, wird Aktualität sichtbar. Aktualität — hier bloß schlagwortartig angeleuchtet — bedeutet weniger eine Qualität des Ereignisses oder der Aussage als vielmehr die Intensität des wechselseitigen Bezugs von Aussage, Zeit, Raum und Person. Der Grad der Aktualität — auch umschrieben als die Tiefe des Eindringens von Aussagen ins Bewußtsein der Empfänger — kann deshalb stark differieren, doch bleibt es das Kennzeichen publizistischer Aussagen, daß sie aktuell sind.

Die tausendfältige Wirklichkeit und die uneinheitliche Umschreibung in eine knappe Formel zwingend, könnte somit die Publizistik als jene Form der zwischenmenschlichen Kommunikation festgelegt werden, die durch Öffentlichkeit und Aktualität bestimmt wird. Dabei erweist sich die publizistische Kommunikation als Prozeß im Sinne dynamischer Vorgänge in einem komplizierten Bezugssystem von drei Grundfaktoren: Die Person, die etwas aussagt; das Ausgesagte; die Person, die das Ausgesagte aufnimmt, sowie bei der Massenkommunikation ein technisches Übermittlungsinstrument. Kommunikator, Aussage, Medium und Rezipient — so lauten die Fachbegriffe — sind funktional miteinander verbunden, indem jeder Faktor auf die anderen Faktoren steuernd einwirkt und von ihnen selbst hinwiederum reguliert wird. Dieses durch Interdependenzen bestimmte Kommunikationsfeld ist in das soziokulturelle Umfeld eingebettet, und seine Faktoren werden auch von ihm beeinflußt. Publizistische Kommunikation ist demnach stets auch im Bezug zum Sozialen und zur Kultur zu sehen.

Mit dieser — zugegebenermaßen groben — Begriffsbestimmung des publizistischen Prozesses ist auch der Gegenstand der Publizistikwissenschaft umrissen: Publizistik als Wissenchaft bemüht sich um die Erkenntnisgewinnung: sie versucht, den Vorgang öffentlicher und aktueller Kommunikation sammelnd, kategorisierend, abstrahierend, modellierend und theoretisierend zu erklären und zu verstehen. Die wissenschaftliche Durchdringung jener Phänomene, die unter der Spitzmarke „Massenkommunikation" immer stärker ins gesellschaftliche Bewußtsein — sie sind wahrlich aktuell geworden — treten, erhebt sich als Forderung einer Gesellschaft, die alle und jede Unterrichtung — und damit auch zu einem Gutteil die Beurteilung — über die nähere und fernere Wirklichkeit aus hochspezialisierten, wegen ihrer Allgegenwart beängstigenden und schwer durchschaubaren Vermittlungsinstitutionen gewinnen muß. Der einzelne Mensch kann damit zwar eine nahezu unbegrenzte Teilhabe an allen bedeutsamen, aktuellen Ereignissen erreichen, gerät aber in eine oft spürbare und nachteilige Abhängigkeit; sie bezieht sich auf eine von den Massenmedien aufgebaute, eigengesetzliche und unkontrollierbare Vorstellungswelt und auf die Formung von Vorurteilen und Stereotypen, die sowohl die öffentliche wie auch die private Kommunikation nachhaltig bestimmen. Max Frisch charakterisiert in seinem Roman Stiller diese Situation des Menschen in der modernen Industriegesellschaft trefflich: „Wir leben in einem Zeitalter der Reproduktion. Das allermeiste in unserer persönlichen Weltbild haben wir nie mit eigenen Augen erfahren, genauer: wohl mit eigenen Augen, doch nicht an Ort und Stelle; wir sind Fernseher, Fernhörer, Fernwisser. Man braucht dies Städtchen nie verlassen zu haben, um den Schah von Persien aus drei Meter Entfernung zu kennen und zu wissen, wie der Monsun über den Himalaja heult oder wie es in tausend Meter unter dem Meeresspiegel aussieht. Kann heutzutage jeder wissen." Diesem Wissen steht die Unkenntnis von Struktur und Funktion der publizistischen Kommunikation gegenüber, welche eine verbreitete, vielstimmige und von unterschiedlichen Sonderinteressen beförderte Kritik unablässig nährt. Sie fußt zwar — Ulrich Saxer machte es deutlich — auf vorwissenschaftlichen Positionen und ideologischen Standpunkten. Immerhin ziehen die Kritiker der Massenkommunikation — vom Kulturphilosophen über den Politiker bis zum Journalisten — wenigstens die Publizistikwissenschaft als hilfestellende Instanz in Betracht, gewissermaßen als Nachrichten-Apotheke, welche die wirksamen Arzneien an Lager halten sollte, um Kreislaufstörungen der publizistischen Kommunikation umgehend zu beheben, die vor allem aber auch Roborantia liefern müßte, um ältere Medien zu verjüngen. Solche Forderung hat die Wissenschaft von der Publizistik als Herausforderung zu werten, ihre keineswegs selbstverständliche Existenz und ihr bestrittener Anspruch auf Gleichberechtigung mit anderen wissenschaftlichen Disziplinen dadurch zu rechtfertigen, daß sie der Gesellschaft einen Zuwachs an Erkenntnis und Einsicht erarbeitet.

Diese Motivationen — Theorie als Kritik und Rechtfertigung als Existenzfrage — erweisen sich mitnichten als Novitäten, sondern als Konstanten in der Entwicklungsgeschichte des Faches. Sein hervorstechendstes Kennzeichen liegt in dieser Schau im übrigen in der immer wieder rücksichtslos vorgenommenen Infragestellung der geltenden Grundbegriffe. Dieses fachgeschichtliche Faktum, hinter dem sich letztlich soziokulturelle Wandlungen verbergen, darf der Publizistikwissenschaft durchaus zugute gehalten werden, indem Martin Heidegger zu bedenken gibt: „Das Niveau einer Wissenschaft bestimmt sich daraus, wie weit sie einer Krise ihrer Grundbegriffe fähig ist. In solchen immanenten Krisen der Wissenschaften kommt das Verhältnis des positiv untersuchenden Fragenden zu den befragten Sachen selbst ins Wanken."

Sieht man nun — um die Entwicklung des Faches andeutungsweise zu umreißen — vom Usus ab, den Stammbaum der Publizistikwissenschaft auf die „Rhetorik" des Aristoteles zurückzuführen, so setzt die theoretisierend-kritische Betrachtung publizistischer Vorgänge mit der Entstehung der periodischen Presse zu Beginn des 17. Jahrhunderts ein, nachdem die Erfindung des Druckverfahrens mittels beweglicher Lettern um 1450 das Gutenberg-Zeitalter eingeleitet hatte. Das Aufkommen regelmäßig erscheinender Blätter führte zusammen mit Zeitschrift, Buch und Flugblatt zum Zerfall der obrigkeitlich reglementierten Öffentlichkeit und zur Konkurrenzierung der kirchlichen Verkündigung und obrigkeitlichen Mitteilung. Die gesellschaftliche Brisanz der Presse hat Gelehrte und Staatsdiener bewogen, Zeitungskunde zu betreiben. So hielt der Hallische Kanzler und Professor Johann Peter von Ludewig fest, daß die Zeitungen „allerhand unnütze und ungebührliche auch öfters in der Republique schädliche discourse und urtheile" verbreiten; auch der Rothenburger Superintendent Johann Ludwig Hartmann kritisiert die „Unzeitige Neue Zeitungs-Sucht". Die Behandlung der Zeitung an den deutschen Universitäten, wo sie in der zweiten Hälfte des 17. Jahrhunderts Lern- und Lehrgegenstand — 1690 schrieb der Görlitzer Tobias Peucer die erste zeitungskundliche Dissertation — geworden war, wurde durch ideologische Schranken begrenzt. Immerhin zeigte bereits anno 1695 Kaspar Stielers „Zeitungs Lust und Nutz" den Weg zu rational-sachlicher Betrachtung auf. Die Überwindung der Zeitungskunde als sammelnde, quellenkundliche, beschreibende und bibliographische Bemühung vollzog sich erst mit Karl Bücher (1847—1930), nachdem im 19. Jahrhundert Staats- und Wirtschaftswissenschaftler wie Franz Adam Löffler, Robert Eduard Prutz, Karl Knies und Albert E. F. Schäffle die Tagespresse angegangen hatten. Der Leipziger Nationalökonom Karl Bücher, der zwischen 1884 und 1890 in Basel gelehrt hat, erkannte die Zeitungen als Angebote auf staatliche, gruppenbezogene und individuelle Bedürfnisse, bei denen jedoch auch der Mitteilungstrieb der Journalisten und das Gewinnstreben der Verleger im Spiel sind. Die Bedeutung der Presse in der politisch-militärischen Auseinandersetzung trug wohl dazu bei, daß er 1916 in Leipzig ein Institut für Zeitungskunde aufbaute. Die Etablierung des Faches an anderen deutschen Universitäten folgte in den Zwanziger Jahren, während sich in Zürich — im Gefolge eines Vorstoßes des Zürcher Pressevereins — bereits 1903 der Jurist, Journalist und Politiker Oskar Wettstein für „Geschichte, Recht und Technik der Presse" habilitiert hat; im Jahr 1904 begann Michael Bühler, Chefredakteur des „Bund", an der Universität Bern zu lesen. Noch bevor die Institutionalisierung jenseits des Rheines voll eingesetzt hatte, entstand in Zürich das Journalistische Seminar der Universität, von dem aus dann Karl Weber und Siegfried Frey ihre fruchtbare Tätigkeit entfaltet haben.

Die Zürcher Bemühungen erhielten durch persönliche Beziehungen besondere Impulse aus München, wo Karl d'Ester seit 1924 den ersten Lehrstuhl für wissenschaftliche Zeitungsforschung erhielt und eine historisch-philologische Schule aufbaute. Ihr waren außerhalb der Universität Otto Groth (1875—1965) und Joachim Kirchner (*1890) mit ihren grundlegenden Arbeiten zur Geschichte und Systematik von Zeitung und Zeitschrift verpflichtet. In der Rückschau bleibt beachtenswert, daß Otto Groth in seiner Dissertation über die politische Presse Württembergs aus dem Jahre 1915 die empirisch-sozialwissenschaftliche Methode der Statistik zur Inhaltsanalyse gebrauchte. Er folgte damit Max Webers 1910 auf dem „Ersten Deutschen Soziologentag" aufgestellte Forderung, den Zeitungsinhalt „zu messen mit der Schere und dem Zirkel". Max Webers Plan einer umfassenden Erhebung zur „Soziologie des Zeitungswesens" blieb leider ohne Widerhall. Daß der Zürcher Pressewissenschaftler Karl Weber in seiner Antrittsvorlesung im Jahre 1928 die „Soziologie der Zeitung" behandelt hat, läßt deutlich werden, wie die zur Zeitungswissenschaft ausgewachsene Zeitungskunde ihr Objekt in seinen soziokulturellen Bezügen erkannte.

Die Betrachtung von Zeitung und Zeitschrift, weithin schwankend zwischen Wissenschaft und Praxis, zwischen Forschung und Kunstlehre, wandelte sich zu bohrender Selbstreflexion, als in den zwanziger Jahren die neuen Medien Film und Radio ihren Siegeszug antraten. Mit der Zurückhaltung der Zeitungswissenschaft gegenüber diesen neuen Phänomenen und dem raschen Zugriff anderer Disziplinen fand sich Karl Jaeger (1897—1927) nicht ab. Er glaubte, die Mitteilung als Wesenskern der Zeitung zu erkennen; die das gesellschaftliche Bewußtsein ausdrückende Mitteilung sei auch in anderen Formen der Veröffentlichung zu sehen, weshalb sich die Ausweitung zur publizistischen Wissenschaft aufdränge. Jaeger prägte den entscheidenden Begriff: „Auf der Suche nach einem Begriff, der jegliche Möglichkeit der Mitteilung, der Meinungsbildung bzw. Beeinflussung in sich schließt, stößt man als treffendsten auf den Begriff: Publizistik, der jegliche Art der Veröffentlichung, Verkündigung deckt."

Diese These blieb nicht unangefochten, doch gelang dem Vorschlag der Durchbruch nach Emil Dovifats einläßlicher Begründung der „Erweiterung der zeitungskundlichen zur allgemein-publizistischen Lehre und Forschung" im Jahre 1934, die auf der Strukturähnlichkeit der verschiedenen Medien gründet. Dovifats Berliner Schule, die sich um das 1924 gegründete „Deutsche Institut für Zeitungskunde" sammelte, legte ihr Schwergewicht auf die Erforschung der publizistischen Mittel als meinungsbildende und öffentliche Aufgaben erfüllende und vertretende Faktoren.

Die inzwischen weitgehend selbständig gewordene Zeitungswissenschaft erweiterte sich auf der Suche nach dem Urphänomen — Hans Traub und Karl d'Ester sahen es in der „Nachricht", Hans A. Münster im „Zeichen" — zur Publizistikwissenschaft oder Publizistik. Sie geriet nach 1933 unter die Räder des Nationalsozialismus und sollte zu einer Nachrichtenwissenschaft umfunktioniert werden. Zur inneren Krise des Faches gesellte sich 1945 die äußere Zerschlagung, so daß der Wiederaufbau nur mühsam und eher ziellos vor sich gegangen ist. Übereinstimmung wurde bloß in der Fachbezeichnung erzielt, indem das wissenschaftspolitisch belastete Wort „Zeitungswissenschaft" durch „Publizistik" ersetzt wurde, womit auch dem Wissenschaftsobjekt entsprochen wurde. Die Ausnahme bildet bis heute die Münchner Schule, die sich von der „Zeitungswissenschaft" nicht trennen kann, jedoch „Zeitung" im ursprünglichen Sinn als Begriff für das Phänomen der gesellschaftlichen Zeit-Kommunikation verstanden wissen will. Bernd Maria Aswerus legte hiefür die Formel fest: „Zeitung ist das Zeitgeschehen der Gesellschaft". Dieser Ansatz wird als kommunikational charakterisiert.

Das Zurückfragen hinter die verschiedenen Erscheinungen der publizistischen Kommunikation ließ langsam den Prozeßcharakter sichtbar werden, nämlich das Senden und Empfangen von Bewußtseinsinhalten über grundsätzlich ähnliche, aber in ihrer technischen Ausformung verschiedenartige Übermittlungsweisen.

Den entscheidenden Anstoß zur Weiterentwicklung, Neuorientierung und Systematisierung gaben 1947 — als Harold D. Lasswell seine legendäre Formel präsentierte — Walter Hagemanns „Grundzüge der Publizistik". Darin umriß er den Gegenstand der Publizistik — stets als Wissenschaft verstanden — als „öffentliche Aussage aktueller Bewußtseinsinhalte". Die Hauptbestimmungsfaktoren sind somit Öffentlichkeit, Aktualität und Inhalte der Aussage, die nunmehr im Vordergrund steht. Die Öffentlichkeit schließt den privaten und gruppeninternen Kommunikationsprozeß aus, die Aktualität wird vornehmlich als Neuigkeit gesehen und die Inhalte in Nachricht, Kommentar und Unterhaltung gegliedert, wobei der meinungsführenden Funktion der publizistischen Aussage entscheidendes Gewicht beigemessen wird. Diesen Führungscharakter der Publizistik wertet Hagemanns Nachfolger Henk Prakke als „vertikale Zielpublizistik" und formuliert:„ Die systematische Publizistikwissenschaft ist die Lage von der gezielten öffentlichen Aussage von aktuell Erfahrenem, Gedachtem und Gefühltem durch Berichterstattung, Meinungsbildung und Unterhaltung — und ihrer Wirkung in der Gesellschaft".

Den kausalen Ansatz im publizistischen Prozeß hat auch Emil Dovifat vertreten. Seiner Meinung nach hat die Publizistik als Praxis „durch öffentlich bedingte und öffentlich bewirkte Unterrichtung und Leitung über Gesinnungskräfte zu Überzeugung und zu Tun und Handeln hinzulenken." Unter dieser sollensthematischen Voraussetzung hat Emil Dovifat die publizistischen Medien untersucht, insbesondere die Zeitung, die nach ihm „jüngstes Gegenwartsgeschehen in kürzester regelmäßiger Folge der breitesten Öffentlichkeit" vermittelt; eine Definition, die durchaus auch auf andere Medien zutrifft. Seinen Gegenstand der Publizistik konstituieren demnach Aktualität, Periodizität und Publizität. Der publizistische Prozeß wird ausschließlich von der publizistischen Persönlichkeit her bestimmt, die ihre festen Ziele, nämlich die „freie Führung der Massen aus der tagesgebundenen in die zeitgebundene Meinung", verfolgt, wobei am Ende die politische Aktion stehen soll.

Diesem kausalen Wirkverhältnis setzte Henk Prakke den funktionalen Ansatz gegenüber, der die publizistische Kommunikation in das soziokulturelle Umfeld einpaßt und alle beteiligten Faktoren — Kommunikator, Aussage und Rezipient — als Variablenkomplexe in ihren wechselseitigen Beziehungen auffaßt. „Das als horizontal bezeichnete Verhältnis von Kommunikator und

Rezipient ist kein kausales, sondern ein funktionales Verhältnis, sowohl wegen der eigengesetzlichen, als auch wegen der allgemein gesellschaftlichen Interdependenz." Die funktionale Publizistik soll die „zwischenmenschliche Kommunikation besonders in ihren öffentlichen Leistungen als Informator, Kommentator und Sozius — und deren gesellschaftliche Regelung" untersuchen. Diese Entgrenzung der Publizistik zu einer allgemeinen Kommunikationswissenschaft hin deutet eine wahrscheinliche Entwicklung des Faches an. Als ersten Gewinn ist die Vorstellung des Dialogs, des „gesellschaftlichen Zwiegesprächs", zu verzeichnen; ein Bild, das auf das von wechselseitig abhängigen Faktoren bestimmte Feldsysteme verweist.

Von der Vorstellung eines hochintegrierten Feldes unter funktionalem Aspekt geht auch Gerhard Maletzke aus, der einen besonderen, den psychologischen Blickwinkel gewählt hat, um die Massenkommunikation zu erfassen, die — es sei an die einleitend erwähnte Begriffsklärung erinnert — „Aussagen öffentlich durch technische Verbreitungsmittel indirekt und einseitig an ein disperses Publikum vermittelt." Die vier Grundfaktoren Kommunikator, Aussage, Medium und Rezipient kennzeichnen das Feldschema der Massenkommunikation als einer Form der publizistischen Kommunikation.

Gerhard Maletzke verarbeitet in seiner „Psychologie der Massenkommunikation" erstmals in ausgreifender Weise die umfangreichen Ergebnisse der amerikanischen Kommunikationsforschung, die nach der Jahrhundertwende eine geradezu stürmische Entwicklung genommen hat. Im Gegensatz zu den spekulativen Systematisierungsbemühungen der deutschen Publizistik — der Beitrag anderer Nationen zu diesem Wissenschaftsbereich bleibt auffallend geringfügig — setzt die „communication research" sozialwissenschaftlich-empirische Methoden ein und geht interdisziplinär vor; eng zusammen arbeiten vor allem Anthropologie, Soziologie, Psychologie und Politologie. Ihre Erkenntnisse, vornehmlich in der Erforschung der Wirkungen der Massenmedien, sind denn auch beachtlich und haben die Publizistik im letzten Dezennium in ungeahntem Maße angeregt und bereichert. Dabei beeindrucken nicht allein die kaum noch in ihrer Vielfalt zu überblickenden Darstellungen und Untersuchungen mit ihren vielfach grundlegenden Resultaten, sondern auch die ertragreichen Modellbildungen. Sie entspringen dem Bemühen, die Erkenntnisse, die aus einem riesigen Material gewonnen wurden, zu systematisieren und zu generalisieren. Modelle als Strukturen von Verhaltensregeln, in denen sich Positionen und ihre Beziehungen zueinander als andere Struktur oder als Prozeß widerspiegeln, erlauben, komplexe Tatsachen und Zusammenhänge zu organisieren, zu integrieren und zu vereinheitlichen. Sie lassen sich durch die Ergebnisse der empirischen Forschung fortlaufend ergänzen und ermöglichen neue Hypothesen. Das wohl bekannteste Modell in der Publizistik ist die alte Formel von Harold D. Lasswell: „Who says what in which channel to whom with what effect."

Modelle sind Brücken zur Theoriebildung. Sie ist in der Publizistik allerdings noch nicht weit gediehen. Der Grund muß wohl darin gesehen werden, daß eine Theorie der Publizistik nur aus einer Theorie der allgemeinen Kommunikation entwickelt werden kann. Auch daraus ergibt sich die Notwendigkeit, im engen Zusammenhang mit der Publizistik auch eine jegliche Form des „Miteinanders von Mensch zu Mensch" umgreifende Kommunikationswissenschaft zu betreiben.

Entscheidende Vorbedingung für eine Kommunikationstheorie bildet — wie Franz W. Dröge und Winfried B. Lerg mit Rücksicht auf amerikanische Auffassungen feststellen — die allgemeine Zweckbestimmung: Sie soll eine anthropologische, soziologische, psychologische oder mathematische Ableitung und Begründung für Kommunikation bieten. Sie muß verifizierbar oder falsifizierbar ein und einen möglichst hohen Allgemeinheitsgrad besitzen, um möglichst alle Varianten eines theoretisch formulierten Mittelwertes einzubeziehen. Diese positivistische Richtung stützt sich auf empirisches Wissen, klare Postulate und tragfähige Kriterien der Verifizierbarkeit; sie hat zu einer ausgesprochenen Mathematisierung auch in der deutschen Publizistik geführt, die jedoch nur bei einzelnen Forschern auftritt und — zumindest vorläufig — bei breit angelegten Formeln für „Ähnlichkeitsverhältnisse" stehengeblieben ist.

Gegen die Beschränkung auf das Quantifizierbare wendet sich die historisch-kritische Schule von Dallas W. Smythe. Er lehnt die Feststellung von „Gesetzen" aus naturwissenschaftlich-tatsachenorientierter Forschung ab und fordert als Zusatz zum kontrollierten Experiment die Feldbeobachtung sowie eine streng logische Beweisführung für Ableitungen. Er postuliert sodann die hypothetische Erfassung sozialer Bedingtheiten und Bedürfnisse im Publikum und der Persönlichkeitsstrukturen im institutionellen Rahmen. Historische Untersuchungen sind danach durchaus unentbehrlich und wissenschaftlich gerechtfertigt. Beachtenswert bleibt sein Verlangen nach stets kritischer Selbstreflexion der Position des einzelnen Wissenschafters. Damit steht diese Richtung in der Nähe der traditionellen deutschen Publizistik.

Die Unterschiedlichkeit im methodologischen Bereich — als Positivismusstreit in der deutschen Soziologie notorisch — hat in der Publizistik nicht zu einem völligen Schisma geführt, sondern zur Anbahnung des Methodenpluralismus. Er umfaßt ebenso beschreibend — interpretierend — historische Methoden der Geisteswissenschaften und empirisch — analytisch — erklärende Methoden der Sozialwissenschaften. Auch die von Gerhard Weisser vorgeschlagene „begründete Vermutung" ist hilfreich. Der Einsatz sozialwissenschaftlicher Methoden in der Publizistik erweist sich ungemein fruchtbar; neuere Arbeiten aus der Kommunikationsforschung von Manfred Rühl, Christian Kristen oder Thomas N. Stemmle bezeugen den Gewinn. Sie müssen jedoch weiterhin durch geisteswissenschaftliche Methoden kontrapunktisch ergänzt werden, denn — so betont es Gerhard Maletzke „wie alle Qualifizierung sich in den Sozialwissenschaften auf quantitative Tatbestände bezieht, die überhaupt erst durch Aufbereitung der Statistik zugänglich werden, so stammen die Kategorien des Verstehens, die quantitative Studien überhaupt erst sinnvoll machen, ihrerseits stets aus dem qualitativen Bereich". Die Erhellung des Forschungsgegenstandes öffentliche Kommunikation erfordert deshalb nicht nur interdisziplinäre Zusammenarbeit, sondern die Integration im Sinne der Verarbeitung von Erkenntnissen aus anderen Disziplinen.

Daß sich die Publizistik zur Bewältigung ihres Gegenstandes die Methoden weitgehend aus anderen Wissenschaften heranholt, rechtfertigt wahrlich keine Währschaftsklage. Zum einen sind die Aufgaben eines jeden Faches kaum nur noch mit einer Methode zu lösen, zum andern wird die facheigene Methode nicht mehr gefordert und erwartet. Arbeitet die Germanistik nicht mit denselben Methoden wie die Romanistik?

Wenn jedoch die Publizistik das methodische Rüstzeug entlehnt, erhebt sich die im Kreise der Universität oft zu hörende Frage, ob nicht ihre Fragestellung durch andere Disziplinen beantwortet werden könnten. In der Tat könnte die Wissenschaft von der Publizistik nahezu ersetzt werden durch soziologischen, psychologischen, sozialpsychologischen, ökonomischen, historischen, juristischen, politologischen oder technologischen Zugriff. Es ist nicht zu übersehen, daß die Kommunikation von diesen Wissenschaftsbereichen in jüngster Zeit vermehrter Aufmerksamseit für würdig befunden wird. Indessen bliebe auch bei noch ausgedehnterer Mit-Betreuung und Mit-Beobachtung stets eine unbewältigte Restanz. Vor allem aber würde dieser Weg zu einer „Atomisierung" des Gegenstandes „Publizistische Kommunikation", der sich bereits jetzt über Kommunikator-, Aussagen-, Medien-, Rezipienten und Wirkungsforschung hinaus aufgliedert, führen. Nur einzelne, spezifische Aspekte würden untersucht werden — bislang ist das Gegenteil dieser Behauptung nirgends bewiesen worden.

Um den inneren Zusammenhang und die Gestalt des Wissenschaftsobjektes zu wahren, erscheint eine eigenständige Disziplin Publizistik begründet. In diesem Anspruch manifestiert sich nicht mangelnde Einordnungsbereitschaft oder falsches Selbstgefühl, noch weniger universitärer Ehrgeiz. Im Gegenteil, gerade die selbständige Publizistik ist sich stets bewußt, daß sie auf die Beiträge der anderen Disziplinen unabdingbar angewiesen bleibt und deshalb die interdisziplinäre Zusammenarbeit unter diesem Zeichen der Methoden-Integration den Weg markiert.

Die Frage schließlich, ob die Publizistik bei den Geisteswissenschaften oder bei den Sozialwissenschaften anzusiedeln sei, hat an Bedeutung eingebüßt; die methodologische Auseinandersetzung wird in den Wissenschaften vom sozialen Handeln ausgefochten. Das Verständnis des publizistischen Prozesses als soziales Handeln rückt die Publizistik näher zu den Sozialwissenschaften hin. Die im Zuge einer Umstrukturierung der Universitätsfächer vorgeschlagene Einfügung der Publizistik in eine sozialwissenschaftliche Abteilung würde die Wandlung des Fach-Verständnisses sichtbar machen, war sie doch beispielsweise in Zürich zuerst in der Rechts- und Staatswissenschaftlichen Fakultät beheimatet, während es nunmehr in der Philosophischen Fakultät I zu finden ist. Gegen eine Klassierung als Sozialwissenschaft wehren sich jedoch jene Publizistikwissenschafter, welche die publizistische Kommunikation als soziokulturelles Phänomen verstehen und damit der Elementarkategorie des Sozialen die gleichberechtigte Kategorie der Kultur an die Seite stellen. Insbesondere lehnen sie den Anspruch der Soziologie auf enzyklopädische Behandlung allen sozialen Handelns und somit der Übernahme der Publizistik ab. Hans Bohrmann hält eine „Arbeitsteilung zwischen empirieorientierter Soziologie und einer Publizistik, die dann abgeschnitten von ihrem eigentlichen Gegenstand nur noch Ideologie über die Publizistik zu verbreiten imstande ist", für töricht. Publizistik habe nicht die Aufgabe, fernab aller öffentlich-aktuellen Kommunikation eine Ethik der Journalisten als Ruhekissen in kommunikationspolitischen Sturmzeiten anzubieten.

Die Publizistik als Wissenschaft zeigt unzweifelhaft einen ausgesprochenen Bezug zur Praxis. Er kann jedoch nicht dahin verstanden werden, daß im Rahmen des publizistikwissenschaftlichen Studiums eine „treibhausartige Heranbildung" vollwertiger Berufsleute für die Praxis betrieben wird. Die Publizistik darf aber wohl damit rechnen, daß sie auch jene Studenten anzieht, die später in der Praxis tätig werden möchten. Sie sollen — nach den Worten Heinz Starkullas — eine auf dem Erkenntnisstreben fußende Persönlichkeitsbildung, eine auf eigenständige Ergründung abzielende Fachbildung in allen erforderlichen Ressort-Disziplinen und eine spezifische Berufsbildung durch Publizistikwissenschaft erfahren, die mit der Einsicht in den publizistischen Prozeß eine höchsten Anforderungen genügende journalistische Qualifikation und das von ihr nicht abtrennbare Verantwortungsbewußtsein umfaßt. Verantwortungsgefühl wird dereinst auch vom „Kommunikationstechniker" verlangt, der im Gefolge einer über die Publizistikwissenschaft hinausgehenden Kommunikationswissenschaft die Funktion eines Beraters für die sinnvolle Gestaltung des „Miteinanders von Mensch zu Mensch" ausüben könnte, dem Arzt vergleichbar. Ansätze zu dieser Entwicklung sind sichtbar, weshalb die Publizistik die lebendige, dynamische öffentlich-aktuelle Kommunikation nicht aus den Augen verlieren darf. Daß die Publizistik als Wissenschaft die Fragen der Gesellschaft über die publizistische Kommunikation nur in sehr beschränktem Umfang zu lösen vermag, ist Anlaß zu Bescheidenheit und Zurückhaltung, aber auch zu verstärktem Bemühen um Erkenntnisgewinnung, woran eine breite Interessenz ihren Beitrag leisten kann.

Die Entwicklung der Publizistik läßt glauben, daß auch hier die Worte von Xenophanes gelten:

„Nicht vom Beginn an enthüllten die Götter den Sterblichen alles.
Aber im Laufe der Zeit finden wir suchend das Bess're."

Unesco

Massenmedien in der Gesellschaft

Forschungsaufgaben der Wissenschaft von der Massenkommunikation*)

Seit dem Beginn ihres Bestehens hat sich die Unesco intensiv mit Problemen der Massenkommunikation befaßt, sei es in eigenen Studien oder sei es durch forschungsorientierte Kongresse, Symposien oder Arbeitstagungen für Massenkommunikationsspezialisten.

Aus einem solchen Expertentreffen in Montreal im Juni 1969 entstand der hier in Auszügen wiedergegebene Bericht mit dem zweifachen Ziel, zum einen Anregungen und Empfehlungen für die künftige Massenkommunikationsforschung zu geben und zum anderen Richtlinien für die Arbeit der Unesco auf diesem Gebiet zu entwickeln.

Verfaßt wurde der Bericht von Professor Dr. James Halloran, Direktor des Centre for Communication Research der Universität Leicester. Er entwirft ein Bild vom gegenwärtigen Stande der Massenkommunikationsforschung und arbeitet dabei diejenigen Fragen und Probleme heraus, die bisher besonders unzulänglich behandelt wurden, so zum Beispiel zahlreiche Aspekte der Kommunikatorseite, die langfristigen, allmählichen und kumulativen Wirkungen, Probleme der Massenkommunikation in Entwicklungsländern, Gewalt und Aggressionen in den Aussagen der Massenmedien und das Verhältnis zwischen Wissenschaftlern und Praktikern der Publizistik.

Alle diese Fragen werden auch in anderen Beiträgen dieses Buches als forschungsbedürftig angesprochen; dies mag ein Zeichen dafür sein, daß die verschiedenen Ansätze und Richtungen der Massenkommunikationsforschung sich auf dem Wege zu einer Integration befinden.

Vielleicht noch wichtiger als das Aufzeigen der vernachlässigten Fragenkreise erscheinen jedoch zwei allgemeinere Einsichten des Unesco-Berichtes: einmal die Erkenntnis, daß es in der Forschung nicht nur darauf ankommt, welche Fragen gestellt werden, sondern auch darauf, welche nicht gestellt werden und welche „Ideologie" hinter dieser Auswahl steht; und zum zweiten die Einsicht, daß man bisher die Massenkommunikation meist zu eng und zu isoliert gesehen und den größeren Rahmen vernachlässigt hat; man hat nicht hinreichend beachtet, daß die Massenkommunikation mit anderen Systemen interagiert und darüber hinaus als Subsystem in größere Systeme eingebettet ist, von denen die Gesamtgesellschaft das umfassendste ist.

Zweifellos wird dieser Unesco-Bericht die Orientierung der künftigen Massenkommunikationsforschung in hohem Maße mitbestimmen.

Der gegenwärtige Stand der Massenkommunikationsforschung

Die allgemeine Situation

Die ersten Anfänge der Massenkommunikationsforschung fielen zusammen mit der Entstehung des Konzepts von der Massengesellschaft („eine große Masse vereinzelter, isolierter Individuen ohne einigendes Ziel"), eines Konzeptes, das die Erforschung der Massenmedien für viele Jahre beeinflussen sollte. Sieht man dieses Gesellschaftsbild zusammen mit der Hauptrichtung des psychologischen Denkens jener Zeit (Instinkt-Theorie mit Schwerpunkt auf dem Nicht-Rationalen und mit der Betonung einer relativ einheitlichen menschlichen Grundnatur) und im Zusammenhang mit dem ständigen Bedürfnis, einen Sündenbock zu finden, sowie im Lichte der augenscheinlichen Wirksamkeit der Propaganda während des Zweiten Weltkrieges, ist es leichter zu verstehen, daß zu jener Zeit die Idee von der Allmacht der Medien vorherrschte.

Diese Auffassung von der Massenkommunikation sah die Massen dem Kommunikator ausgeliefert, der sie mehr oder weniger nach seinem Willen beeinflussen konnte. Im diesem groben Sinne wird diese Ansicht jetzt nicht mehr vertreten, aber sie hat immer noch Auswirkungen auf das heutige Denken über die Massenmedien — pessimistische sowohl wie optimistische. Einerseits werden die Medien noch immer der Trivialisierung, der Senkung des kulturellen Niveaus, der Schwächung der Fähigkeit zum kritischen Denken und der Annullierung sozialer Fortschritte angeklagt, während man auf der anderen Seite von dem großen Nutzen spricht, der aus ihrem „weisen und angemessenen Gebrauch" erwachsen könnte.

Gesellschaftsmodelle, Auffassungen von der menschlichen Natur und Vorstellungen vom Menschen wandeln sich. Die Lerntheorie, die Beschäftigung mit Motiven und Attitüden, die Entwicklung der Persönlichkeitstheorien, die Betonung der Selektivität bei Aufmerksamkeit und Wahrnehmung, die Beachtung individueller Unterschiede, die Formulierung psychodynamischer Modelle der Beeinflussung, die Nutzung sozialer Kategorien in Umfragen und allgemeiner empirischer Forschung, die Wiederentdeckung der Primärgruppe, die Annahme des Einflusses informeller Gruppenbindungen, die Entwicklung solcher Begriffe wie Bezugsgruppe und der Nachdruck auf der Verbreitung von Informationen und sozialer Wechselwirkung, alle diese Tatsachen spielten eine Rolle beim Ausarbeiten verfeinerter Ansätze und weiter entwickelter Theorien als die oben aufgeführten.

Ob es angebracht ist, in diesem Zusammenhang von „Massenkommunikationstheorien" zu sprechen, ist strittig. Offensichtlich kann man das Problemgebiet, mit dem wir es hier zu tun haben, nicht einer einzelnen Wissenschaft zuordnen; es ist eher ein Bereich als eine Disziplin. Es ist möglich, daß die Ar-

*) Aus: Unesco: Mass Media in society: The need of research. Reports and papers on mass communication, No. 59 (1970), S. 8—19 (gekürzt).

beit auf dem Gebiet der Massenkommunikation weniger erfolgreich war, als sie hätte sein können, weil man dem Problem nie klar ins Auge gesehen hat, ob die theoretischen Entwicklungen in den verschiedenen Disziplinen, die zur Erforschung des Bereichs beitragen, ausreichend sind, oder ob eine grundlegende Theorie der Massenkommunikation eine sine qua non für befriedigende Fortschritte in der Forschung ist.

Wir sollten uns der Unzulänglichkeiten und Mängel von Teilstudien und der Gefahren der Überkonzentration auf isolierte Elemente dessen bewußt sein, was als ein sozialer Prozeß betrachtet werden sollte, in dem der Kommunikator und Rezipient Teile eines größeren sozialen Systems sind. Offensichtlich hat man der Kommunikatorseite, den Produktions- und Entscheidungsprozessen sowie den wirtschaftlichen, sozialen und politischen Faktoren nicht die Aufmerksamkeit gewidmet, die sie verdienen. Dieser Mangel mag damit zusammenhängen, daß dort, wo gelegentlich diese wichtigen Faktoren studiert wurden, das Gesamtbild nicht allzu ermutigend für jene ist, welche die Freiheit des Zugangs zu den Medien als ein Grundprinzip ansehen. Zusammenschluß, Konzentration und Zentralisierung, die Reduzierung der Zahl der „Ausgaben" (z. B. der Presse), die wachsende Vorherrschaft sogenannter objektiver Berichterstattung über Meinungen, sowie die Entwicklung und der Einfluß von „Nachrichtenwerten" („news values") bei der Auswahl und Darbietung von Nachrichten sind nur einige der Trends, die sich in vielen Industrieländern als weiterer Erforschung bedürftig erwiesen haben.

Es würde irreführen, zu behaupten, es gebe keine oder nur wenige Studien zu diesen Fragen; das Problem liegt vielmehr darin, daß die meisten Untersuchungen sich auf ein relativ niedriges Niveau der Medienaktivitäten beschränkt haben. Die Rolle des Abendnachrichten-Redakteurs mag relativ gut durchleuchtet sein, aber die höheren Ebenen der Wirtschaftsplanung sowie der Formulierung der Medienpolitik und der Entscheidungen wurden vernachlässigt. Es hat wenige systematische Versuche gegeben, den Massenkommunikator als einen Professionellen zu studieren, der die Werte seines Berufs reflektiert, der eine sensitive, zentrale Position im sozialen Gefüge einnimmt, der Informationen auswählt als Reaktion auf vielfältigen Druck innerhalb eines bestimmten sozialen Systems. Kurz, der Kommunikator ist noch nicht systematisch auf den verschiedenen Ebenen seiner Tätigkeit studiert worden. Wir müssen noch eine Theorie entwickeln, welche die systematische Analyse von Kommunikator-Entscheidungen erlaubt.

Ein Grund, wenn auch gewiß nicht der einzige, für dieses Ungleichgewicht und diese Rückständigkeit liegt darin, daß die Kommunikatoren oft gegenüber dem Studium ihrer Vorstellungen von ihren redaktionellen- und Produktionsfunktionen Widerstand geleistet haben. Dies ist nicht überraschend, besonders, weil einige Forschungsergebnisse darauf hindeuten, daß die Kommunikatoren keineswegs immer mit den Bedürfnissen, Reaktionen, Entwicklungsmöglichkeiten und Bildungsproblemen ihres Publikums vertraut sind. Einige „schöpferische" Leute sehen sich selbst und ihre Arbeit jenseits der Forschung oder nicht für diese zugänglich. Andere fürchten, daß die Forschung ihre Grundannahmen in Frage stellen, ihre Interessen untergraben oder einfach die wahre Natur von Dingen enthüllen könnte, die sie aus guten Gründen nicht aufgedeckt haben möchten. Oft verteidigen sich diese Kommunikatoren, indem sie die Forschung angreifen wegen ihrer Irrelevanz, ihres Mangels an Anwendbarkeit, und weil sie zu vage und theoretisch sei. Daß dies oft Rationalisierungen sind, bedeutet nicht, daß die Forschung in dieser Hinsicht untadelig ist. Größeres gegenseitiges Verständnis und mehr Sympathie zwischen Forschern und Praktikern sind etwas, für das zu arbeiten wir bereit sein sollten.

Von den verschiedenen Generalisierungen hinsichtlich der Wirkungen der Medien scheinen eine oder zwei — diejenigen, welche dazu neigen, den Einfluß der Massenmedien herunterzuspielen — mehr Gewicht erlangt zu haben als andere. Wir hören oft, daß die Medien selten direkt auf die Menschen einwirken, daß sie durch viele Zwischenfaktoren wirken (gesammelte Erfahrungen, augenblickliche Interessen und Verbindungen, sowie zukünftige Erwartungen), so daß es unwahrscheinlich ist, daß sie großen Einfluß dort haben, wo Attitüden und Wertmaßstäbe fest geprägt sind; daß sie im ganzen als beitragende oder verstärkende Kräfte, nicht aber als einzige Ursache wirken.

Als vorläufige Generalisierungen, herrührend von Forschung, die überwiegend in den USA durchgeführt wurde, haben diese Aussagen eine gewisse Berechtigung. Jedoch ist es wichtig, daß sie nicht für sich selbst beurteilt werden, sondern im Vergleich mit anderen Verallgemeinerungen und unter Berücksichtigung der Art von Forschung, aus der sie entspringen. Wirksamkeit ist nicht das Gleiche wie Wirkungen, die auch zufällig oder unbeabsichtigt sein können. Und doch hat sich ein großer Teil der oben angeführten Forschung auf den Einfluß oder die Wirkungen spezieller vorsätzlicher Aussagen konzentriert. Man fragt mit Recht, ob hier tatsächlich die geeigneten Modelle des Kommunikationsprozesses benutzt wurden.

Es ist besonders wichtig, diejenigen Forschungsfragen hervorzuheben, die *nicht* gefragt wurden, und die Forschung, die *nicht* durchgeführt wurde. Sehr wenig hat man sich mit der Rolle der Massenmedien in den frühen Stadien der Kindheitsentwicklung beschäftigt, und es liegen wenige Langzeit-Entwicklungsstudien vor. Überdies ist es nicht möglich gewesen, diesen Generalisierungen viele Erkenntnisse über den Einfluß von Genre, Kontext oder Art der Darbietung der Aussagen hinzuzufügen; solche Einsichten liegen nicht vor, und der breite Spielraum des Ineinandergreifens der Massenmedien mit den kulturellen Werten ist bisher praktisch unbekannt geblieben. Es muß ferner betont werden, daß die beteiligten Faktoren wirksam sein mögen oder auch nicht, und daß, wenn sie wirksam sind, sie nicht unbedingt immer als „Filter" dienen mögen; sie könnten in der gleichen Richtung wie die Medien selbst wirken.

Weiterhin ist es der Beachtung wert, daß viele Untersuchungen in der Massenmedien-Forschung offensichtlich nach wie vor mit der Grundauffassung von der „atomistischen" Natur des Kommunikations-Publikums arbeiten, derzufolge die Rezipienten isolierte Individuen sind, mit nur wenigen Primärbeziehungen zueinander. In der Forschungspraxis ist meist immer noch das Individuum die Sample-Einheit. Das atomistische Modell wird stillschweigend beibehalten, und obgleich Gruppeneinflüsse in Betracht gezogen werden, wird das Individuum öfter studiert als Gruppenphänomene. Es sind die mündlichen Antworten des Individuums von Angesicht zu Angesicht mit dem Interviewer, die gewöhnlich aufgezeichnet und analysiert werden. Soziologische Studien, die die Tätigkeit der Medien in den weiteren sozialen Rahmen einbetten oder von Begriffen wie Sozialstruktur, Rolle oder Bezugsgruppe Gebrauch machen, sind sehr selten.

Es ist ferner möglich, daß Attitüden und Attitüdenänderungen über Gebühr als primäre Wirksamkeitskriterien benutzt wurden. Einem Verhaltenswechsel muß nicht immer eine Attitüdenänderung vorangehen; der Prozeß der Kommunikationseinwirkung kann mehr davon abhängen, wieweit die Rezipienten sich von dem in den Medien dargestellten Sachverhalt unmittelbar betroffen fühlen.

Solche Untersuchungen gründen sich in der Regel auf eine Konfliktsituation: neue Nachrichten im Konflikt mit alten Auffassungen; und auf die Annahme, daß eine Attitüdenänderung normalerweise der Verhaltensänderung vorausgeht. Aber bei geringem Involvement (und es gibt viele Sachverhalte, die den Rezipienten nicht unmittelbar betreffen) gibt es durchaus eine graduelle Änderung und Anpassung der Attitüden. Dieser Prozeß könnte durch Wiederholung verstärkt und dadurch aktiviert werden, daß die Person eine Verhaltenswahl treffen muß — wobei dann die Veränderung der Attitüden dieser Wahl nachfolgt. Es ist wichtig, Involvement nicht mit sozialer Bedeutung zu verwechseln. Viele Leute mögen an sozial bedeutenden Themen nicht besonders interessiert sein, aber ihre Attitüden mögen trotzdem allmählich mitgeformt werden. Viele der bisherigen Forschungsansätze waren wahrscheinlich nicht in der Lage, diese wichtige Art der allmählichen, sich steigernden Veränderungen zu erfassen.

Im wachsenden Maße wird das gesamte Konzept der Attitüden, das im allgemeinen als Grundlage der Sozialpsychologie gilt, in Frage gestellt, besonders in Bezug auf seinen Wert als eine abhängige Variable in der Massenkommunikationsforschung. Die Nützlichkeit der Konsistenz — oder Gleichgewichtstheorie wird ebenso fraglich wie das damit verbundene bisher weiterhin akzeptierte Prinzip, daß der Rezipient sich in der Regel selektiv demjenigen Material der Massenmedien aussetzt, das seine bereits vorhandenen Meinungen und Auffassungen unterstützt, bestätigt und verstärkt. Demgegenüber wird heute angenommen, daß die Informationssuche auch mit dem erwarteten Nutzen der Information zusammenhängt, und das erwartete Verhalten mag eine bessere Voraussagebasis für die Mediennutzung sein als die vorhandene kognitive Struktur. Manche meinen, daß es vorteilhafter sein würde, das Publikum zu studieren und sein Kommunikationsverhalten zu beobachten, anstatt sich weiter auf das „entpersonifizierte" Konzept der Attitüden zu konzentrieren.

Wenn wir hier diese Fragen über die Art und Richtung der Massenkommunikationsforschung stellen, dann nicht um zu argumentieren, daß die Massenmedien mehr Einfluß haben, als die Forschung uns glauben ließ, obwohl dies ein wichtiges Problem ist. Vom Forschungsstandpunkt aus geht es um weit mehr. Um es ganz einfach zu sagen: Stellen wir die richtigen Fragen? Benutzen wir das passende Handwerkszeug? Verwenden wir angemessene Modelle des Kommunikationsprozesses? Verwechseln wir Wirkungen mit Wirksamkeit, oder Einfluß mit Veränderungen? Machen wir den notwendigen Unterschied zwischen lang- und kurzfristig? Setzen wir voraus, daß keine Attitüdenänderung (nach konventionellen Methoden gemessen) überhaupt keine Veränderung bedeutet?

Dies ist nicht der Ort, das Kausalprinzip in den Sozialwissenschaften zu erörtern, aber es besteht Grund zu der Annahme, daß wir bei der Massenkommunikationsforschung zuviel Zeit damit verbracht haben, nach dem zu suchen, was man die direkte Beziehung zwischen Ursache und Wirkung nennen könnte, und wir kamen dann zu der Folgerung „Kein signifikanter Unterschied", wenn wir keine solche Beziehung feststellen konnten. Man kann kaum daran zweifeln, daß die Medien auf vielen Wegen ihren Einfluß ausüben können, z. B. indem sie Modelle vorstellen, soziale Definitionen anbieten, Stereotype verstärken, Personen und Verhaltensweisen Status verleihen, angemessenes Verhalten suggerieren, aufzeigen, was gebilligt und was mißbilligt wird; sie können auch auf anderen, indirekten Wegen wirken im Zusammenhang mit anderen Faktoren im Sozialisierungsprozeß wie etwa mit der Schule, der Familie und Gleichaltrigen. Die Kenntnis von den Auswirkungen dieser vielschichtigen, untereinander verbundenen Einflüsse, von denen die Medien nur einen Faktor bilden, ist unerläßlich für unser Verständnis von der Rolle der Medien bei der Beeinflussung von Attitüden und Verhalten. Wir müssen der Neigung widerstreben, die Arbeit der Forscher allein danach zu beurteilen, wieweit es ihnen gelingt herauszufinden, was direkt vom Massenmedium verursacht wird.

Wenn wir einen kurzen Blick auf ein Problemgebiet werfen, das in beachtlichem Umfang erforscht wurde, nämlich die Darstellung von Gewalt und Aggression, so sehen wir einige der erwähnten Massenkommunikationsprobleme groß geschrieben (z. B. Mangel an Theorie, allzu grobe Konzeption, usw.). Die experimentelle Forschung auf diesem Gebiet wurde u. a. streng kritisiert wegen ihrer Künstlichkeit und wegen ihres Mangels an Anwendbarkeit auf Situationen im wirklichen Leben. Außerdem widersprechen sich die Ergebnisse. Vielleicht demonstrieren die verwirrenden Resultate auf diesem Gebiet mehr als alles andere den Fehler, zu versuchen, einen äußerst vielfältigen und komplexen Bereich von Beziehungen mit einem einzigen

Konzept anzugehen. Wir sollten, sowohl in Bezug auf Stimulation wie auf Reaktion, fragen: Was ist Gewalt? Was ist Aggression? Wir müssen auch wissen, was als Wirklichkeit und was als Phantasie angesehen wird, und wie verschiedene Formen der Gewalt von verschiedenen Individuen, Gruppen und Gesellschaften wahrgenommen, beurteilt und verarbeitet werden.

Ganz gleich wie scharfsinnig wir in der Entwicklung von Forschungstechniken sind, unsere Forschung kann nie besser sein als die Fragen, die wir stellen. In diesem Zusammenhang sieht man allmählich ein, daß die Frage, ob Gewaltanwendung Gewalt hervorruft, nicht das einzig wichtige Problem ist. Wir könnten fragen, ob Gewalt Angst oder andere Formen der Beunruhigung oder Verwirrung hervorruft, ob die Darstellung von Gewalt und Aggression mögliche positive soziale Wirkungen hat, etwa die Darstellung der Schrecken des Krieges als Gefahrensignal für die Gesellschaft, oder langfristige Auswirkungen, wie das Vertrautmachen mit Gewalt, Gefühlsabtötung, Legalisierung der Gewalt, Gewalt als Lösung von Problemen oder als unvermeidbares Phänomen uzw. Die Darstellungen in den Medien mögen auch ein übertriebenes oder verzerrtes Bild der Gewaltanwendung in der Gesellschaft geben und somit eine unangemessene Darstellung sozialer Probleme liefern.

Forschung in den Entwicklungsländern

Der Hauptteil der Forschung, auf die sich diese Seiten beziehen, wurde in den USA oder anderen industrialisierten Ländern durchgeführt, und sofort erhebt sich die Frage, wieweit sich die Ergebnisse auf Situationen in weniger entwickelten Ländern anwenden lassen. Die Gefahren der Übertragung von Forschungsergebnissen von einer Kultur auf eine andere, besonders auf einem Gebiet, wo die Theorie so schwach ist, sind bekannt und bedürfen keiner Erläuterung. Dagegen ist die Bedeutung umfassenderer, fundamentalerer ideologischer, institutioneller und organisatorischer Faktoren in diesem Zusammenhang nicht so allgemein anerkannt. Wenn man wissen will, was die Forschung der Industrienationen über die Situation in Entwicklungsländern aussagen kann, muß man einige Fragen über die Hintergründe, den Zweck und die Art der Forschung in den Industrieländern stellen. Welche Problemgebiete sind aufgezeigt worden? Wer stellt welche Fragen, und warum? Was für Diagnosen sind gestellt und welche Lösungen angeboten worden? Was für Maßstäbe wurden angewandt?

Es wurde bereits angedeutet, daß die Massenkommunikationsforschung ein Gebiet ist, auf dem die Theorie nicht mit der Technik Schritt gehalten hat. Es ist gut möglich, daß diese Situation hauptsächlich entstanden ist infolge der Anforderungen administrativer, Dienstleistungs- und kommerzieller Forschung in jenen Ländern, in denen bisher die meiste Forschung durchgeführt wurde. Im allgemeinen ist ein großer Teil dieser Forschung eher beschreibend als analytisch gewesen, begrenzt in der Auswahl der Variablen, oberflächlich in ihrer Klassifikation und Analyse und im großen und ganzen losgelöst von soziologischen oder psychologischen Theorien.

Man kann noch mehr aus den Situationen lernen, in denen diese administrative, Dienstleistungs- oder kommerzielle Art der Forschung in der einen oder anderen Form vorgeherrscht hat. Die sozialen Bedingungen unserer Zeit liefern ein Anzahl von Definitionen, die vorwiegend vom Standpunkt der Wirksamkeit und Anwendbarkeit diktiert wurden. Diese Erwägungen bestimmen oft die Art des Forschungsaufwandes und erbringen dann quantitative Ergebnisse (gewöhnlich für kommerziellen oder administrativen Nutzen), ohne den Charakter der sozialen Phänomene zu beachten. Es lohnt sich, von Zeit zu Zeit daran zu erinnern, daß Forschung nicht nur darin beseht, zu messen was „da draußen" ist, denn — wie Aaron Cicourol sagt — der historische Verlauf und die Ideologien einer bestimmten Ära können das „Dadraußen" beeinflussen, damit auch die Art, wie diese Dinge wahrgenommen, beurteilt, beschrieben und gemessen werden. Diese sowie andere relevante ideologische, organisatorische und institutionelle Faktoren müssen bedacht werden, wenn man die vorher in diesem Beitrag berichteten Forschungsergebnisse und Generalisierungen überdenkt. Dies ist besonders wichtig, bevor man Lehren aus solcher Forschung zieht, um sie auf die Situation in anderen Ländern mit anderen Kulturen und in anderen Entwicklungsstadien anzuwenden. In ähnlicher Weise mögen Forschungstechniken, die in einer Gesellschaft angebracht sind, dies in einer anderen Kultur nicht sein, weil dort andere Normen und Wertmaßstäbe gelten.

Man muß natürlich anerkennen, daß in vielen Entwicklungsländern Forschung betrieben wurde, und daß es nicht nötig ist, sich einzig auf Forschungsergebnisse aus Industrieländern zu stützen. Die Beziehungen und Wechselwirkungen zwischen wirtschaftlicher Entwicklung, sozialem Wandel und Massenkommunikation sind untersucht worden, und besondere Aufmerksamkeit wurde den verschiedenen Funktionen der Massenkommunikation gewidmet, ferner den Grenzen der Massenmedien, den Problemen des Übergangsstadiums, den Möglichkeiten des Zusammenstoßes zweier Kulturen sowie solchen Fragen wie Innovation, Meinungsführer, Machteliten, Kommunikationsnetze, Einfluß der Gruppenbeziehungen, Informationsfluß, Diffusion und andere. Eine ganze Anzahl von Untersuchungen wurde durchgeführt, aber die mangelnde Verfeinerung der Konzepte und die Dürftigkeit der Theorie lassen uns fragen, ob man genug über Innovation, Verbreitung von Ideen und Praktiken und Anpassung an veränderte Situationen weiß, um theoretische Spezifizierungen hinsichtlich dieser Prozesse zu liefern.

Aber auch bei der Beurteilung der Forschung in den Entwicklungsländern müssen wir uns wieder fragen, was für eine Art Forschung es war. Wer führte die Untersuchungen durch? Warum wurden sie durchgeführt? Welche Annahmen lagen ihnen zugrunde? Was war der ideologische Rahmen?

Wir können diese Fragen hier nicht beantworten (sie mögen in der Tat für die zukünftige Forschung richtungweisend sein), aber es sollte vermerkt werden, daß ein beachtlicher Teil der in den Entwicklungsländern durchgeführten Forschung sich mit erzieherischen Ausbildungs- und Entwicklungsproblemen befaßt hat. Der Einfluß der Medien auf dem weiteren sozio-kulturellen Gebiet hat noch nicht die verdiente Aufmerksamkeit gefunden. Verschiedene Projekte befaßten sich mit speziellen Programmen und Werbefeldzügen, bei denen es möglich war, den „Erfolg" nach bestimmten Zielen oder Kriterien zu messen, die in der Regel an Effizienz, Fortschritt, Leistung usw. orientiert waren und oft ausschließlich von „westlichen" oder anderen fremden Standpunkten aus definiert wurden. Es wird manchmal behauptet, wir wüßten, wie man die Medien benutzen muß, um bestimmte Ziele in bestimmten Situationen zu erreichen, aber man scheint sehr wenig darüber zu wissen, wie die Medien nun wirklich in Entwicklungsländern verwandt werden, oder über die Auswirkungen dieser Anwendung auf der breiteren sozio-kulturellen Ebene. Wir mögen etwas über das Potential der Medien kennen und Anhalte dafür haben, welche Rolle sie beim Zustandekommen „erwünschten" sozialen Wandels spielen. Gelegentlich mag sogar erkannt werden, daß diese Veränderungen von Spannungen begleitet werden können; aber wie helfen diese Arbeiten beim Studium etwa der Frage, wie sich in Entwicklungsländern kommerzielle Sendungen auswirken, die in Industrieländern hergestellt wurden?

Nur in wenigen Regionen der Erde gehen technologische Entwicklung, sozialer Wandel, wirtschaftliche Expansion, die Entwicklung einer Verbrauchergesellschaft und die Schaffung kommerzieller Medien Hand in Hand. Die kommerzielle Offensive ist in einigen Regionen offensichtlicher als die erzieherische, wobei es in manchen Fällen natürlich möglich ist, beide als Teile einer gemeinsamen breiteren ideologischen Offensive zu sehen. Forschungen auf anderen Gebieten weisen darauf hin, daß die starke Betonung von Konsum und Leistung, obwohl sie möglicherweise die wirtschaftliche Expansion und Entwicklung fördert, dies nur unter bestimmten sozialen Kosten tut. Diese Kosten können besonders hoch und schmerzlich spürbar sein, wenn die durch die Medien gesteigerten Ansprüche und Erwartungen frustriert werden. Dabei sprechen wir hier noch immer von Kosten im rein materiellen Sinne. Es ist bezeichnend für die ganze Debatte, daß so wenig über die nichtmateriellen, kulturellen Kosten gesagt wird, welche die Entwicklungsgesellschaften vielleicht für den Genuß der kommerziellen Medien zu bezahlen haben werden.

Forschung über den erzieherischen Nutzen der Medizin

Bis jetzt haben wir kaum die Forschung auf dem enger umgrenzten Gebiet der bildenden und unterrichtenden Medien berührt. Diese Forschung ist zwar nicht völlig von der Art Forschung getrennt, auf die wir uns eben bezogen haben, aber sie hat ihre eigenen, spezifischen Probleme und ihren eigenen organisatorischen Aufbau. Man ist sich allgemein darüber einig, daß die mit den erzieherischen Aussagen Befaßten u. a. die bestehenden Bedürfnisse und Interessengruppen, Gruppennormen und Zugehörigkeiten, soziale Unterstützung, soziale Kontrolle und Verstärkung durch interpersonelle Beziehungen besonders beachten müssen. Die Wissenschaftler betonen, daß Erziehungsprogramme in Hörfunk und Fernsehen auf der Kenntnis von Motivationen, Attitüden, Denkungsarten, Sprachgebrauch und früheren Erfahrungen aufgebaut werden müssen. Allmählich wird uns klar, daß wir nicht verstehen können, wie diese Programme aufgenommen werden, wenn wir nicht ihre Wirkungen im größeren sozialen Zusammenhang studieren. Dies bedeutet, daß die Forschung über den Nutzen und die Wirksamkeit der Medien auf dem Bildungssektor solche Faktoren in Rechnung stellen muß wie die Rolle, die die Gesellschaft der Schule zuschreibt, Bildungsziele und -zwecke, den Lehrplan, die Bedeutung des Prüfungssystems, die Verfügbarkeit von Hilfsquellen, den Grad der Zentralisierung im Bildungssystem, die Rolle des Lehrers und des Kommunikators, den Aufbau der Medienindustrie selbst, ihre Geschichte und Organisation und ihre Beziehung zu nationalen Erziehungssystemen. Unzulänglich bleiben muß zudem jeder Versuch, den erzieherischen Nutzen der Medien einzuschätzen, wenn man dabei nicht den Grad der Bindung des Lernenden an die Normen und Werte des Bildungssystems in Rechnung stellt.

Es scheint weitgehend Übereinstimmung darüber zu herrschen, daß ein großer Teil der auf diesem Gebiet der bildenden und unterrichtenden Medien durchgeführten Forschung, um es gelinde zu sagen, von geringerem Nutzen gewesen ist, als sie hätte sein können. Offensichtlich sind oft einfach nicht die richtigen Fragen gestellt worden. Selbst wenn wir auf diesem Forschungsgebiet die Unzulänglichkeiten der Konzeption, die Ungenauigkeit der Techniken und Instrumente, die Vielschichtigkeit der Probleme und die Anwesenheit zahlreicher unkontrollierter Variablen erkennen, sind wir zu der Einsicht gezwungen, daß sogar in dem unwahrscheinlichen Falle, daß alle diese Schwierigkeiten geglättet wären, Zeit, Talent und Geld immer noch verschwendet sind, solange man den theoretischen Grundlagen nicht mehr Aufmerksamkeit widmet, dem größeren sozialen Zusammenhang und der Art der Fragen, die man stellt. Es ist kaum anzuzweifeln, daß man sich in der Vergangenheit sehr viel mit banalen Dingen abgegeben hat. Auf diesem Forschungsgebiet, wie auch auf anderen, kann man die Tatsache nicht genug betonen, daß man viel mehr Zeit darauf verwenden sollte zu entscheiden, was man tun will und warum man es tut.

Die Notwendigkeit der Erforschung neuer Bereiche

Wenn man überdenkt, was bekannt ist, wird es einem rasch klar, wie vieles wir noch nicht wissen. Einige der Lücken sind offensichtlich; andere, obwohl weniger augenscheinlich, mögen von gleicher oder noch größerer Bedeutung sein. Dieser Abschnitt enthält einige Vorschläge, wie und wo zukünftige Forschungsarbeiten sinnvoll ansetzen können. Dabei wird kein Anspruch auf Vollständigkeit erhoben.

Die Bildungs-Medien

Was das Bildungs-Fernsehen anbelangt, kann als erwiesen gelten, daß das Fernsehen zu erfolgreichem Unterricht benutzt werden kann; aber es ist ebenso klar, daß wir noch viel mehr über die optimale Nutzung der Hilfsquellen wissen müssen. Wo und wann wird das Fernsehen (und überhaupt jedes andere Medium) am besten genutzt? Wie wird es am besten genutzt zur Einführung neuer Ideen und neuer Lehrmethoden? Wie kann man es nutzen, um besser verstehen zu helfen, wie Menschen lernen, denken und sich untereinander verständigen? Aus dem vorher Gesagten ergibt sich, daß es bei der Forschungsplanung auf diesem Gebiet wichtig ist, den weiteren Beziehungsrahmen in Rechnung zu stellen, speziell die ideologischen und soziologischen Erwägungen sowie die Funktionen, die den Medien und den Bildungssystemen zugeschrieben werden.

Zugegebenermaßen werden nicht selten die Möglichkeiten neuer technologischer Entwicklungen übertrieben, aber es kann kaum daran gezweifelt werden, daß wir an der Schwelle einer Zeit stehen, die neue und erregende Änderungen auf dem Bildungssektor mit sich bringen kann. Ein großer Teil hängt davon ab, wie wir uns zu den neuen technologischen Möglichkeiten stellen. Werden wir damit zufrieden sein, die neuen Entwicklungen in bestehende Strukturen zu zwängen, oder werden wir die Gelegenheit ergreifen, unsere verschiedenen Bildungssysteme genauer zu überprüfen und — falls notwendig — vollkommen zu revidieren? Die neuen Medien könnten eine unvergleichliche Chance für das Neu-Überdenken konventioneller Bildungspraktiken und -strukturen bedeuten. Die Kommunikationsformen ändern sich, und wenn sie dies tun, ändert sich auch die Gesellschaftsstruktur. Um den besten Nutzen aus der uns zur Verfügung stehenden Technik ziehen zu können, behaupten manche, daß wir viel von dem Alten aufgeben und neu beginnen müssen, indem wir wesentlich neue Bildungsvoraussetzungen schaffen. Die Wissenschaft muß zumindest bereit sein, diese Möglichkeiten zu untersuchen.

Es gibt sowohl Pessimisten wie Optimisten unter jenen, die die Möglichkeiten der Technik auf dem Bildungssektor erörtern. Für den Optimisten ist die gute neue Welt dazu da, daß jedermann von ihr Besitz ergreifen kann, wobei eine „kluge und vorausschauende Methode" vorausgesetzt wird. Unglücklicherweise werden die Einzelheiten solchen Ansatzes selten näher beschrieben (dies trifft besonders auf die Entwicklungsländer zu), und mögliche Hindernisse und Beschränkungen wirtschaftlicher oder politischer Natur sowie Rivalitäten nationaler und internationaler Art werden oft ignoriert. Leider muß die Forschung und das Denken auf diesem Gebiet die Realität einer zersplitterten und geteilten Welt akzeptieren. Man gewinnt wenig, wenn man hier unter der Voraussetzung der „Ceteris-paribus-Klausel", also mit der Formel „other things being equal" arbeitet.

Auf der anderen Seite gibt es jene, die die Aufmerksamkeit auf die affektive Verarmung, den Mangel an Begeisterung, die Hemmung der Kommunikationsfähigkeiten und die Entpersonalisierung lenken, die sich unvermeidlich aus der neuen, durch den technologischen Fortschritt hervorgebrachten „Unterrichts"-Situation ergeben werden. Sie betonen, daß die Kenntnisse bereichert werden auf Kosten des Denkens („das Fernsehen befaßt sich mit Erscheinungen, nicht mit Begründungen"), daß das Fernsehen einen grundsätzlich niedrigen Informationsgehalt hat, daß es den Horizont dessen, was es darstellt, einengt und daß — da die Möglichkeiten der Rückkoppelung beschränkt sind — der Informationsfluß praktisch einseitig ist. Es ist natürlich möglich, all dies hinzunehmen und das Fernsehen trotzdem für einige Erziehungsarten als ideal geeignet anzusehen. Gerade der angeblich geringe Informationsgehalt, der vergrößerte Teilnehmerbereich, und die Übermittlung „unpersönlicher" Antworten haben manche Leute dazu gebracht, dieses Medium als hervorragend für Bildungszwecke geeignet anzusehen.

Es ist eine Menge dieser und ähnlicher Art geschrieben worden, aber leider überwiegt die Spekulation zu oft gegenüber den Tatsachen. Doch muß zugegeben werden, daß einige dieser Spekulationen die Linien für zukünftige Untersuchungen in Industrie- wie in Entwicklungsländern aufzeigen könnten. Das Grundproblem ist sicherlich, die wirksamste Nutzungsart der Medien zu finden, obwohl — wie schon betont — der Wissenschaftler, der Antworten auf diese Fragen sucht, nicht nur eine klare Vorstellung dessen haben muß, was mit wirksam gemeint ist, sondern er muß auch die verschiedenen Medien in Rechnung stellen sowie die Bildungs-, Wirtschafts- und Sozialsysteme und deren Zusammenhänge in einem gegebenen Land.

Es bleiben immer noch eine Menge grundsätzlicher Fragen zu beachten. Zum Beispiel müssen wir wissen, wie Menschen verschiedenen Alters und mit differierenden kulturellen und Bildungsgrundlagen die ihnen gebotenen Informationen verarbeiten, behalten und sich zu eigen machen. Wie schon erwähnt, wird die Bildungsarbeit des Fernsehens von eine Anzahl Faktoren beeinflußt einschließlich der Rolle, die die Gesellschaft der Schule zuschreibt, sowie von den gegenseitigen Beziehungen zwischen den Medien- und den Bildungssystemen. Diese Rollen, Ziele, Funktionen, Beziehungen und möglichen Konflikte müssen untersucht werden, um die Probleme rechtzeitig zu erkennen, möglicherweise vorauszusagen, und ihre Lösung zu erleichtern. Sowohl die Bedingungen als auch die Folgen wirksamen Lehrens durch Medien müssen klar umrissen werden.

Internationale Kommunikation und Satelliten

Was die Kommunikation durch Satelliten betrifft, ist es offensichtlich zu spät, die Forschung von Anfang an einzubeziehen. Denkt man über die Forschung auf diesem speziellen Gebiet nach, so ergeben sich verschiedene Aspekte: die Frage der verfügbaren Infrastruktur, Kosten-Nutzen-Überlegungen und neue Lizenzgebühren-Probleme, die Berührung fremder Kulturen, Freiheit von formellen, nationalen Problemen, bis zu der möglichen Entwicklung neuer Formen der Kontrolle und Zensur. Einige davon, wie etwa die Berührung mit fremden Kulturen, sind keine neuen oder für die Satellitenkommunikation spezifischen Probleme; sie wurden ja schon an anderer Stelle in diesem Beitrag behandelt. Andere, etwa jene, die sich auf direkte Rundfunk- und Fernsehübertragungen durch Satelliten beziehen, sind so abhängig von bisher unbekannten sozialen, politischen, wirtschaftlichen und rechtlichen Faktoren, daß bei dem Mangel an gesicherten Daten reine Spekulationen in diesem Stadium keine kluge Investition wären.

Nochmals, das wissenschaftliche Denken auf diesem Gebiet sollte so realistisch wie möglich sein. Wir sollten alle Möglichkeiten für die optimale Nutzung und für künftige „unvorstellbare Änderungen im sozialen Gefüge" in Betracht ziehen. Dennoch dürfen die entscheidenden Tatsachen der geteilten Welt und die Macht der kommerziellen Interessen nicht vergessen werden. Macht, Einflußsphären und Technologie sind nicht leicht voneinander zu trennen.

Das Satellitenpotential wird eine Funktion unter anderen im Entwicklungsstand eines Landes sein. Jede beabsichtigte Forschung müßte dies berücksichtigen. Die Hauptpunkte jedoch, die man auf diesem Gebiet und in diesem Stadium beachten sollte, sind zweifellos die politischen, rechtlichen und wirtschaftlichen Ungewißheiten. Die Wissenschaft könnte sich mit der Art der Schranken und Hindernisse der Kooperation auf diesem Gebiet befassen — idealerweise mit dem Ziel, sie zu beseitigen. In der Tat, der gesamte Fragenkomplex über die Beschränkung aller Formen der interkulturellen Verständigung ist des Studiums wert. Welches sind die Faktoren — soziale, wirtschaftliche, politische, rechtliche usw. —, welche die Art und den Grad der Einfuhr und Verbreitung von Medienmaterial bestimmen? Es wird allgemein angenommen, daß interkultureller Austausch mit verbessertem internationalem Verständnis Hand in Hand geht. Was für eine Rechtfertigung gibt es für diese Annahme? Es gibt keinen Grund dafür, daß die letztere automatisch aus dem ersteren folgt.

Die Rolle der Medien in Übergangsgesellschaften

Offensichtlich können Innovationen neue Spannungen und Konflikte in ein System hineinbringen, und nicht selten sind es die „wirksamsten" Neuerungen, Nachrichtenverbindungen oder Bildungsverfahren, die die größten Spannungen hervorrufen. Es sei noch einmal daran erinnert, daß wir hier — wie auf vielen Problemgebieten — als erstes das Problem lösen müssen, was wir unter „wirksam" verstehen wollen. Wir müssen präziser sein, vielleicht auch ehrlicher bei der Definition dessen, was wir als Grundbedürfnisse und Hauptziele ansehen, und wir dürfen die legitimen nationalen Bestrebungen der Völker und Gesellschaften in verschiedenen Entwicklungsstadien nicht vergessen.

Betrachtet man den Gesamteinfluß der Medien in Entwicklungsländern, so genügt es nicht, die Untersuchungen auf bestimmte Kampagnen zu beschränken, zum Beispiel im Bereich des Gesundheitswesens, der Landwirtschaft oder der Erziehung. (Diese Art Programme haben oft auch indirekte oder unbeabsichtigte Auswirkungen.) Wir müssen versuchen, die tiefergehenden Einflüsse der kommerziell orientierten Massenmedien einzuschätzen im Hinblick auf gesteigerte Ansprüche, mögliche Frustrationsquellen und Konflikte, sich verändernde Verbrauchergewohnheiten und Lebensstile, auf die Schwächung traditioneller Bande, sich ändernde Autoritätsvorbilder, Klischees und Images von anderen Ländern usw.

Die von Daniel Lerner vor einigen Jahren aufgestellte Hypothese, daß die Massenmedien den Menschen in Entwicklungsländern die geistige Fähigkeit verleihen, Situationen und Lebensweisen zu begreifen, die sich ganz und gar von dem unterscheiden, was sie selbst erfahren haben, bietet noch immer Spielraum für präzisere, operationelle Spezifizierungen. Der Übergang von mündlichen über gedruckte zu elektronischen Medien (manchmal unter Auslassung des Zwischenstadiums des gedruckten Wortes), die gleichzeitige Benutzung von traditionellen und elektronischen Medien, die Übernahme und Umgestaltung kultureller Formen, das sind nur einige der vielen faszinierenden Fragen, die sich der Forschung stellen.

Wir müssen auch nach der Unvermeidlichkeit eines „Gesamtprogramms" fragen. Muß wirtschaftliche und technische Hilfe immer mit der Vorstellung einer Welt aus Zuckerwatte einhergehen? Nicht daß einzig und allein diese Zuckerwatte-Welt von den Medien dargestellt würde, sondern die Medien können auch andere Bilder und Berichte von Ereignissen aus den industrialisierten Ländern für die Menschen in Entwicklungsländern bringen. Demonstrationen, Aufruhr, Revolutionen, Armut, Elend und Entfremdung können neben den attraktiven Lockungen der vom Konsum beherrschten Überflußgesellschaft gezeigt werden. Was für eine Wirkung hat das auf junge Menschen in einem afrikanischen oder südamerikanischen Dorf? Was wissen wir über ihr Vermögen, mit dieser Art Information fertig zu werden? In diesem Zusammenhang lohnt es sich, daran zu erinnern, daß Darstellungen von Gewalt wohl auch „positive" oder „soziale" Konsequenzen haben können, indem sie als Katalysator oder Gefahrensignal dienen.

Eines der Hauptprobleme, das den Entscheidungsträgern in Entwicklungsländern ständig Sorgen bereitet, liegt in der Frage, ob es ratsam ist, einen Prozentsatz der beschränkten finanziellen Mittel für die sogenannte „Evaluierung" auszugeben. Man hat dies oft als einen Luxus angesehen, den man sich nicht leisten kann. Eine andere Denkrichtung in den gleichen Ländern dagegen meint, man könne die (wenngleich begrenzten) Mittel nicht besser nutzen, als wenn man einen gewissen Teil für „Evaluierung" verwendet.

Gewalt und Agression

Wie wir schon früher gesehen haben, besteht kein Zweifel daran, daß die Wiedergabe von Gewalt und Aggression durch die Medien ein Hauptpunkt der sozialen Bedenken in den Industrienationen ist. Wenn man sich mit diesem vielschichtigem Problem in angemessener Weise befassen will, bedarf es neuer Denkansätze und einfallsreicher Methoden.

Es geht hier nicht einfach um das Nacheifern von Gewaltakten, wie viele zu glauben scheinen. Es sollten auch die langfristigen Wirkungen in Richtung auf verstärkte Aggressionsneigung, auf die Duldung von Abweichungen und Gewalt, auf Gefühlsverrohung sowie auf die Erzeugung von Angst oder anderen Formen von Leiden studiert werden. Überdies kann das Gewaltproblem der Medien nicht isoliert angemessen untersucht werden; es muß im gesamten sozialen Zusammenhang gesehen werden.

Die Öffentlichkeit ist äußerst besorgt über die Wiedergabe von Gewalt und Aggression durch die Medien, aber was man über die Ätiologie, das Ausmaß und das Auftreten kriminellen Verhaltens im allgemeinen und speziell von Gewaltanwendung weiß, deutet darauf hin, daß es ein Fehler wäre, wenn die Forschung sich auf diesen speziellen Wertbereich, unter Ausschluß aller anderen, konzentrieren würde. Man kann argumentieren, daß jede menschliche Gesellschaft zum Fortbestehen des individuellen und gesellschaftlichen Lebens auf die Aufrechterhaltung gewisser Wertmaßstäbe angewiesen ist.

Diese Werte schließen den Respekt vor der Einzelpersönlichkeit, Toleranz, Rücksichtnahme, Integrität beim Handeln und im Umgang mit anderen ebenso ein wie die Stichhaltigkeit der Information und die Anregung zu rationalem Denken und konstruktiver Kritik. Für die Wissenschaft ist die wesentliche Frage, ob der Gesamteinfluß der Medien diese zentralen Werte fördert oder hindert.

Soziale Beiträge der Medien

Es ist wünschenswert, weitere Untersuchungen über die positiven wie auch die negativen sozialen Aspekte der Medien durchzuführen, etwa darüber, wie man sie nützen könnte, um Geschmacksrichtungen zu verbreiten oder zu entwickeln, oder wie man die soziale Teilnahme verstärken, die internationale Verständigung verbessern oder Vorurteile abbauen kann.

Einige Laboratoriumsexperimente, die versuchten, die Wirkung verfilmter Aggression und Gewaltanwendung zu untersuchen, könnte man so umbauen, daß sie sich mit positiven Qualitäten wie Liebe und Zuneigung befassen. Geschmacksentwicklungsstudien bieten ein Beispiel für einen Forschungsansatz, der dem Fernsehen helfen könnte, seine Möglichkeiten voll zu nutzen. Ein von Frau Professor Himmelweit vor einigen Jahren entwickelter Forschungsvorschlag ging davon aus, daß die Darbietung von „guten" Programmen auf nur einem Kanal nicht genügt, um den Geschmack zu ändern, weil die Kinder sich den weniger anspruchsvollen Sendungen auf dem anderen Kanal zuwenden. Das Ziel dieses Forschungsprojektes lag darin, zu ergründen, wie die Fernsehgewohnheiten der Kinder geändert und durch belohnende Anreize in Form von planmäßigen Aktivitäten der Lehrer und Eltern dazu gebracht werden könnten, sich mehr auf „bessere" Programme zu konzentrieren. Die vorgeschlagene Methode war eine kontrollierte Feldstudie mit systematischen Veränderungen in der Stärke und Art dieser Anreize, und die Ergebnisse sollten auf Persönlichkeitseigenschaften, soziale Hintergrundfaktoren u. ä. Bezug nehmen. Eindeutig nimmt die Schule einen zentralen Platz bei diesem Experiment ein, und man muß hier erwähnen, daß die Rolle des Schullehrers im Zusammenhang mit den Fernsehgewohnheiten der Schüler sowie die Beziehung zwischen der allgemeinen Kultur und der Schulkultur weitere Gesichtspunkte sind, die nutzbringend untersucht werden könnten.

Ein kürzlich in England entwickeltes Forschungsprojekt versucht, die Wirkungen einer neuen Art der Rundfunkübertragung einzuschätzen (d. h. neu in England), nämlich „Lokalrundfunk im öffentlichen Interesse". Die Argumente, die hierfür geltend gemacht werden, besagen, daß örtliche Nachrichten einen gesteigerten Sinn für das Allgemeinwohl hervorbringen eine Erweiterung lokaler Kenntnisse, eine größere Beteiligung bei lokalen Angelegenheiten, und daß sie den Minoritätengruppen und deren Interessen wertvolle Dienste leisten können. Diese „neue Form" des Rundfunks stellt einen interessanten Versuch dar, großstädtischen und zentralisierenden Tendenzen entgegenzuwirken — mit welchem Erfolg, bleibt abzuwarten. Dies ist ein naheliegendes Forschungsgebiet für ein industrialisiertes Land und bietet vielleicht interessante Vergleichsmöglichkeiten mit dem Zweck und Nutzen des Rundfunks für das Gemeinwesen und seine Strukturen in Entwicklungsländern. Generell sollten interkulturelle oder vergleichende Studien über verschiedene Arten der Aussagenverbreitung in verschiedenen Kulturen und Strukturen gefördert werden.

Forschung und Kommunikator

In einem früheren Bericht gab die für diesen Beitrag verantwortliche Unesco-Kommission folgende Empfehlungen:

> „Die Forschung sollte Untersuchungen über den Produktionsprozeß einschließen. Unsere Studien haben gezeigt, daß es wichtig ist zu wissen, wie die Media-Produzenten (im weitesten Sinne) ihre Rolle sehen, und daß man ihre Wertmaßstäbe ebenso kennen sollte wie ihre Attitüden, Ziele, Konventionen, Absichten, Arbeitsbedingungen und ihre allgemeine Ausbildung. Auch die Art und Weise ihrer Rekrutierung sollte untersucht werden.
>
> Die Erzeugnisse der Massenmedien und damit ihre Auswirkungen hängen (wenigstens zum Teil) von dem vorherrschenden System der Eigentümerschaft, Kontrolle und Finanzierung der Medien ab. Die wissenschaftliche Forschung (auf einer breiteren, interdisziplinären Ebene, die wirtschaftliche, rechtliche und politische Aspekte mit einbezieht) sollte die Beziehungen zwischen Programmen und Kontrolle untersuchen. Die Planung von Sendefolgen und die Zuteilung von Zeit und Geld an verschiedene Arten von Programmen sind zwei Seiten dieses Problemgebietes, die weiterer und genauerer Studien bedürfen.
>
> Beim Studium des Einflusses der Medien auf soziale Attitüden und Werthaltungen sollten sich die Wissenschaftler nicht durch die Schwierig-

keiten und die Komplexität des Problems davon abhalten lassen, Untersuchungen auf einer breiteren Ebene durchzuführen, als man dies in der Regel bisher in der Massenkommunikationsforschung getan hat. Man sollte Fragen stellen über den Einfluß verschiedener Darbietungsformen der Nachrichten, des Tagesgeschehens und politischer Themen. Der Medieninhalt sollte auf Werte, Weglassungen oder Zusetzungen hin untersucht werden; auch die Fragen der Banalisierung und Über-Familiarisierung sowie die Möglichkeit, daß die Medien gegen, anstatt für eine aktive „teilnehmende" Demokratie arbeiten, sollte innerhalb des Planzieles einer umfassenden Forschungspolitik liegen".

Einige dieser Punkte fanden Echo und Unterstützung bei einer Gruppe von Rundfunkleuten und Wissenschaftlern anläßlich eines Treffens des „International Broadcast Institute" in Bellagio (Italien). Dort gliederte man die Problemgebiete, die man für besonders wichtig und geeignet hielt, in vier Hauptgruppen, nämlich: (1) Was sind Nachrichten? (2) Welches sind die speziellen technischen Probleme des Fernsehens? (3) Wertmaßstäbe und humane Erwägungen bei der Berichterstattung und (4) Politische/Manager/Herausgeberprobleme.

(1) Unter der ersten Überschrift wird auf die Faktoren hingewiesen, die bei der Entstehung und Bearbeitung von Nachrichten eine Rolle spielen. Druck von außen, Konventionen, Auswahlprozesse, Vorurteile, Einstellungen, Mangel an Details und der Einfluß des Sensationellen könnten untersucht werden — vergleichenderweise, wenn möglich, sowohl bezüglich verschiedener Medien als auch verschiedener Länder.

(2) Die Technologie und Organisation der Fernsehproduktion bringt ihre eigenen Probleme mit sich. Welche sind es? Welches sind die Standardkonventionen der Produktion, und was sind ihre Auswirkungen? Was wissen wir über den Einfluß verschiedener Darstellungsarten, über die Bedeutung des „guten" Fernsehens, von dem wir so viel hören, oder über die Einwirkung verbaler und visueller Reize, getrennt oder kombiniert gesehen?

(3) Der dritte Punkt besagt: Was für Werte und humane Interessen haben Produzenten im Sinn? Welches sind ihre Bezugspunkte, ihre Vorstellungen von Hörern und Zuschauern, ihr Konzept und ihre Definition der eigenen Rolle, Ziele und Zwecke? Was verstehen Nachrichtenredakteure (wiederum bei verschiedenen Medien und in verschiedenen Ländern) unter „Freiheit", „Autonomie", „Unabhängigkeit", unter dem „Recht zu wissen", unter „Objektivität", „Tatsachen", „Meinungen", „Privatsphäre" usw.? Auf breiterer Ebene fordert die Frage nach der Freiheit einschließlich des freien Informationsflusses und des freien Zugangs zu den Medien besondere ständige Wachsamkeit und systematisches Studium.

(4) Zu dem, was hier schlagwortartig als „Politische/Manager/Herausgeberprobleme" bezeichnet wird, gehören vor allem Fragen der Ausbildung von Kommunikatoren verschiedenster Art sowie der Zusammenarbeit von Praktikern und Forschern.

Henner Hess

Ein soziologischer Bezugsrahmen für die Massenkommunikationsforschung*)

Ein Aspekt, der im Unesco-Bericht mehrfach erscheint, wird in dem folgenden Beitrag von Heß vertieft: die Problematik, die sich aus der Einsicht ergibt, daß man die Massenkommunikation weder als isoliertes Phänomen noch als einfachen kausalen Wirkungsprozeß betrachten darf, sondern daß man diesen Forschungsgegenstand als verflochten in größere soziale Beziehungssysteme sehen muß.

In diesem Zusammenhang meldet der Autor Bedenken an gegen die unkritische Verwendung von Feldsystemen, von denen in der Einleitung zum vorliegenden Buch die Rede war: Feldsysteme — so betont Heß — hängen im leeren Raum, solange man nicht die Determiniertheit der Feldfaktoren vom gesamten sozialen System und ihre Funktion in diesem System berücksichtigt.

Aus diesen Überlegungen ergibt sich die Forderung nach eine integrierenden sozialwissenschaftlichen Theorie der Massenkommunikation. Da jedoch eine derartige Theorie bei dem gegenwärtigen Stande der Hypothesenbildung und -überprüfung noch nicht möglich ist, sollte man wenigstens als Nahziel einen „soziologischen Bezugsrahmen" der Massenkommunikation anstreben. Ein solcher Bezugsrahmen wird von Heß im folgenden entworfen, und zwar mit den drei Grundfragen:

(1) In welchen sozialen Systemen ist Massenkommunikation mit Hilfe technischer Medien überhaupt möglich und nötig?

(2) Welche Rolle spielen die Massenmedien für diese Systeme?

(3) Wie werden die einzelnen Elemente der Reihe Kommunikator — Medium — Aussage — Rezipient und ihre Beziehungen untereinander vom jeweiligen sozialen System bestimmt?

Die soziologischen Ansätze in der Massenkommunikationsforschung sind außerordentlich mannigfaltig. Der Soziologe ist sogar versucht, nicht die Massenkommunikation, sondern erst einmal die Massenkommunikationsforschung zum Objekt zu nehmen, d. h. wissenschaftssoziologische Fragen zu stellen. In unserem Falle dürfte es nicht einmal zu schwierig sein, die historischen Ursachen klarzulegen, die zu der rapiden Entwicklung des neuen Forschungszweiges führten. Die verblüffenden Erfolge der nationalsozialistischen Propaganda und die Notwendigkeit einer Gegenpropaganda sind wohl die wichtigsten Gegebenheiten, die in Amerika das Interesse der Sozialwissenschaften auf Formen und Wirkungen von Aussagen der Massenmedien

*) Aus: „Publizistik" 14 (1969), S. 277—286

konzentrierten. Alte Methoden, wie etwa die schon im ersten Weltkrieg entwickelte Inhaltsanalyse, wurden verfeinert, neue Forschungsmethoden ausgearbeitet und vor allem die Anwendungsmöglichkeiten dieser Methoden durch die Bereitstellung von finanziellen Mitteln verbessert. Das außerwissenschaftliche, sich in finanziellen Zuwendungen äußernde Interesse an wissenschaftlichen Ergebnissen ist ja stets ein wichtiger Faktor bei der Entstehung eines neuen Forschungszweiges. Dieses Interesse wurde nach dem Krieg aufrechterhalten durch die psychologische Kriegsführung, durch den Aufschwung der Konsumgüterindustrie, die eine ausgedehnte Werbung nötig macht, durch den Wunsch, die Wähler zu manipulieren und durch die Hoffnung einflußreicher, der Sozialwissenschaft nahestehender liberaler Kräfte, mit Hilfe der Massenmedien rassische Vorurteile abzubauen.

Die Interessenten, d. h. einmal der Staat und zum anderen die großen Benutzer der Medien, Industrie, Parteien, Interessenverbände aller Art, kulturelle Institutionen usw., erwarteten von der Forschung möglichst eindeutige Ergebnisse, um sie praktisch wirkungsvoll anwenden zu können. Diese Tatsache spiegelt sich im Stand der Wissenschaft deutlich wider. Dem Beschauer bietet sie eine Fülle von zum Teil sehr gut fundierten und verifizierten Einzelhypothesen; aber eine integrierende Theorie, einen systematischen Rahmen für all die Einzeluntersuchungen bietet sie ihm nicht.

Es gibt Studien über die Produzenten oder Kommunikatoren und über die Momente, die ihre Produktion beeinflussen, also etwa ihre soziale Position, ihre Klassenzugehörigkeit, die Struktur der Gruppe, in der sie produzieren, ihre ethnische und religiöse Zugehörigkeit usw. Es steht fest, daß ein großer Teil dieser Einflüsse das Verhalten des Kommunikators bestimmt, ohne in dessen Bewußtsein zu treten, zum Beispiel mit ethnischer Zugehörigkeit verbundene kulturelle oder subkulturelle oder in religiösen Bekenntnissen implizierte Normen, die vom Kommunikator internalisiert wurden. Andere Determinanten werden wahrgenommen und ganz bewußt akzeptiert, zum Teil sogar als Zwänge empfunden. Man weiß etwas über die Wirkung, die der Rezipient auf den Kommunikator ausübt und die etwa mit dem kybernetischen Begriff des Rückkopplungseffektes zu fassen ist. Seine Wirkungsweise ist schon an so einfachen Vorgängen zu studieren wie dem Beachten der Verehrer- und Kritikerpost durch Schauspieler und Präsidenten.[1]) Einige neuere Studien haben ergeben, daß der Kommunikator sogar ein Zentrum der Informationssammlung ist und, um überhaupt funktionieren zu können, sein muß.[2]) Auch mit den Eigenschaften eines Kommunikators, die die Wirkung seiner Aussagen modifizieren, hat man sich beschäftigt.

Die Mediaforschung behandelte die innere Struktur solcher Institutionen wie Hörfunk, Fernsehen, Presse oder Filmstudio, die von ihrer jeweiligen Finanzierungsart abhängig ist, weiterhin Konzentrationsvorgänge und ihre Auswirkungen und bestimmte programmnormierende Eigenschaften der einzelnen Massenmedien, so die Tatsache, daß unter dem Druck der Fernsehkonkurrenz Film, Hörfunk und Illustrierte auf nur jeweils ihnen spezifische Möglichkeiten sich ausrichten. Der Hörfunk verlegt sein Schwergewicht auf Musiksendungen und Wortsendungen mit Nachtprogrammniveau, der Film tendiert zu harten und vor allem erotischen Themen, die dem unkontrollierbaren Publikum des Fernsehens höchstens angedeutet werden dürfen.

Eine reichhaltige Forschung und vor allem wohl die bestfundierten Resultate gibt es auf dem Gebiet der Aussagen. Das ist verständlich, weil das Studienobjekt leicht zugänglich und stets verfügbar ist und weil es mit einer quantifizierenden Methode, der Inhaltsanalyse, angegangen werden kann. Es gibt Studien über den Inhalt feindlicher Propaganda, über die Themen von Filmen, über die Gestalten von comic books, über die Muster des Verhaltens zwischen den Geschlechtern zu verschiedenen Zeiten, in verschiedenen Klassen, Kulturen oder Subkulturen und ihre Erscheinung in der literarischen oder filmischen Produktion und vieles andere. Diese Aussagen wurden ideologiekritisch bearbeitet, d. h. auf den Kommunikator oder den Rezipienten bezogen und eventuelle Verzerrungen in Tatsachenaussagen hervorgehoben. Weiterhin wurden behandelt ihre Reflexion tatsächlicher Zustände oder Trends und zum anderen die Suggestion, die sie ausüben, ihr Normcharakter

Bei den Untersuchungen über die Wirkungen dieser Aussagen und über den Rezipienten spielen rein psychologische Fragestellungen eine weitaus größere Rolle. Aber auch hier gibt es soziologisch-sozialpsychologische Ansätze, bei denen es um den Einfluß der Mitglieds- und Bezugsgruppen geht, d. h. um soziale Determinanten bei Auswahl und Aufnahme von und Reaktion auf kommuniziertes Material. Es hat sich gezeigt, daß z. B. die soziale Verankerung ein entscheidender Faktor für die Wirkung von Propagandamaterial ist.[3]) Der Einfluß der jeweiligen Gruppenstruktur (etwa des fremden Mitpublikums im Kino oder der Intimgruppe beim Fernsehen) auf die Distanz des Rezipienten zur Aussage und auf die Bereitschaft zur Kritik wurden untersucht. Viele Informationen verdankt man dem Studium formeller Organisationen, das dann das Funktionieren informeller Strukturen zutage brachte. Eine solche Struktur ist beispielsweise der Kanal, über den viele Nachrichten vom Medium zum breiteren Publikum gelangen, nämlich die Anordnung: Medium — Meinungsbildner — Rezipient, die von Katz „the two-step flow of communication" genannt wurde.[4])

Auf keinen Fall sollte die beschriebene Arbeit unterschätzt werden. Wenn die Sozialwissenschaft einen Katalog handlicher Hypothesen zusammenstellt, so ist das zweifellos das Beste, was sie leisten soll. Aber eine integrierende Theorie könnte einerseits die Einzelergebnisse ordnen und ihre Zusammenhänge besser erkennen lassen, und andererseits wäre sie von außerordentlichem heuristischem Wert, in dem sie das Finden neuer Hypothesen erleichtern, ja geradezu steuern könnte. Das einzige vorhandene Ordnungskriterium ist bisher Lasswells Satz „Wer sagt was zu wem und mit welcher Wirkung?"[5]), alle anderen Versuche lehnen sich mehr oder weniger an diesen Satz an. Doch bietet er weiter nichts als eine Möglichkeit, Material zu klassifizieren. Auch der Ansatz Maletzkes, die einzelnen Faktoren (Kommunikator — Medium — Aussage — Rezipient) nach Art eines Systems von interdependenten Elementen in Beziehung zu setzen[6]), muß im leeren Raum hängen bleiben und viele Fragen offenlassen, wenn nicht die jeweilige Determiniertheit dieser Faktoren vom und ihre Funktion im gesamten sozialen System berücksichtigt wird. Diesen Rahmen zu schaffen, das wird hier als die eigentlich soziologische Aufgabe in der Massenkommunikationsforschung angesprochen.

Dabei muß zunächst eingegangen werden auf drei Probleme, die man als Fragen etwa folgendermaßen formulieren könnte:

1. In welchen sozialen Systemen ist Massenkommunikation mit Hilfe technischer Medien überhaupt möglich und nötig?

2. Welche Rolle spielen die Massenkommunikationsmedien für diese Systeme?

3. Wie werden die einzelnen Elemente der Reihe Kommunikator — Medium — Aussage — Rezipient und ihre Beziehungen untereinander vom jeweiligen sozialen System bestimmt?

*

Beginnen wir mit den allgemeinen sozialstrukturellen Voraussetzungen für die Existenz eines Massenkommunikationssystems. Die wichtigste ist hier zweifellos, daß die Organisation einer Gesellschaft zu einem erheblichen Teil von Sekundärgruppen bestimmt sein muß. Das heißt: Die primären Gruppen wie Familie, Verwandtschaft und Gemeinde haben in dieser Gesellschaftsform nur noch eine begrenzte strukturelle Bedeutung, die Beziehungen sind nicht mehr ausschließlich persönlich und unmittelbar, es gibt eine Vielzahl von Rollen, die nicht mehr innerhalb der ursprünglichen Sozialisierungsinstitutionen gelernt werden können. Es handelt sich hier vor allem um Rollen, die erworben werden (vs. zugeschrieben), deren Abgrenzung genau bestimmt ist (vs. diffus) und die in einer gegebenen Situation eine universalistische Orientierung verlangen (vs. partikularistisch).[7]) Wenn diese Orientierungen nicht mehr von den traditionellen Institutionen vermittelt werden können, müssen dafür neue entwickelt werden, um die Gefahr minderer Sozialisierung zu bannen, um eine Grundvoraussetzung jedes sozialen Systems zu gewährleisten, das, was es vom Hobbes'schen Naturzustand unterscheidet und was Max Weber Glaubensvorstellungen und Werte nennt, Durkheim das Kollektivbewußtsein und Parsons die gemeinsamen normativen Elemente, norms and values.

Die neuen, außerhalb der Primärgruppen wichtigen Verhaltensmuster sind geprägt worden einerseits durch die Entwicklung neuer wirtschaftlicher und zum anderen durch die Entwicklung neuer herrschaftlicher Beziehungen. Vor allem die Industrialisierung schuf die nötige technische und finanzielle Kapazität für die Produktion von Massenkommunikationsaussagen. Damit verbunden entstanden auch die Bedingungen für ihren massenhaften Konsum: die Motivation, die Geldmittel und die Schriftkundigkeit. Die Existenz einer Konsumgüterindustrie erscheint noch als die spezielle Voraussetzung für die Entstehung kommerziell organisierter Massenmedien.

Zur Differenzierung der politischen Systeme, d. h. der Formen der Verteilung der Macht in einer Gesellschaft, kann man Max Webers drei Typen der Herrschaft gebrauchen.[8]) Die Typen sind unterschieden nach der jeweiligen Legitimierung der Herrschaft. In der traditionalen Form stützt sich die Legitimität auf die Heiligkeit überkommener Ordnungen, die Willkür des Herrn wird durch traditionelle Regeln beschränkt, die Untertanen gehorchen jedoch nicht Satzungen, sondern einer Person. Die Kommunikation geschieht meist über persönliche Beziehungen, die Gesellschaft ist primärgruppenhaft strukturiert, verwandtschaftlich und feudal. Konsequenterweise gibt es in rein traditionalen Herrschaftssystemen keine technischen Massenkommunikationsmedien. Ein UNESCO-Bericht setzte 1961 einen Standard, um die Versorgung eines Landes mit Kommunikationsmitteln adäquat zu nennen: für 100 Einwohner 10 Zeitungen, 5 Radios, 2 Kinositze und 2 Fernsehapparate. Hundert Staaten und Territorien in Afrika, Asien und Lateinamerika blieben in allen Kategorien unter diesem Minimum. Diese Länder hatten zusammen eine Bevölkerung von 1 Milliarde 910 Millionen Menschen oder 66 v. H. der Weltbevölkerung.[9])

Wo in solchen Ländern Medien entstehen, haben wir eine Übergangsgesellschaft vor uns. Aus der traditionalen gehen dann auch fast immer charismatische oder in irgendeiner Form autoritäre oder totalitäre Herrschaftsformen hervor. Die charismatische Herrschaft wird legitimiert durch die außeralltägliche Qualität einer Persönlichkeit, eines Führers, dem sich die Anhänger unterordnen. Es gibt keine traditionalen Präzedenzien und auch keine formalrationalen Rechtsregeln. Der totalitäre Charakter entsteht durch die illiberale Zentralisierung der Macht, der Ideologie und der Planung der meisten Lebensbereiche. Diese Art der Herrschaftsstruktur kann auch in Sozialsystemen auftreten, die in den technischen und finanziellen Voraussetzungen einen sehr hohen Entwicklungsgrad erreicht haben; die Auswirkungen auf das Kommunikationssystem sind jedoch weitgehend die gleichen. Die Organisationsform der Medien ist autoritär-diktatorisch, und die Kommunikatoren sind bei der Produktion ihrer Aussagen uneingeschränkt von einem einzigen außerstehenden Auftraggeber abhängig.

Eine dritte Herrschaftsform, die legale, wird charakterisiert durch ein gesetztes Recht, eine unpersönliche Ordnung, an der sich sowohl Herrschender als auch Gehorchender orientieren. Der Gehorchende ist nicht Untertan oder Jünger, sondern Bürger und gehorcht nur innerhalb der vom Recht festgelegten Zuständigkeit. In einem demokratischen Staat beziehen sich diese Regeln vor allem auf die ständig neue Verteilung und auf die Kontrolle der Macht. Meist ist die Gesellschaft liberal organisiert, und die Subsysteme sind relativ unabhängig, so daß etwa auch wirtschaftliche, religiöse oder kulturelle Institutionen sowie natürlich die verschiedenen Parteien Massenmedien in eigene Regie nehmen können. Die häufigsten Organisationsformen dieser Massenmedien sind die kommerzielle und die öffentlich-rechtliche. Der Unterschied zwischen der öffentlich-rechtlichen und der kommerziellen Form liegt in ihrer Finanzierungsart: Ein kommerziell organisiertes Medium lebt von der

Werbung, ist also von der Industrie abhängig, ein öffentlich-rechtliches von den Beiträgen der konsumierenden Käufer (Leser, Hörer, Seher). Beide Formen wirken sich stark auf die Aussagen aus. Doch ist paradoxerweise der Einfluß der Rezipienten auf die Programmgestaltung eines kommerziellen Mediums größer; die Werbung ist desto besser, je mehr Leute sie anspricht, also muß auch die Verpackung möglichst viele Leute anlocken, d. h. ihren Wünschen entgegenkommen. Über ihre Beiträge zur Finanzierung der öffentlich-rechtlichen Medien können die Rezipienten dagegen viel weniger verfügen; das tun verschiedene pressure groups, die den Anspruch erheben, verschiedene Rezipientengruppen zu vertreten.

Einige Verallgemeinerungen lassen sich auch über die Kommunikatoren machen. In Übergangs- und in modernen Gesellschaften gibt es speziell herausgebildete Kommunikatoren-Rollen, die in traditionalen Gesellschaften fehlen. Es gibt den besonderen Typus des Kommunikators (Journalisten), der ein technisches Medium benutzt und sich insofern vom traditionellen Kommunikator — etwa dem Märchenerzähler, Bänkelsänger oder Wanderprediger — unterscheidet. Die Entwicklung und Besetzung solcher Kommunikatoren-Rolle geht bedeutend schneller vonstatten als die Entwicklung der Medien, so daß in Übergangsgesellschaften ein Überangebot an Kommunikatoren herrscht.[10]) Kommunikatoren in legal-demokratischen Gesellschaften fühlen sich meist auch einer besonderen Berufsethik verpflichtet, deren Kernstück objektive Berichterstattung und vorurteilsfreie Information ist. So kann es sogar geschehen, daß sie durch die sachliche und genaue Wiedergabe von Fakten Effekte erzielen, die ihrem Wertstandpunkt zuwiderlaufen.[11])

*

Der Charakter eines jeden Sozialsystems wird bestimmt durch die jeweils spezifische Regelung gewisser funktionaler Imperative.[12]) Im Grunde sind diese alle eng miteinander verflochten und lassen sich auch analytisch nur schwer auseinanderhalten als Herstellung und Erhaltung gemeinsamer Werte (Integration), Regelung der Machtverteilung (Herrschaft) und Regelung der Verteilung von sozialen und materiellen Gütern (soziale Schichtung). Hinzu kommt die Veränderung, die in allen diesen Ordnungen vor sich gehen kann (sozialer Wandel).

Die Wirkungen, die bestimmt strukturierte Massenmedien in bestimmten Gesellschaftsformen haben, vor allem die Funktionen, die sie für diese Gesellschaften erfüllen, lassen sich in zwei ziemlich gut voneinander unterschiedene Komplexe zusammenfassen: in die Rolle autoritär-diktatorisch organisierter Medien in traditionalen und charismatisch-totalitären Sozialsystemen und in die Rolle öffentlich-rechtlich und kommerziell organisierter Medien in legal-demokratischen Sozialsystemen.

Beginnen wir mit der Möglichkeit, die Medien als Instrumente der Herrschaft zu gebrauchen. (Wie wichtig ein Kommunikationsmittel hier werden kann, zeigt sich an der Bedeutung, die der Besitz einer Radio- oder Fernsehstation für das Gelingen eines Staatsstreichs haben kann.) Generell läßt sich sagen, daß autoritär-diktatorisch organisierte Medien die größten Möglichkeiten bieten: sie sind beliebig manipulierbar durch den Staat, die Partei oder die sonstige jeweils herrschende Gruppe. In einer charismatisch-totalitären Gesellschaft gibt es zudem keine Gegenpropaganda, und eine Monopolisierung der Massenkommunikationsmittel für die Verbreitung bestimmter Werte, politischer Ideen oder Persönlichkeitskulte unterstützt deren Erfolg außerordentlich. Die Wirkung wird noch verstärkt, wenn die Massenmedien mit anderen Mitteln gekoppelt werden, etwa dem Gebrauch von Gewalt, der Verteilung von Belohnungen für konformes Verhalten und vor allem mit mündlicher Propaganda. Totalitäre Systeme organisieren das gemeinsame Abhören von Rundfunksendungen in Hausgemeinschaften und Betrieben oder auf Marktplätzen mit anschließender Diskussion und Auslegung des Gehörten durch geschulte Agitatoren, oder sie besitzen zu diesem Zweck spezielle Parteilokale. Wie weit diese Methoden perfektioniert werden können, belegt folgendes Beispiel aus China: „The communists depend upon a variety of communication channels und devices that are rarely considered tools for mass communication as the words are understood in the United States. These include blackboard newspapers, tatzepao (handwritten posters), street corner plays, folk dances, songs, poetry, plain face-to-face communication used by millions of oral agitators known as propagandists in China, and various means of thought reform."[13]) Wir haben hier zweifellos eine Form des two-step flow of communication vor uns. Um die Suggestion zu vervollkommnen, versucht die herrschende Gruppe stets, die soziale Verankerung der Rezipienten in neutralen oder unfreundlichen Gruppen zu lösen.[14])

Aus all dem geht hervor, daß die Massenkommunikation unter diesen Umständen auch ein sehr wichtiger Faktor für den sozialen Wandel ist. Sie ermöglicht es, die Rezipienten erfolgreich zu aktivieren, ihnen neue Ziele zu setzen, in neuen Staaten ein Nationalgefühl zu wecken. In Übergangsgesellschaften mit einem noch schwach entwickelten Kommunikationssystem ist dem Rezipienten sogar noch die Möglichkeit oder die Mühe der Programmauswahl genommen; er verfolgt deshalb das Wenige, was angeboten wird, mit größtem Interesse, während das Überangebot in der modernen westlichen Industriegesellschaft, in der pluralistischen Demokratie, oft narkotisiernd wirkt. Ein Massenmedium mag schließlich auch ein pädagogisches Mittel zur Lehre von Fähigkeiten sein, zur Lehre von neuen Methoden der Landwirtschaft, der Hygiene, der Geburtenkontrolle usw. Als solches ist vor allem der Hörfunk in Indien mit dem größten Erfolg benutzt worden. Wie bei der oben erwähnten totalitären Indoktrinierung hat auch hier der gesteuerte, organisierte two-step flow of communication entscheidend zum Erfolg der kommunizierten Aussage beigetragen.[15])

Innerhalb dieses Komplexes unterscheiden sich die Integrationsaufgaben kaum von denen, die die Medien für den sozialen Wandel haben. Es handelt sich in solchen Gesellschaften ja meist weniger um eine Sozialisierung als vielmehr um eine soziale und politische Re-Sozialisierung oder Um-Sozialisierung. Sozialisierung heißt Rollenprägung; die Massenmedien setzen in diesem Vorgang vor allem die Maßstäbe für positive Sanktionen, für Verstärkungen des Verhaltens. Diese Maßstäbe sind in Übergangsgesellschaften oder in charismatisch-totalitär beherrschten modernen Gesellschaften neu und ungewohnt. Zweifellos hat also die Massenkommunikation in diesen Gesellschaften vorerst einen dysfunktionalen Charakter. Doch erhält sie mehr und mehr eine integrierende Funktion, indem sie die Massen der Rezipienten an die neue Herrschaftsform oder die neue wirtschaftliche und soziale Umwelt anpaßt.

Auch die nationale Integration wird durch die Massenmedien sehr gefördert, sei es, daß überhaupt erst das Gefühl für nationale Zusammengehörigkeit geweckt wird, oder sei es, daß zurückgebliebene Randgebiete bzw. Neuerwerbungen an das größere Ganze herangeführt werden. Die Wirkung des Fernsehens in Sizilien mag hierfür als Beispiel dienen, es vermittelt dem Sizilianer bessere Kenntnisse der italienischen Sprache und eine größere Vertrautheit mit kontinentalen Lebensgewohnheiten. Diese Funktion haben die Medien übrigens in allen Gesellschaftsformen, ebenso wie eine weitere: die Integration von kleineren sozialen Systemen, etwa der Nachbarschaftsgruppe beim Fernsehen.[16]) Diese Funktion wirkt sogar noch in den allereinfachsten zwischenmenschlichen Beziehungen, beispielsweise in der Möglichkeit, mit einem anderen Menschen Kontakt aufzunehmen, indem man Kommunikationsaussagen als Gesprächsstoff benutzt.[17])

Betrachten wir nun die öffentlich-rechtlich und die kommerziell organisierten Medien unter dem Aspekt der Herrschaftsfunktion, so zeigt sich, daß diese als Instrumente weit weniger manipulierbar sind. Ihre Finanzierungsart verhindert die Abhängigkeit des Kommunikators von einem einzigen Auftraggeber. Bei der Kontrolle der öffentlich-rechtlichen Medien begegnen sich mehrere pressure groups. Die kommerziellen sind zwar auf die Industrie angewiesen, doch wirken sich vor allem die Wünsche der Rezipienten normierend auf ihr Programm aus. Gerade ihr Programm ist viel mehr Ausdruck sozialer Spontaneität, läßt sich also mit der sogenannten Reflexionsthese fassen, als etwa Ausdruck sozialer Kontrolle, wie die Suggestionsthese annimmt. Allerdings wären hier einige Überlegungen anzuschließen darüber, ob nicht mit und durch den Konsumdruck, den die kommerziellen Medien ausüben, und durch die im allgemeinen konservative Haltung der öffentlich-rechtlichen Medien indirekt die bestehende Herrschaftsordnung und andere Mächte (Wirtschaft, Kirche) gestützt werden, die an der bestehenden Herrschaftsordnung Interesse haben. Diese These der Massenmedien als „Opium fürs Volk" (Manipulierung und Lähmung durch Konsumzwang) ist noch nicht genügend untersucht; man kann aber wohl sagen, daß sie nur auf einen Teil des kommunizierten Inhalts zutrifft, keinesfalls auf alle Inhalte. Fest steht, daß die so organisierten Massenmedien für die politisch Herrschenden kein leicht zu handhabendes Instrument sind.

Beide Medien, öffentlich-rechtliche und kommerzielle, stehen im Wirkungsfeld eines Rückkopplungseffekts, der allgemein als „öffentliche Meinung" bezeichnet wird. Der Vorgang läßt sich vielleicht am besten folgendermaßen beschreiben: Der Rezipient reagiert in irgendeiner Weise auf die Aussage des Kommunikators, und diese Reaktion wirkt sich aus auf das zukünftige Verhalten des Kommunikators. Es ist aber meist nicht der Rezipient selbst, der antwortet, sondern es ist eine Gruppe, seine ethnische, religiöse oder Berufsgruppe, die von der Aussage betroffen war oder sich betroffen fühlte: Deren meist durch formale Organisation feststehende Repräsentanten reagieren, obgleich diese oft gar nicht direkte Rezipienten waren und noch seltener die Gesamtheit ihrer Gruppe um eine Stellungnahme bitten. Dieser Mechanismus schränkt den Wert der öffentlichen Meinung als Kontrollmöglichkeit der Medien durch die Rezipienten wieder ein. Doch ändert das nur wenig an der Grundthese. Hinzu kommt noch, daß die oben erwähnte, für die im Moment behandelten Sozialsysteme geltende besondere Berufsethik der Kommunikatoren ihre Manipulierung erschwert.

Sind die so organisierten Medien also schon weitaus weniger gut zu handhaben, wird ihre Wirkung noch eingeschränkt durch die Möglichkeit von Gegenaussagen. Wir finden hier weder die Monopolisierung aller Massenkommunikationsmittel für eine Aussage noch die Ergänzung der Medien durch den zielgerichteten Gebrauch anderer Institutionen.

Wahrscheinlich geht man etwas zu weit, wenn man von gegenseitiger Neutralisierung — beispielsweise von Propagandaaussagen — spricht, aber man kann sagen, daß gerade dieses Ausspielen von Effekten und Gegeneffekten ein Definitionsmerkmal demokratischer Gesellschaften ist. Das heißt nicht so sehr die Freiheit jedes einzelnen Kommunikationsmittels, die häufig einfach ein ideologisches Schlagwort ist, als vielmehr die Freiheit ihrer Konkurrenz. Schließlich ist es in diesen Gesellschaften weit weniger möglich, die soziale Verankerung der Rezipienten in unfreundlichen Gruppen aufzubrechen.

Aus dem Gesagten ergibt sich, daß die Medien hier keinesfalls eine entscheidende Rolle im sozialen Wandel spielen können. Sie sind vielmehr auf die Erhaltung des Bestehenden, die kommerziell organisierten sogar auf Konformismus hin angelegt. Die öffentliche Meinung, von der sie beeinflußt werden, wirkt fast immer in konservativer Richtung, indem sie positive und negative Tabus aufstellt, auf deren Berühren sie empfindlich reagiert. Im Gegensatz zum Beugen unter eine formelle Zensur wird das Einhalten solcher Tabus durch die Kommunikatoren oft als Selbstregulierung ihrer Tätigkeit bezeichnet. Der Begriff „Filmselbstkontrolle" ist ein Beispiel für den Sprachgebrauch.

Kommen wir nun wieder zur Integrationsfunktion, so stoßen wir zunächst auf den Vorwurf, die Massenmedien seien für die Erhöhung der Kriminalität verantwortlich. Vielleicht spielt sich hier nur der gleiche Vorgang ab, wie er —

allerdings auch nicht sehr überzeugend — für die Werbung behauptet wird, nämlich eine Kanalisierung schon vorhandener Antriebe in gewisse Formen.[18]) Es wird nicht das Verbrechen an sich verursacht, sondern nur das Muster seiner Ausführung angeboten. Allerdings wird in den Massenmedien auch ein Leben in Stil und Standard der Mittelklasse als eine selbstverständliche Anforderung an alle verbreitet, es werden also Werte popularisiert, Wünsche und Bedürfnisse geweckt, denen vor allem die Angehörigen der Unterschicht häufig auf legalem Wege nicht gerecht werden können, so daß manche dann illegale Wege beschreiten.[19]) Doch sind die Zusammenhänge von Massenkommunikation und Kriminalität noch in keiner Weise zufriedenstellend behandelt worden.

Vor allem zwei Funktionen kommen den Massenmedien bei der Integration legal-demokratischer Sozialsysteme zu: Sozialisierung und Stärkung des Normbewußtseins. Wie schon gesagt, ist es in solchen Systemen dem Kind nicht mehr möglich, alle von ihm erwarteten Rollen in den Primärgruppen zu lernen. In einer traditionalen Gesellschaftsform werden fast alle Rollen innerhalb des Verwandtschaftsverbandes vermittelt, der Vater lebt praktisch alle seine Rollen (Vater, Bauer, Krieger, Handwerker, Christ, Dorfältester usw.) dem Sohn in der Familie vor. Auch alle anderen Rollen, etwa die feudalen, sind wie die der Familie an einem partikularen Bezugsrahmen, an vorgegebenen Eigenschaften und diffus orientiert. Die ungeheure Differenzierung in Wirtschaft und Herrschaft hingegen, die Organisation in Sekundärgruppen, in formellen Gruppen, fordert die Kenntnis ganz anderer Verhaltensweisen, die an einem universalen Bezugsrahmen, an erworbenen Eigenschaften und spezifisch orientiert sind. Muster für solche Rollen findet das Kind heute zu einem großen Teil in den Aussagen der Massenkommunikationsmittel.

Daneben tradieren diese Medien natürlich auch alle anderen kulturellen Werte, die für den Bestand eines sozialen Systems unerläßlich sind. Vor allem machen sich immer wieder konventionelle Normen bewußt, das heißt Normen, deren „Geltung äußerlich garantiert ist durch die Chance, bei Abweichung innerhalb eines angebbaren Menschenkreises auf eine relativ allgemeine und praktisch fühlbare Mißbilligung zu stoßen ..."[20]) Viele soziale Normen sind verhältnismäßig unbequem, man verstößt gerne dagegen und toleriert Verstöße von anderen, wird auch gar nicht zu einer Stellungnahme gezwungen. Werden jedoch solche Verstöße durch ein Massenmedium publiziert, so ist vom einzelnen häufig eine offene Entscheidung für oder gegen die Gruppennormen gefordert. Je besser hier Medium und Gruppe zusammenspielen, desto erfolgreicher wird die Norm gestärkt. So werden Abweichungen von der moralischen Konvention im Kino meist mit Genuß hingenommen, in der Fernseh-Intimgruppe jedoch kritisiert.[21])

Eine integrierende Funktion haben die Massenmedien heute auch bei der langsamen Entstehung einer Weltgesellschaft. Das Zusammengehörigkeitsgefühl einer Gruppe kommt nur über Kommunikation zustande, nur so kann ein gemeinsamer Schatz von Werten, Normen, Vorstellungen und vor allem erst einmal ein gemeinsamer Schatz von verbindenden Erinnerungen an Erlebnisse zustande kommen, die man gemeinsam durchgemacht hat. Das war früher nur im begrenzten Kreis der Gruppe möglich, deren Mitglieder direkten Kontakt untereinander besaßen. Die technischen Medien gestatten solche Erlebnisse in weltweitem Rahmen. Die Medien ermöglichen heute auch einen Vorgang, den man als Symbolhandlung bezeichnen könnte. Ein Politiker hält eine Rede vor einem Frauenverband, ein Sozialrevolutionär tritt in einem kleinen Dorf in den Hungerstreik. Für den Frauenverband ist das Prestige des Redners wichtig, seine Ausführungen über die neue Ostpolitik weniger. Die Bewohner des Dorfes halten einen Hungerstreik für etwas sehr Skurriles und würden auf einen solchen Appell hin niemals ihr Verhalten ändern. Für den Politiker und den Sozialrevolutionär werden also diese Handlungen nur wichtig, weil die Massenmedien dabei sind und die Botschaft an die eigentlichen Adressaten vermitteln. Gerade die Methoden des gewaltlosen Widerstandes und der civil disobedience, der Provokation durch den bewußten Verstoß gegen abgelehnte Verhaltensnormen, die von den Bürgerrechts- und Studentenbewegungen angewendet werden, erhalten ihre Bedeutung dadurch, daß die Massenmedien den Angriff auf einen symbolischen Teil des Feindes jeweils zum Angriff auf das Zentrum hochtransponieren. Außerdem hemmt die Präsenz der Massenkommunikationsmittel den Gegenschlag, der dadurch nicht nur gegen eine kleine, unbekannte, isolierte Gruppe geführt wird, sondern gegen ein Symbol.

*

Fragen wir abschließend nach den Beziehungen zwischen Massenmedien und sozialer Schichtung. Ganz allgemein haben die Medien unter diesem Aspekt in allen Gesellschaften — außer den traditionalen, die dafür andere Mechanismen haben — vier Funktionen: Erstens bilden sie für zahlreiche Kommunikatoren (Schauspieler, Sänger, Musiker) ein Vehikel raschen sozialen Aufstiegs. Zweitens können sie bestimmte Personen, z. B. Politiker, popularisieren, ihnen soziale Ehre, Prestige und damit einen hohen Status zuweisen. Drittens werden in den Aussagen Statussymbole festgelegt und verbreitet, d. h. Beurteilungskriterien, die dann eine Einstufung in die soziale Rangordnung ermöglichen. Viertens ist ihr Besitz Quelle gesellschaftlicher Macht und materieller Güter, zum anderen selbst ein Standes- und Prestigesymbol. In unserer Gesellschaft trifft das hauptsächlich auf den Besitz von Sendern im weitesten Sinne zu, in Übergangsgesellschaften ist aber auch der Besitz von Empfängern im weitesten Sinne gar nicht zu überschätzen.[22])

Diese Bemerkungen bedürfen natürlich der weiteren Ausarbeitung. Sie sind nur als Aufriß eines möglichen Systems zu verstehen, das die Theorie von der Massenkommunikation in eine umfassendere Sozialtheorie integrieren könnte.

Anmerkungen

1 vgl. Leila Sussmann: FDR and the White House Mail. In: „Public Opinion Quarterly", Vol. 20/1956, S. 5—10.

2 vgl. Merton, Broom, and Cotrell (Eds.): Sociology today. New York 1959, S. 566.

3 vgl. H. H. Kelley and E. H. Volkart: The Resistance to Change of Group Anchored Attitudes. In: „American Sociological Review", Vol. 17/1952, S. 453—465; weiter E. H. Schein: The Chinese Indoctrination Program for Prisoners of War. A. Study of Attempted Brainwashing. In: Maccoby, Newcomb and Hartley (Eds.): Readings in Social Psychology. New York 1958, S. 311—334; E. A. Shils and Morris Janowitz: Cohesion and Desintegration in the Wehrmacht in World War II. In: Bernard Berelson and Morris Janowitz (Eds.): Reader in Public Opinion and Communication. Glencoe 1950, S. 407—422.

4 vgl. Elihu Katz and Paul F. Lazarsfeld: Personal Influence. The Part Played by People in the Flow of Mass Communications. Glencoe 1955.

5 vgl. René König (Hrsg.): Soziologie. Frankfurt 1965, S. 176.

6 vgl. Gerhard Maletzke: Psychologie der Massenkommunikation. Hamburg 1963.

7 Im Sinne von Ralph Linton und Talcott Parsons.

8 vgl. Max Weber: Wirtschaft und Gesellschaft. Köln und Berlin 1964, S. 157—222.

9 vgl. UNESCO (Hrsg.): Mass Media in the Developing Countries (Reports and Papers on Mass Communication, No. 33). Paris 1961, S. 16.

10 vgl. Daniel Lerner: Toward a Communication Theory of Modernization. In: Lucian W. Pye (Ed.): Communications and Political Development. Princeton 1963, S. 327—329.

11 Hierzu ein Zitat aus H. Brucker: Freedom of Information. New York 1949, S. 272: „It is often argued . . . that in 1936 and 1940 and 1944 most of our newspapers were defeated at the polls by Franklin Roosevelt. So they were, in so far as their editorial pages were concerned. But they elected him by means of the objectivity of their news pages. For, no matter what bias in reporting may remain, our anti-Roosevelt and pro-Poosewelt papers hardly differed in that for a dozen years they covered their front pages with substantially accurate accounts of everything the President said and did. This, and not the fulminations on their editorial pages, is what they really told their readers; and this is what elected him, as he used to say, again and again and again".

12 In Anlehnung an Talcott Parsons: The Social System, Glencoe 1951.

13 Frederick K. C. Yu: Communications and Politics in Communist China. In: Lucian W. Pye (Ed.): a. a. O., S. 259—297.

14 vgl. E. H. Schein: The Chinese Indoctrination Program for Prisoners of War. In: Lucian W. Pye (Ed.): a. a. O.

15 vgl. J. C. Mathur and Paul Neurath: An Experiment in Farm Radio Forums. Paris: UNESCO 1959, S. 105: „Radio farm forum as an agent for transmission of knowledge has proved to be a success beyond expectation. Increase in knowledge in the forum villages between pre- and post-broadcasts was spectacular, whereas in the non-forum villages it was negligible".

16 ebenda, S. 106: „Forums developed rapidly into decisionmaking bodies capable of speeding up common pursuits of the village faster than the elected pand ayat".

17 vgl. L. Bogart: Adult Talk about Newspaper Comics. In: „American Journal of Sociology", May 1955.

18 vgl. Paul F. Lazarsfeld and Robert K. Merton: Mass Communication, Popular Taste, and Organized Social Action. In: B. Rosenberg and D. M. White (Eds.): Mass Culture. The Popular Arts in America. Glencoe 1962, S. 470.

19 vgl. Robert K. Merton: Social Structure and Anomie. In: „American Sociological Review". October 1938, S. 672—682.

20 Max Weber: a. a. O., S. 24.

21 vgl. Barbara Füllgraff: Fernsehen und Familie. Freiburg i. Br. 1965, S. 57.

22 vgl. Wilbur Schramm: Communication Development and the Development Process. In: Lucian W. Pye (Ed.): a. a. O., S. 53: „In a village which has but one radio the ownership of that radio is both a symbol and a tool of power. The owner is in a position . . . to share the experience of using the radio, or the information derived from the radio, with whomever he wishes. Anyone who has gone into a Middle Eastern village where the headman had the only radio can hardly fail to have been impressed with the contribution of that radio to the status of the owner and his ability to grant favors".

Zweiter Teil: Beiträge zu den einzelnen „Feldfaktoren" der Massenkommunikation

Während der erste Teil drei allgemeinere und grundlegende Aufsätze enthält, gehen die Beiträge des zweiten Teils auf speziellere Probleme der Massenkommunikationsforschung ein. Wie in der Einleitung dargelegt, folgt die Anordnung dieser Arbeiten dem Feldschema der Massenkommunikation mit den vier Grundfaktoren Kommunikator, Aussage, Medium, Rezipient. Wie sich die einzelnen Beiträge diesem Schema einfügen und welche Aspekte des jeweiligen Feldfaktors sie behandeln, wird in den Vorspannen kurz erläutert.

Günter Kieslich

Ein Beruf ohne Berufsbild*)

Gedanken zur Ausbildung von Journalisten

Die ersten vier Arbeiten dieses zweiten Teils behandeln Aspekte der Kommunikatorseite. Sie sollten daher im Zusammenhang miteinander gesehen werden.

Im ersten Beitrag untersucht Kieslich den Kommunikator in der speziellen Berufsrolle des Journalisten, während die darauf folgenden drei Studien sich mit Organisationen oder Systemen der Massenkommunikation beschäftigen.

Der Journalistenberuf ist in unserer Gesellschaft einer der „freiesten" im Hinblick auf Ausbildung, Voraussetzungen und Zugang; im Vergleich zu vielen anderen Berufen gibt es hier wenig Reglement und Vorschriften, wenig Laufbahn und wenig eindeutigen Status. Diese Tatsache dürfte eine der Ursachen dafür sein, daß das Bild des Journalisten in der Öffentlichkeit schwankend und überwiegend negativ ist und daß darüber hinaus auch die Journalisten in der Mehrzahl ein nur schwach entwickeltes unsicheres und nicht gerade sehr positives Selbstverständnis aufweisen.

Anhand verschiedenartigen empirischen Materials analysiert Kieslich die Berufs- und Ausbildungssituation des „Berufes ohne Berufsbild", wobei er sich auf den deutschsprachigen Raum beschränkt.

I

Nur wenige Berufsstände wissen so wenig über sich Bescheid, wie der Berufsstand der Journalisten. Das mangelnde Selbstverständnis hat sowohl eine historische als auch eine berufsimmanente Dimension. Zur historischen Dimension: der Journalist ist seiner Aufgabe und seiner Tätigkeit nach nicht nach rückwärts, sondern nach vorwärts gerichtet. Der Journalist ist im Grunde in der Ausübung seines Berufs a-historisch orientiert; er reflektiert nicht oder nur selten über seine Tätigkeit, seinen Beruf, über sich selbst zurück.

Zur berufsimmanenten Dimension: Nicht-Bescheidwissen über sich selbst und mangelndes Selbstverständnis, damit eng verbunden die fehlende Einsicht in den eigenen, gesellschaftlichen Stellenwert sowie die Verschwommenheit des Berufsbildes lassen sich — so meine ich — einmal auf die bereits genannte und leider so sehr unterschätzte Reflexion des Journalisten über sein eigenes Tun zurückführen, zum anderen auf die Vielfalt möglicher Positionen, die er in der — immer noch — hierarchischen Ordnung seiner Arbeitswelt einneh-

*) Aus: Fritz Hufen (Hrsg.): Politik und Massenmedien, Mainz: v. Hase und Koehler Verlag 1970, S. 303—321 (gekürzt).

men kann (der Chefredakteur hat einen anderen Stellenwert als der dritte Mann im Lokalen, der Kollege, der wöchentlich einmal im Fernsehen politische Kommentare sprechen darf, einen anderen als der Sportredakteur einer kleineren Provinzzeitung) — und doch sind alle Genannten *Journalisten.* Weitere Gründe für das Unbehagen sind sicherlich: die zahlreichen Tätigkeitsmerkmale, die von der vogelfreien, „gesetzlich ungeschützten" Berufsbezeichnung *Journalist* verkraftet werden müssen; der völlig freie — oder besser: offene — Zugang zum Journalismus, der durch keinerlei Prüfungen oder Berechtigungsscheine reglementiert wird, die man sich irgendwo an einer Universität oder Journalistenschule erworben hat, sondern der es jedermann möglich macht, Journalist zu werden und sich so zu nennen.

Die enorme Variationsbreite des journalistischen Berufs und — damit fast selbstverständlich verbunden — die Unsicherheit in der Fixierung des Berufsbildes haben dann auch zu den sonderbarsten *Beurteilungen* journalistischen Tuns und der Journalisten durch ihre Mitmenschen geführt. Der höfischen und der bürgerlichen Gesellschaft wie der Mehrzahl der Etablierten in den modernen Massengesellschaften war der Journalist in aller Regel suspekt. Seine (angeblich) unkonventionelle Arbeitsweise, seine ‚freie', bohemienhafte Tätigkeit, der offene Berufszugang, die Position, die er sich als Kritiker gesellschaftlicher, politischer, wirtschaftlicher, kultureller Vorgänge anmaßte, führten schon im 17. Jahrhundert zu Klischeevorstellungen und Stereotypen, die teilweise auch heute noch gängig sind.

Johann Michael Moscherosch will in einer Predigt um 1650 die Zeitungsschreiber samt und sonders in der Hölle braten sehen, und zwar dort, wo es am meisten stinkt. Und je mehr sich die Presse — im ausgehenden 18., dann ab dem zweiten Drittel des 19. Jahrhunderts — als „Großmacht" zu etablieren beginnt, um so härter wird das Urteil über diejenigen, die sie, die Presse, machen. Schopenhauer nannte die Journalisten „feige, anonyme Lumpen und Schurken"; Friedrich Hebbel bezeichnete sie als die für die „große National-Vergiftung" Verantwortlichen; Max Weber stellte die Redakteure als eine Art Paria-Kaste vor; Heinrich von Treitschke sprach von ihnen als „catilinarischen" und Bismarck als „gescheiterten" oder „verkrachten Existenzen". Und Ferdinand Lassalle, im Grunde selbst Journalist, wetterte in einer Rede vor dem Allgemeinen deutschen Arbeiterverein: „... Wenn Tausende von Zeitungsschreibern, diese heutigen Lehrer des Volkes, mit hunderttausend Stimmen täglich ihre stupide Unwissenheit, ihre Gewissenlosigkeit, ihren Eunuchenhaß gegen alles Wahre und Große in Politik, Kunst und Wissenschaft dem Volke einhauchen, dem Volke, das gläubig und vertrauend nach diesem Gift greift, weil es geistige Stärkung aus demselben zu schöpfen glaubt, nun, so muß dieser Volksgeist zugrunde gehen ..."

Lassalles Urteil weist über die vordergründige Verteufelung des Journalisten hinaus deutlich auf die Mehrstufigkeit und Ambivalenz journalistischer Tätigkeit und des journalistischen Berufs hin: der Journalist muß zwangsläufig für etwas herhalten, was das Wesen seines Berufs ausmacht: Der

Journalist stellt durch sein Tun permanent Öffentlichkeit und Öffentlichkeiten her, ohne auf den einzelnen oder Kleingruppen in diesen hergestellten Öffentlichkeiten Rücksicht nehmen zu können. Er wirkt in Öffentlichkeiten hinein, die er zudem nur sehr oberflächlich oder überhaupt nicht kennt und deren Reaktionen auf sein Tun festzustellen ihm nur selten und unbefriedigend möglich ist.

Überspitzt gesagt: der Journalist, der in technisch wie sozial vollorganisierten Verbundsystemen der sogenannten Massenmedien tätig ist, also keine face to face-Kommunikation betreibt, arbeitet „ins Leere". Die Bestätigung für die Richtigkeit und den Erfolg seines Tuns sucht und findet er mehr bei der sozial organisierten Institution, für die er tätig ist, also in der *Redaktion,* oder bei sich selbst, als in der *Reaktion* seines Publikums.

Urteile und Vorurteile

Aber auch die Beurteilung journalistischer Tätigkeit durch das Publikum, durch die von Journalisten hergestellten Öffentlichkeiten, setzt sich bei näherer Analyse zumeist aus Vor-Urteilen zusammen, die eng mit dem gesellschaftlichen Standort und den je zufälligen negativen Einzelerfahrungen zusammenhängen, die der Beurteiler mit dem zu beurteilenden Gegenstand gemacht hat. Lassalles Vorurteil-Urteil über die Journalisten ist ein schönes Beispiel dafür!

Nun gibt es aber auch Stimmen, die den Journalisten und seinen Beruf gleich in den Himmel heben wollen. Ludwig Wekherlin nennt den Journalisten in den siebziger Jahren des 18. Jahrhunderts „den Advokaten der Menschheit". Joseph Görres schmettert knapp fünfzig Jahre später heraus: „Einer muß sein, der da die Wahrheit zu sprechen verbunden ist, unumwunden, ohne Vorbehalt und Hindernis ... Herolde, aus der Menge gewählt, als Männer bewährter Treue und geprüfter Gesinnung ..." — Solche euphorische Stimmen geistern leider auch heute noch in Journalistenkreisen herum. Dabei sollte man inzwischen gemerkt haben, daß sich selbst die etablierten Medien der öffentlichen Kommunikation — die Presse und der Rundfunk — immer mehr zu äußerst komplizierten sozialen, technischen und ökonomischen Systemen entwickeln, in denen der *einzelne* Journalist mit seiner individuellen Leistung nach außen hin nur noch selten die Anonymität durchbrechen kann. Das sind doch Ausnahmefälle, wenn sich Herr X die Zeitung Y kauft, weil in ihr der großartige Journalist Z zweimal in der Woche einen Kommentar schreibt. In aller Regel gilt, daß die Institution mit ihren zahlreichen Aufgaben, die natürlich von *Journalisten* erfüllt werden, an die Stelle der „publizistischen Persönlichkeit" des 19. Jahrhunderts getreten ist.

Das Ideal vom Leitartikler, der gleichsam in Glacéhandschuhen mit dem Federkiel sorgfältig ziselierte politische Interpretationskunstwerke niederschrieb, an denen sich „die gebildete Welt" in den Salons delektierte, dieses

Ideal ist ungültig geworden. Eine Handvoll Kolumnisten, die häufig auch die Institution Hörfunk und/oder Fernsehen als Multiplikator ihrer Kolumnen be- **nutzen, bieten ihre schriftlich fixierten oder nur artikulierten Meinungen mehreren publizistischen Institutionen an und wirken so auf eine breite Öffentlichkeit, nicht mehr nur auf die Leser „ihrer" Zeitung usw. ein.**

Der Journalist bewegt sich mit seiner Tätigkeit in der Meinung der Gesellschaft — wie an den oben angeführten Beispielen illustriert wurde — zwischen den Extremen der Verachtung und der Verklärung. Die Journalisten selbst haben nichts oder doch zu wenig getan, um ihr Image in der „öffentlichen Meinung" zu konkretisieren. In den von Umfrage-Instituten ermittelten Wertschätzungsskalen einzelner Berufe steht der Beruf des Journalisten sehr weit unten. An den Zahlen, die das Institut für Demoskopie, Allensbach, im Februar 1965 **herausrechnete, hat sich bis heute nichts geändert:**

Frage: „Hier sind einige Berurfe aufgeschrieben. Können Sie mir bitte vier oder fünf davon heraussuchen, die Sie am meisten schätzen, vor denen Sie am meisten Achtung haben?"

(Vorlage einer Liste)

„Und welche vier oder fünf schätzen Sie weniger, vor welchen haben Sie nicht so große Achtung?"

(Vorlage derselben Liste)

	Februar 1965 v. H. Schätze besonders	Schätze weniger
Ärzte	77	2
Ingenieure	60	3
Geistliche, Pfarrer	47	15
Bergarbeiter	42	7
Richter	39	18
Direktoren von höheren Schulen	32	9
Künstler	21	28
Zahnärzte	27	13
Offiziere	18	38
Leitende Bankbeamte	16	9
Fabrikanten	15	19
Politiker	15	29
Zeitungsredakteure	*13*	*32*
Großkaufleute	12	24
Werbechefs, Werbeleiter	7	36
Keine Angabe	9	24
	450	306
	n = 2 127	2 127

Dieses sehr dunkle und traurige Bild konnte auch in einer soeben abgeschlossenen Fallstudie über das *Selbstverständnis des Journalisten* (einer Gesamtbefragung aller in Salzburg an Tageszeitungen hauptberuflich tätigen Journalisten, die wir Ende 1969 und Anfang 1970 durchführten) nicht wesentlich aufgehellt werden. Es zeigte sich nur, daß ganz offensichtlich von den Journalisten selbst der Tätigkeit bei den einzelnen Mediensystemen (Fernsehen, Tageszeitung, Hörfunk) ein sehr unterschiedlicher Stellenwert eingeräumt wird.

Das mangelnde Selbstverständnis der Journalisten, die geringe Wertschätzung, die Journalisten noch immer in der Gesellschaft genießen und die sie selbst ihrer Tätigkeit zubilligen — diese Erscheinungen hängen sicherlich und nicht zuletzt damit zusammen, daß es

- ein überzeugendes, verbindliches *Berufsbild* des Journalisten nicht gibt, und daß es
- einen allgemein anerkannten, erprobten *Ausbildungsweg* zum Journalisten nicht gibt.

II

Der Verbandstag des Deutschen Journalisten-Verbandes e. V. hat im Jahre 1966 den an sich lobenswerten Versuch unternommen, ein solches „Berufsbild des Journalisten" zu entwerfen und als für den DJV bzw. für seine Mitglieder als verbindliche Erklärung herauszustellen.

Es heißt da unter anderem:

> „... Der Journalistenberuf ist ein freier Beruf, für den zwingend Ausbildungsweg und Berufsweg nicht vorgeschrieben sind; doch werden bestimmte persönliche und sachliche Berufsvoraussetzungen gefordert. Entscheidend für den Beruf ist die spezifisch journalistische Begabung ..."

Daß diese deklamatorische Auslassung in den sechziger und siebziger Jahren unseres Jahrhunderts auch nicht einmal den Ansatz für konkrete Gespräche, verbandspolitische Aktionen und eine Image-Verbesserung journalistischer Berufsausbildung und -ausübung liefert, versteht sich nach dem bisher Dargestellten von selbst. Die „spezifisch journalistische Begabung", die in den Erläuterungen zum Berufsbild des Journalisten vom DJV näher gekennzeichnet wird als Begabung, „die vorhanden sein muß und nicht erlernbar ist, aber auch ständig weiterentwickelt werden soll wie in anderen, ähnlichen Begabungsberufen, z. B. dem des Künstlers oder Schriftstellers" zementiert das Stereotyp: Journalismus, der journalistische Beruf ist unkonventionell, bohemienhaft, ‚unseriös', zufällig usw.; sie zementiert die Erkenntnis Emil Dovifats, Journalisten seien „Vagabunden in interessanten Fächern", und sie bestätigt Helmut Crons Resignation, Journalisten seien „eine undefinierbare Sorte von Menschen".

Angesichts der skizzierten geringen Wertschätzung, die Journalisten in der Gesellschaft, in der Öffentlichkeit genießen, stellt sich die Frage, ob das im

„Berufsbild" vom DJV empfohlene Selbstverständnis dann vielleicht den aktuellen *Arbeitsbedingungen* der Journalisten entspricht und welche *Erwartungen* diejenigen in den Journalisten setzen, für die er arbeitet: die Zeitungsleser, die Rundfunkhörer, die Fernsehzuschauer. Es scheint mir sehr fraglich, daß die Rezipienten publizistischer Aussagen von den Kommunikatoren individuelle schriftstellerische „Leistungen" und bzw. oder künstlerische Herzensausgießungen erwarten. Ich nehme an, sie wollen vom Journalisten schnell und korrekt informiert werden auf allen Gebieten, die die Gesellschaft angehen. Das setzt dann wohl voraus, daß der Journalist in seinem Tätigkeitsbereich ein sachlich hervorragend ausgebildeter Spezialist sein muß, daß er genaue Kenntnisse vom Kommunikationsprozeß haben sollte, in dem er nur ein Teilchen ist, daß er demzufolge in seinem gesellschaftlichen Auftrag dem Pädagogen etwa, aber auch dem Arzt (deren Auftragserfüllung die Gesellschaft mit hohen Prestige-Werten honoriert) viel näher steht als den vom DJV angebotenen, analogen Berufen.

Weiter heißt es im „Berufsbild":

> „Journalist im Sinne dieses Berufsbildes kann nur sein, wer hauptberuflich durch Berichterstattung, Stellungnahme, Kritik oder auf andere Weise an der geistigen Gestaltung der aktuellen Veröffentlichungen in Presse, Hörfunk, Fernsehen und Film in Wort und Bild mitwirkt und so zur Meinungsbildung beiträgt ..."

Es ist hier nicht der Ort, mit Hilfe kommunikationswissenschaftlicher und sozialpsychologischer Untersuchungsergebnisse darzulegen, daß die so fixierten Tätigkeitsmerkmale wiederum anachronistische Vor-Urteile konservieren. Der Journalist ist heute in erster Linie „Schleusenwärter", der aufgrund seines fachlichen Wissens und seines Wissens um die Funktionen der Kommunikation der Gesellschaft die Informationsexplosion, bzw. — um im Bild zu bleiben — den Informations-Überfluß reguliert und transformiert; und er ist — um einen vielgeschmähten, deshalb aber doch nicht falschen Begriff zu wiederholen — „Lebenshelfer", der seinem Publikum mit seinen öffentlichen Ratschlägen, Kommentaren, Beobachtungen eine Reihe von Orientierungs-Alternativen anbietet und ihm Entscheidungen erleichtert.

Die Berufung auf die „gesetzlich anerkannte öffentliche Aufgabe", die der Journalist erfüllt, der Hinweis auf die „im Grundgesetz der BRD garantierte Pressefreiheit", die die „Grundlage seines Wirkens in der Gesellschaft" darstellt auf der einen Seite und die völlige Freiheit des Berufszugangs, das unkontrollierte Eingangswissen, das ersetzt wird durch eine lange Liste schöner Eigenschaften, die nur ein Konsortium von Psychologen, Ärzten, Moraltheologen, Sprachlehrern usw. bei den Berufsbewerbern „überprüfen" könnte auf der anderen Seite weisen doch angesichts der echten gesellschaftlichen und kommunikations-immanenten Probleme, mit denen es Publizistik und die Massenmedien und die dort Tätigen heute zu tun haben, schizoide Züge auf. Oder vereinfacht: zwischen Berufsbild-Norm und Berufsbild-Wirklichkeit klafft ein riesiges Loch.

Daraus folgert: Um das Selbstverständnis und um das Berufsbild des Journalisten in der BRD wie in vielen anderen demokratischen Ländern Europas ist es schlecht bestellt. Zwangsläufig konnten dann auch die bisherigen Versuche, das mangelnde Selbstverständnis zu verbessern — insbesondere durch das Angebot von Aus- und Fortbildungsmöglichkeiten für Journalisten auf freiwilliger Basis — nur partielle Erfolge haben. Sie kollidieren mit dem schiefen Freiheitsgrundsatz, dem verkrusteten Berufsbild des Journalisten und der Unzulänglichkeit der Mittel, mit denen die Besserungsversuche in Gang gesetzt wurden.

III

Bevor nun einige Gedanken über eine sinnvolle Neuordnung der Aus- und Fortbildung von Journalisten fixiert werden, hat eine Bestandsaufnahme der bereits existierenden Institutionen im Rahmen eines systematischen Grundschemas zu erfolgen.

Hierzu eine terminologische Vorbemerkung! Unter *„Ausbildung"*, besser *„Berufsausbildung"*, werden wir künftig verstehen all das, was zum Beruf des Redakteurs in Presse und Rundfunk (Hörfunk und Fernsehen) hinführt und dem Erwerb von auf diesem Beruf bezogenen Fertigkeiten und Kenntnissen dient.

Unter *Fortbildung* fassen wir zusammen die nach abgeschlossener Berufsausbildung erfolgende fachbezogene Aufnahme neuer, die Ausbildung erweiternder praktischer und theoretischer Fertigkeiten und Kenntnisse.

In der Bundesrepublik Deutschland — wie in den meisten europäischen Staaten — lassen sich nun grundsätzlich drei Ausbildungswege unterscheiden, die zum Journalismus als Beruf hinführen:

- die Berufsausbildung „vor Ort", d. h. die Berufsausbildung in der Praxis bei Zeitungen oder in Rundfunkanstalten, die durch den (freiwilligen) Besuch von mehr theoriebezogenen, sogenannten „Volontärkursen" ergänzt werden kann;
- die Ausbildung an einer „Journalistenschule", die — wie es die bisher hierzulande einzige Institution dieser Art, die „Deutsche Journalistenschule e. V. München" formuliert — „mit ihrer Arbeit begabten Nachwuchsjournalisten den Zugang zum Beruf bei Zeitung, Hörfunk und Fernsehen eröffnen (und) die Ausbildung der Volontäre intensivieren ..." möchte;
- die Berufsausbildung im Rahmen eines Universitätsstudiums.

Zu diesen drei klassischen Ausbildungswegen kommen

- zahlreiche Bemühungen im Rahmen einer *berufsbegleitenden* Ausbildung und Fortbildung, die vor allem der Verbesserung und Ergänzung der Ausbildung und praktischen Tätigkeit „vor Ort" dienen, sowie

- die erst vor wenigen Jahren „institutionalisierte" spezielle Ausbildung für den Rundfunk- und Fernsehnachwuchs.

1. Die Berufsausbildung „vor Ort"

Die Berufsausbildung in der Praxis, das heißt im Rahmen eines meist zweijährigen Volontariats in einer Redaktion, ist noch immer der „normale" Ausbildungsweg. Endlich sind auch am 1. September 1969 in einem vom BDZV (Bundesverband Deutscher Zeitungsverleger), von der IG Druck und Papier, vom DJV (Deutscher Journalisten-Verband) und von der DAG (Deutsche Angestellten-Gewerkschaft) unterzeichneten „Vertrag über Ausbildungs-Richtlinien für Redaktionsvolontäre an Tageszeitungen" die wichtigsten Bedingungen dieser Ausbildung verbindlich fixiert worden. Der Vertrag enthält Bestimmungen über *„Persönliche Voraussetzungen"* der Volontäre (§ 3): danach soll er „das Reifezeugnis besitzen oder eine gleichwertige Ausbildung haben"; — über *„Betriebliche Voraussetzungen"* der ausbildenden Verlage: nur die „publizistischen Einheiten", die über die klassischen Ressorts Politik, Wirtschaft, Kultur, Lokales, Sport verfügen oder in einer Gemeinschaftsredaktion den Ressort-Pluralismus garantieren, sollen Volontäre ausbilden dürfen; —, die Zahl der Volontäre muß zu der Zahl der vorhandenen Redakteure in einem Verhältnis stehen, das die ordnungsgemäße Ausbildung gewährleistet"; — ein besonderer Redakteur soll mit der Leitung und Überwachung der Ausbildung beauftragt werden.

Der Vertrag legt den *Ausbildungsgang* (§ 7) fest: Die Ausbildung soll in allen Ressorts, „mindestens aber im lokalen, im politischen und wahlweise in einem dritten Ressort (Kultur, Wirtschaft, Sport)" erfolgen; der Volontär soll höchstens ein Jahr in einer Außenredaktion beschäftigt bzw. ausgebildet werden; die Ausbildung soll „die Unterweisung in allen redaktionellen Arbeiten einschließlich der Satz- und Umbruchtechnik" umfassen; dem Volontär „sollen auch Kenntnisse in den übrigen Verlagsabteilungen vermittelt", und er „darf keinesfalls nur im Außendienst beschäftigt werden"; er ist „mit den Pressegesetzen, den einschlägigen Bestimmungen des Urheber- und Verlagsrechts sowie mit den Grundzügen des Verfassungsrechts vertraut zu machen."

Das *Ausbildungsziel* (§ 1) wird — überbauend — so formuliert: „Verlag und Redaktion haben die Aufgabe, dem Volontär im Rahmen seiner Beschäftigung eine möglichst umfassende Ausbildung zuteil werden zu lassen. Die Einstellung eines Volontärs darf nicht dazu dienen, die Arbeitskraft eines Redakteurs zu ersetzen."

Alle hier zitierten (wie auch die nicht zitierten) Regelungen und „Vorschriften" des Vertrages sind praktikabel und durchaus begrüßenswert — im Grunde aber auch selbstverständlich. Sie garantieren dem Ausbildungswilligen ein Minimum an Fertigkeits- und Kenntnisgewinn; sie verhindern — wenn überall auf die Erfüllung dieses Vertrages gedrungen wird — die völlige Zufälligkeit der Volontärausbildung „vor Ort" und die Rechtlosigkeit und Ausbeutung der Arbeitskraft der Volontäre.

Daß dies keine ideologie-verdächtige Phrase ist, geht vielleicht aus folgenden Beispielen hervor: Uns wurde berichtet, daß in einzelnen Redaktionen auf fünf Redakteure sieben Volontäre entfallen; — daß Volontäre im zweiten Ausbildungsjahr völlig selbständig und allein die „Bezirks-" bzw. Lokalseiten einer Kleinzeitung machen, deren Mantel irgendeine „Zentralredaktion" liefert. Daß in schätzungsweise fünfzig Prozent aller Fälle die Ausbildung des Volontärs lediglich im Lokalressort erfolgt, kann nur mit Schrecken registriert werden; daß im Verlag bzw. in der Redaktion ein „Volontärvater" da ist, gehört zur Ausnahme.

Die Crux der Volontärausbildung „vor Ort" liegt darin, daß man den über tausend „Zeitungen" in der Bundesrepublik, die über keine Vollredaktion (mehr) verfügen, nicht verbieten kann, Volontäre auszubilden. Würde die Ausbildung von Volontären — wenn man an der traditionellen *Ausbildung in der Praxis* überhaupt festhalten will — nur auf die etwas über hundertvierzig Zeitungen mit Vollredaktionen, auf die sogenannten „publizistischen Einheiten", beschränkt bleiben, dann sähe sicher vieles anders aus im Personal- und Ausbildungsstand der Journalisten. Natürlich ist ein solches „Denkmodell" politisch, gesellschaftlich und rechtlich nicht zu realisieren; es bleibt Utopie!

2. Die Ausbildung in der Journalistenschule

Die Ausbildung an einer Journalistenschule — in den Vereinigten Staaten beispielsweise schon fast der Normalweg — ist in der Bundesrepublik, wie schon angemerkt, leider auf ein einziges nicht kommerzielles Institut, auf die Deutsche Journalistenschule e. V. München, beschränkt. Hier wird in fünfzehn Ausbildungsmonaten, von denen acht Monate auf die mehr theoretische Schulung und sechs Monate auf die praktische Ausbildung entfallen, „begabter Nachwuchs für den Journalistenberuf in allen Öffentlichkeitsmedien" ausgebildet. In einem von der Schule herausgegebenen Arbeitspapier heißt es weiter: „Dieser Aufgabe entsprechend wurde ein Modell entwickelt, das gegenüber dem Volontariat die Ausbildungsbasis verbreitert und so der Fluktuation der Journalisten zwischen den Medien gerecht wird." Dieses Modell geht von der sicher zutreffenden Überzeugung aus, daß „für alle Medien eine Grundausbildung im Zeitungswesen Voraussetzung sein soll."

Die im September 1959 gegründete, von der ARD, vom ZDF, vom DJV, von der DJU, vom Gemeinschaftswerk der Evangelischen Presse, von Verlagen der Zeitungs- und Zeitschriftenpresse und einer Gruppe von Verlagen, die in der DIMITAG zusammengeschlossen sind, verantwortete und wirtschaftlich getragene, vom Freistaat Bayern, dem Land Hessen, der Stadt München sowie dem Presse- und Informationsamt der Bundesregierung finanziell unterstützte Deutsche Journalistenschule hat — so gut und effektiv die von ihr besorgte Ausbildung journalistischen Nachwuchses auch sein mag — ein ärgerliches Handicap: ihre Kapazität pro Jahr beträgt nicht mehr als dreißig Schüler, was einer Bedarfsdeckung (der jährlich entstehende Personalbedarf wird bei den publizistischen Medien Zeitung, Rundfunk, Fernsehen auf vierhundert bis vierhundertfünfzig Nachwuchsjournalisten geschätzt) von noch nicht zehn Prozent entspricht. Zur obligatorischen Auswahlprüfung, die die Bewerber absolvieren müssen, melden sich über sechshundert Personen.

3. Die Berufsausbildung an der Universität

Klar und unmißverständlich muß ausgesprochhen werden, daß man über ein Universitätsstudium der Publizistik- bzw. Zeitungswissenschaft, wie es in der Bundesrepublik an der FU Berlin und den Universitäten Bochum, Göttingen, Mainz, München, Münster, Nürnberg möglich ist, nicht unmittelbar „Redakteur" werden kann. Das Studium dient, und das gilt zumindest für alle geistes- und sozialwissenschaftlichen Studieneinrichtungen, (bestenfalls) der Berufsvorbildung, nicht der praktischen Berufsausbildung.

Die Publizistik- bzw. Zeitungswissenschaft als akademisches Fach befaßt sich in Forschung und Lehre mit dem Prozeß der öffentlichen Kommunikation der Gesellschaft, den einzelnen Kommunikationsmedien, den Wirkungen dieser Medien in der Gesellschaft. Es will exemplarisch am Studium der Quellen aus Vergangenheit und Gegenwart den politischen, kulturgeschichtlichen und gesellschaftlichen Hintergrund publizistischer Aussagen erhellen und die Kommunikationssysteme in ihrer Struktur und „Konkurrenz" analysieren. Das alles hat mit der späteren praktischen Tagesarbeit beispielsweise des Lokalredakteurs in einer mittleren Regionalzeitung auf den ersten Blick herzlich wenig zu tun.

Aber eine isolierte Betrachtungsweise des Publizistikstudiums geht ja in die Irre! Ein Schmalspurstudium nur eines einzigen Faches ist, wenn man eine „Berechtigung", ein Diplom, ein Staatsexamen, einen akademischen Titel anstrebt, erfreulicherweise im geistes- und sozialwissenschaftlichen Bereich nicht möglich. Fachwissen eignet sich der künftige Redakteur in den „Fächern" an, die er später in einer publizistischen Institution betreuen will: in der Geschichte, der politischen Wissenschaft, den Philologien, den Wirtschaftswissenschaften usw.

4. Berufsbegleitende Aus- und Fortbildung

Neben den traditionellen Ausbildungswegen „vor Ort", an der Journalistenschule und in der Universität haben sich seit 1945— teilweise auf Vorbilder aus der Zeit vor 1933 zurückgreifend — eine Vielzahl von „Institutionen", „Instituten", „Lehrgängen" konstituiert, denen eines gemeinsam ist: die Durchführung von kurztägigen oder mehrwöchigen Kursen, die der Ergänzung oder Erweiterung von Kenntnissen der noch in der praktischen Ausbildung befindlichen Volontäre oder bereits im Beruf stehender Redakteure dienen sollen.

Diese Einrichtungen sind hier nur kurz in ihrer Zielsetzung und „Leistungsfähigkeit" vorzustellen. Seit 1951 hat das *Deutsche Institut für publizistische*

Bildungsarbeit, Düsseldorf, neunzehn durchschnittlich je einwöchige zeitungsfachliche Fortbildungskurse durchgeführt, an dem 3302 Redakteure aus Presse und Rundfunk teilgenommen haben. Die Volontärkurse des Instituts — jährlich drei zu je vier Wochen — haben von 1961 bis Ende 1969 insgesamt 818 noch in der Ausbildung befindliche Zeitungs-, Zeitschriften- und Rundfunkmitarbeiter absolviert. Die Arbeit des Instituts versteht sich als Zusatzausbildung bzw. Ausbildungsergänzung und als ressort- oder problem-gezielte Fortbildung. Die Kurse werden von Journalisten aller Medien aus der ganzen Bundesrepublik besucht.

Eine ähnliche Aufgabenstellung und Struktur weisen die *Journalistenseminare des Vereins Südwestdeutscher Zeitungsverleger,* Baden-Baden, und *Journalistenseminare der Deutschen Journalisten-Union* auf. Der Verein Südwestdeutsche Zeitungsverleger veranstaltet seit 1960 jährlich zwei Kurse von rund zweiwöchiger Dauer, die der Fortbildung der Journalisten im Einzugsgebiet des Verbandes dienen. Die Seminare der DJU, die jährlich einmal je eine Woche eine festumrissene Themenstellung behandeln und vor allem die Mitglieder der DJU ansprechen, sind bisher von etwa 700 Redakteuren und Volontären besucht worden.

Auf konfessioneller Grundlage arbeiten die Lehrgänge der *Christlichen Presse Akademie* (CPA), Bad Boll, seit 1950. Die bisher achtzehn Kurse dienten vor allem der Berufsfindung. Von rund 500 Berufsaspiranten, die diese Lehrgänge in der Evangelischen Akademie Bad Boll besuchten, sind heute 159 hauptberuflich und 32 ständig im Nebenberuf journalistisch tätig. — Als Pendant können die 1959 gegründeten *Seminare für junge katholische Publizisten des Zentralkomitees der deutschen Katholiken,* Bad Godesberg, gelten, die 1969 teilweise auf das im Auftrag der Deutschen Bischofskonferenz als e. V. gegründete *Institution zur Förderung des publizistischen Nachwuchses,* München, übergegangen sind. Aufgabe des neugeschaffenen Förderungswerkes ist es, „katholische Abiturienten und Studenten zu betreuen, deren Absicht es ist, einen publizistischen Beruf bei Presse, Hörfunk und Fernsehen auszuüben und ein dahin führendes Studium gleich welcher Fachrichtung zum Abschluß zu bringen." Die Aufgabe der in Bensberg jährlich einmal zehntägig durchgeführten Journalistenseminare besteht in der Fortbildung junger katholischer Publizisten, die bereits in der praktischen Presse- und Rundfunkarbeit stehen.

Sodann ist auf die *Bayerische Journalistenschulung e. V.,* Augsburg, zu verweisen, die sich seit 1965 als Gründung von acht bayerischen Zeitungs- und Zeitschriftenverlagen „um die Heranbildung von Journalisten bemüht, die sich für die weltanschaulich engagierte Tages- und Wochenpresse interessieren." Der Verein — und das ist der beachtliche Unterschied zu den bisher vorgestellten Einrichtungen — hat zweijährige in der Praxis zu absolvierende Ausbildungslehrgänge für je zwölf Volontäre eingesetzt, die viermal im Jahr durch einwöchige Seminarkurse unterbrochen werden. Zudem erfolgt im

Rahmen des zweijährigen Lehrganges ein Redaktionswechsel von einem Zeitungs- zu einem Zeitschriftenverlag, so daß ein breiter Ausbildungsfundus gelegt werden kann.

5. Spezielle Ausbildung für Rundfunk und Fernsehen

Neben der im November 1967 eröffneten, vom Freistaat Bayern, dem Bayerischen Rundfunk, der Stadt München, dem ZDF und der Filmwirtschaft getragenen *Hochschule für Fernsehen und Film, München,* die in einem (bisher) sechs- bzw. (ab 1970) achtsemestrigen, praxisnah orientierten Studium die Voraussetzungen für die Berufe des Redakteurs, Dramaturgen, Regisseurs, Programmgestalters und Produktionsleiters für Fernsehen und Film vermitteln soll, — einer berufs*vorbereitenden* Anstalt also — haben seit 1966 ARD (in Baden-Baden) und ZDF (in Mainz) achtzehnmonatige Volontärlehrgänge für künftige *Fernsehjournalisten* eingerichtet. Diese Lehrgänge entsprechen in ihrer Zielsetzung etwa der durch den Vertrag vom 1. September 1969 neu geregelten Ausbildung von Journalisten im Zeitungsverlag: Sie vermitteln in der Institution selbst die für die angestrebte Laufbahn erforderlichen Kenntnisse, und sie sind auf die nach abgeschlossener Ausbildung erfolgende Verwendung des Volontärs — nun als Redakteur oder festangestellter Mitarbeiter — in der eigenen Institution orientiert. Nach viermonatiger Grundausbildung durchläuft der Volontär wenigstens drei verschiedene Redaktionsbereiche, darunter ein Landesstudio. Die Ausbildung erfolgt in je drei voneinander weitgehend unabhängigen Fachrichtungen: (1) Fachrichtung Redaktion (Chefredaktion und Programmdirektion), (2) Fachrichtung Aufnahme und Produktionsleitung, (3) Fachrichtung Kamera, Schnitt. Die Ausbildung von Volontären des *Hörfunks* — nach den im Januar 1968 von der Intendantenkonferenz gebilligten Richtlinien sind es jährlich etwa sechzig — erfolgt ebenfalls bei den Rundfunkanstalten selbst. Sie dauert zwischen neun und fünfzehn Monaten und schließt die Teilnahme an einem zwei- bis dreiwöchigen „Rundfunkseminar" in Baden-Baden ein, das nicht nur den Volontären, sondern allen Mitarbeitern der Rundfunkanstalten — zur Fortbildung — offen steht.

Die Ausbildung kann sich auf eine der folgenden drei Gruppen spezialisieren:

(1) Politik, Nachrichten, Aktuelles, Wirtschaft und Soziales, Landfunk, Sport;

(2) Kultur, Hörspiel, Literatur, Wissenschaft, Frauenfunk, Kinderfunk, Jugendfunk, Schulfunk, Kirchenfunk, Nachtstudio;

(3) Musik und Unterhaltung.

IV

Nach dieser Skizze des derzeitigen Zustandes der Aus- und Fortbildung von Journalisten und der Institutionen, die diese Aus- und Fortbildung besorgen, ist es sicher nützlich, abschließend einige Grundthesen festzuhalten und einen systematischen Rahmen möglicher Organisationsformen für alle im einzelnen noch zu entwickelnden Modelle einer optimalen Journalistenaus- und -fortbildung bereitzustellen. Diesen Rahmen mit einem Kategorienkatalog zu beleben, — er müßte sich je um die institutionell-organisatorische, um die finanzielle und vor allem um die personelle Basis bemühen — und ihn vielleicht sogar in eine neuartige Gesamthochschule mit einzubringen, das wäre wohl intensiver politischer Aktivität wert.

Grundthesen

1. Jede Neuordnung der Aus- und Fortbildung der Journalisten hat zu beginnen

a) mit einer Bestandsaufnahme der bereits existierenden Institutionen, die sich der journalistischen Ausbildung und / oder Fortbildung widmen,

b) mit einer Bestandsaufnahme der in den letzten Jahren und Monaten entwickelten, aber noch nicht realisierten Planvorstellungen über die Gründung neuer Aus- und Fortbildungsinstitutionen und dem etwa möglichen Ausbau, den möglichen Verbesserungen und Strukturveränderungen der bestehenden Einrichtungen,

c) mit einer Bestandsaufnahme der derzeit in der Presse und in den Rundfunkanstalten beschäftigten Journalisten nach

- Tätigkeitsmerkmalen (Ressortzugehörigkeit) und
- Anstellungsmerkmalen (fest angestellt, fester Mitarbeiter, freier Mitarbeiter usw.),

d) mit einer Vorausschätzung des Nachwuchsbedarfs an Redakteuren (wenn möglich nach Ressort) pro Jahr.

2. Die Bestandsaufnahme muß auch einen Vergleich der Organisation und vor allem der Zielvorstellungen der einzelnen Institutionen ermöglichen.

3. Deshalb muß die Bestandsaufnahme im Rahmen eines systematischen Grundschemas (Modells) vorgenommen werden, das alle bestehenden, geplanten und ‚denkbaren' Organisationsformen — theoretisch — umgreift.

4. Erst auf der Grundlage einer solchen Bestandsaufnahme wären unter Einbezug der vorausschaubaren Entwicklung des Pressewesens der siebziger Jahre und der daraus resultierenden personellen Bedarfslage unter Einbezug auch der gesellschaftlichen Zielvorstellungen von Presse und Rundfunk und der verfassungsmäßig und politisch durchsetzbaren Gegebenheiten leistungsfähige und rationelle neue Bildungssysteme für Journalisten zu diskutieren.

5. Das neue Bildungssystem wäre zu projizieren auf ein neues Berufsbild des Journalisten, das der voraussichtlichen Entwicklung in den siebziger und achtziger Jahren unseres Jahrhunderts entspricht.

Systematisches Grundschema zur Journalistenausbildung und -fortbildung (Mögliche Organisationsformen)

1. Ausschließlich oder überwiegend *praktisch* orientierte *Berufs*ausbildung bzw. -fortbildung (berufs*vorbereitender* bzw. -erweiternder Weg; auf die praktische Berufsausübung direkt bezogen)

2. Ausschließlich oder überwiegend *theoretisch* orientierte *Ausbildung* bzw. -fortbildung (berufs*findender* Weg; der praktischen Berufsausbildung vorausgehend — bei Fortbildung: die Berufsausübung theoretisch *erweiternd)*

3. Kombinationsmöglichkeiten:
   Praktische Berufsausbildung *und* theoretische Ausbildung bzw. Fortbildung: *Modelle, die*
   3.1. Berufsausübung praktisch und theoretisch *vorbereiten* (entfällt bei Fortbildung)
   3.2. praktische Berufsausbildung (-übung) *ergänzen*
   3.3. theoretische Ausbildung *ergänzen* (entfällt bei Fortbildung)
   3.4. praktische Berufsausbildung (-übung) *obligatorisch* begleiten
      3.4.1. als Vollzeitaus- bzw. Fortbildung (= Akademiekurse *mit* Freistellung von Berufsausübung)
      3.4.2. als Teilzeitaus- bzw. Fortbildung (= Abend- oder Tageskurse *ohne* Freistellung von Berufsausübung)
   3.5. theoretische Ausbildung *obligatorisch* begleiten (entfällt bei Fortbildung)
   3.6. Gabelungsversuche im Rahmen der theoretischen Ausbildung:
      3.6.1. als theoretischer Zweig (Einbezug der Fortbildung möglich)
      3.6.2. als praktischer Zweig (für Fortbildung nicht geeignet)

4. *Reine Fortbildungsmodelle* (soweit nicht in 2 oder 3 enthalten)
   4.1. Neue Formen eines „Postgraduate-Studiums" für Redakteure
   4.2. Spezielle Fortbildung der Spitzenkräfte („Manager"-Kurse)

5. *Fernstudium*
   5.1. berufsvorbereitend (entfällt bei Fortbildung)
   5.2. berufsergänzend, -erweiternd

Winfried B. Lerg

Angebot oder Austausch?*)

Thesen zur Organisation der Rundfunkanstalt

Wenn heute oft betont wird, die Seite des Kommunikators sei in der Massenkommunikationsforschung vernachlässigt worden, so ist dies sicher richtig im Vergleich zu der Menge der Untersuchungen über die anderen Feldfaktoren. Absolut genommen ist jedoch die Zahl der Kommunikatorstudien durchaus beachtlich. Der Mangel liegt nicht so sehr darin, daß insgesamt zu wenig, sondern daß zu unsystematisch und zu einseitig geforscht wurde. Einseitig bedeutet hier, daß man zunächst nur den Kommunikator als Individuum in einer Berufsrolle sah. Daß diese Betrachtungsweise wichtig und nützlich ist, hat Kieslich im vorangegangenen Beitrag gezeigt; doch darf man dabei nicht stehenbleiben: Man muß die Tatsache mit einbeziehen, daß Massenkommunikation in der Regel nur möglich ist, wenn die Kommunikatorseite sich „organisiert", wenn sie Organisationen und Institutionen bildet. Aber auch nachdem man dies erkannt hatte, blieb die Forschung zunächst noch einseitig, indem sie diese sozialen Gebilde vornehmlich historisch untersuchte. Erst in jüngster Zeit haben die Massenkommunikationsforscher beachtet, daß die Sozialwissenschaften Denkansätze und Methoden zum systematischen Studium von Institutionen entwickelt haben, nämlich in der Organisationssoziologie und mit der Systemanalyse.

Der Beitrag von Lerg ist ein Beweis dafür, daß sich die organisationssoziologischen Ansätze auch auf Institutionen der Massenkommunikation mit Nutzen anwenden lassen. Der Verfasser demonstriert dies durch eine organisationssoziologische Analyse der öffentlich-rechtlich konstituierten Rundfunkanstalten in der Bundesrepublik Deutschland.

1.0 Bisweilen wird behauptet, Organisationen brächten kaum jemals genügend Distanz zu sich selbst auf, um sich infrage zu stellen. Deshalb müsse die Kritik schon von außen kommen.[1]) Seit Mai 1969 werden in den Rundfunkanstalten der Bundesrepublik Mitbestimmungsmodelle diskutiert. Handelt es sich bei diesen Versuchen, einen Weg zur binnenkooperativen Demokratie zu finden, vielleicht um einen bloßen Reflex auf die Statutenbewegung in den Presseverlagen? Die Frage muß hier offen bleiben. Das kommunikationspolitische Gewicht der beiden Rundfunkmedien (Hörfunk und Fernsehen) ist längst bekannt. Erstaunlich genug, daß sie nicht auch schon längst demokratische Formen des Betriebes entwickelt und dem Mantel der Anstalt öffentlichen Rechts einen zeitgemäßen Schnitt gegeben haben. Während niemand das demokratische Mandat des Rundfunks in unserer Gesellschaft grundsätz-

---

*) aus: Rundfunk und Fernsehen 19 (1971) S. 135—144.

[1]) Der Beitrag stellt eine stark überarbeitete Fassung der Thesen über die Hierarchie des Rundfunks dar, die für eine Anhörung im Rahmen der „Stückewerkstatt 71" der Bundeszentrale für politische Bildung am 3. April 1971 in Remscheid vorbereitet worden war.

lich anzweifelt, fällt es augenscheinlich noch immer schwer, gerade in diesem Punkt konsequent zu sein und in der Erfüllung jenes publizistischen Auftrags Demokratie exemplarisch zu praktizieren. Erörterungen über den rechtlichen Spielraum einer solchen Praxis sind bereits durch die Fragestellung prästabilisiert und begeben sich dadurch jeglicher Originalität. Auch die Analogie zu privatwirtschaftlich organisierten Medieneinrichtungen ist ein unzureichendes Verfahren, um das Problem von *Autonomie* und *Transparenz* eines öffentlich-rechtlichen Rundfunksystems zu begreifen. Was man heute über die bürokratische Organisation weiß, kann hier ein wenig weiterhelfen, denn die Rundfunkanstalten der ARD und die Fernsehanstalt ZDF sind Medienorganisationen mit allen charakteristischen Merkmalen:[2])

1.1 *Formalität,* d. h., ihre Organisation basiert auf Staatsverträgen, Rundfunkgesetzen, Satzungen sowie einer Anzahl interner Regeln, mit denen Handlungen und Verhalten ihrer Mitglieder bestimmt werden.

1.2 *Hierarchie,* d. h., ihre Organisation stellt sich als eine pyramidisch aufgebaute Macht- und Autoritätsstruktur dar mit deutlich erkennbaren Ebenen als Intendanzen, Direktionen und breit ausgefächerten Abteilungsebenen.

1.3 *Komplexität,* d. h., ihre Mitgliederzahl ist so groß, daß persönliche Beziehungen untereinander praktisch ausgeschlossen sind. Die Unpersönlichkeit einer komplexen Organisation macht sie von außen unzugänglich und im Inneren für die Mitglieder nicht mehr überschaubar und undurchsichtig.

Die Komplexität gewinnt bei Rundfunkanstalten, den Vermittlungseinrichtungen einer Gesellschaft im System der aktuellen und öffentlichen Kommunikation eine besondere Bedeutung. Schließlich ist Komplexität die Ursache zunehmender Bürokratisierung mit dem Ziel des „verwalteten Konsens".

2.1 Je größer und komplexer eine Gesellschaft, desto größer und komplexer ihre Medienorganisationen. Beim Rundfunk wird diese Tendenz zum Gigantismus durch Kooperationserwägungen unterstützt. Probleme der mit dem Argument der Leistungsfähigkeit begründeten Kooperationspläne sollen mit Verwaltungsinstrumenten gelöst werden. Größe macht jedoch schwach und ängstlich, unbeweglich und selbstzufrieden. In einzelnen Verwaltungs- und Planungsabteilungen deutscher Rundfunkanstalten möchte man in industriellen Kategorien denken, und weil die *Gewinnorientierung* als Organisationsziel nicht in Betracht kommt, wird die *Leistungsorientierung* mit der „Erfüllung des Programmauftrags" durch ein möglichst umfassendes Angebot begründet. Das Angebotsargument einer publizistischen Großorganisation läßt freilich darauf schließen, daß sich die Zielvorstellungen zu verschieben beginnen; nicht mehr der Austausch von Wissen (Kommunikation), sondern

---

[2]) Vgl. zum folgenden Renate Mayntz: Soziologie der Organisation. Reinbek (= rde 166) und Niklas Luhmann: Funktionen und Folgen formaler Organisation. Berlin 1964, ferner die Aufsatzsammlung: Bürokratische Organisation, hrsg. von Renate Mayntz. Köln—Berlin 1968 und die entsprechenden Artikel im Handwörterbuch der Organisation, hrsg. von Erwin Grochla. Stuttgart 1969.

die Anlieferung von Wissen (Transmission), nicht mehr *Vermittlung*, sondern *Übermittlung* werden als Aufgabe der Medienorganisation angenommen. Zu diesem Pipeline-Status, den die Rundfunkanstalten anstreben, gehört das Phänomen der heimlichen Kommerzialisierung des Systems durch die Werbetöchter und die freien Programmhersteller.

2.2 Organisationen ohne Gewinnorientierung — wie die Rundfunkanstalten öffentlichen Rechts — geben mit der Zeit ihre ursprünglichen Zielvorstellungen auf, eine Erscheinung, die Robert Michels das „eherne Gesetz der Oligarchie" genannt hat[3]). Die Gründe für solche *Zielverschiebungen* sind bei der Routinisierung der Arbeits- und Entscheidungsvorgänge, bei der Harmonisierung von Konflikten und beim Unvermögen mit einschneidenden sozialen Veränderungen fertig zu werden zu suchen. Die Folgen zeigen sich in Stabilisierungsmaßnahmen der Hierarchie, in Selbsterhaltungsstrategien von Aufsichts- und Führungsgremien. Der Mythos vom „Massenmedium" Fernsehen ist keineswegs nur ein modischer Einfall der Kulturkritik. Vielmehr handelt es sich hier um eine wirkliche Zielverschiebung im Selbstverständnis publizistischer Organisationen vom Kommunikations- und Transmissionsmittel, vom „Kulturinstitut zum Fertigungsbetrieb", wie Dieter Stolte diese Entwicklung nicht ohne Stolz charakterisierte, und selbstverständlich bedarf eine als „Fertigungsbetrieb" organisierte Fernsehanstalt eines pseudoindustriellen Managements, welches weiß, was das Publikum will und entsprechende Programmangebote macht.[4])

Das Publikum hat bei einem vorgefertigten Programmangebot lediglich die Möglichkeit zu reagieren. Aktive Teilnahme am Programm ist im Transmissionsmodell nicht vorgesehen. Dabei wäre es fernmeldetechnisch längst möglich gewesen, ein Kommunikationsmodell einzurichten mit Zweiwegkanälen zur Rede und Gegenrede. Die Einrede von Hörer und Zuschauer ins Programm wäre allenfalls ein Problem redaktioneller Moderation. Die Investitionen wären nicht höher gewesen als die für Stereophonie und Farbe aufgewandten Mittel.

2.3 Je größer eine Organisation, desto zahlreicher die Mitarbeiterklassen. Das gilt allgemein für jeden Organisationsbereich, — im Rundfunk jedoch wird dieser Umstand besonders im Programmbereich seit der Einführung des Direktorialsmodells erkennbar. In einigen Anstalten ist offenbar beabsichtigt, der zunehmenden *Ressortierung* und *Verkästelung* durch neue stärker programmorientierte Strukturen entgegenzuwirken. Dies würde eine *Dezentralisierung* der Programmarbeit, größere Selbständigkeit der einzelnen Programmbereiche bedeuten, — allerdings um den Preis des kontrollierten Konflikts. Denn je dezentralisierter die Organisation und je autonomer die jeweiligen

---

[3]) Vgl. Robert Michels: Zur Soziologie des Parteiwesens in der modernen Demokratie 1911. Leipzig [2]1925.

[4]) Vgl. Dieter Stolte: Vom Kulturinstitut zum Fertigungsbetrieb, in: Fernsehen in Deutschland I, hrsg. von Christian Longolius. Mainz, 1967, S. 87—93 und derselbe: Auftrag und Management. Das Fernsehen als Produktionsproblem, in: Politik und Massenmedien, hrsg. von Fritz Hufen. Mainz 1970, S. 153—171.

Organisationseinheiten (Programmbereiche), desto eher sind Konflikt und Meinungsverschiedenheiten möglich; sie können dann freilich auch toleriert werden, sofern ausreichende Möglichkeit zur *Binnenkommunikation* im Hause geboten wird. Je mehr Kanäle hierzu in einer Organisation vorhanden sind, um so erheblicher können die Meinungsverschiedenheiten der Mitglieder sein. Dezentralisierung ist ein Mittel der Konfliktkontrolle und damit der Stabilisierung der Organisation: Je kleiner der Teich, desto dicker der Frosch. Bei inneren Krisen, vor allem aber, sobald Organisationen von außen unter Druck gesetzt werden, neigen sie zur Zentralisierung. Dabei werden den Mitarbeitern verstärkt explizite Verhaltensregeln vorgeschrieben.

2.4 In Zeiten der Innovation und des Wandels, von denen Organisationen berührt werden, tritt ein verstärkter Austausch der Mitglieder untereinander ein. Diese wachsende Binnenkommunikation betrifft sowohl die Zielvorstellungen der Organisation als auch den ideologischen Standort, zu dessen Bestimmung zunehmende Konflikt- und Konsensbereitschaft besteht. Das hat sich seit der Ausbreitung des „Kölner Bazillus" in der Bewegung der Redakteursversammlungen gezeigt. Sobald eine Organisation von innovatorischer Dynamik erfaßt wird, bekommen ihre Mitglieder auch den nötigen Abstand von der alltäglichen Aktivität. Sie können über sich selbst und ihre Organisation — das Medium — nachdenken. Die *Perspektive zur Selbstreflektion* tut sich auf. Das hat nicht zuletzt zur Folge, daß bislang versteckte Rivalitäten und Eifersüchteleien zutage treten; aber auch bloße Mißverständnisse werden nun durch Gespräche erkennbar. Da die verstärkte binnenorganisatorische Kommunikation auch über die verschiedenen Organisationsbereiche — Programm, Technik, Verwaltung, Direktion — hinausgreift, kommen auch Prestige- und Statusprobleme dabei zur Aussprache. Dabei neigt die Gruppe der Redakteure, Darsteller und Ansager sowie das Verwaltungspersonal dazu, sowohl untereinander eigene Konflikte zu schaffen, als aus Auseinandersetzungen mit den Herstellungs- und technischen Abteilungen herbeizuführen.

2.5 Zwar gibt es kleine Unterschiede in den Hierarchien der einzelnen Organisationsbreiche, doch allgemein ist der Binnenaustausch in den Anstalten nur dann kritisch, wenn er von oben nach unten läuft, — von den Wenigen zu den Vielen[5]). Verläuft dieser *Kommunikationsfluß* umgekehrt von unten nach oben, von den Vielen zu den Wenigen, dann ist er eher unkritisch und mit taktischem Lob garniert. Von unten nach oben wird jenes Wissen ausgetauscht, das für Entscheidungen gebraucht wird, Probleme von Mitarbeitern zu lösen vermag, die bei deren Tätigkeit auftauchen, und es läßt gleichzeitig Rückschlüsse auf die Bedeutung des von oben nach unten ausgetauschten Wissens zu. Was die Binnenkommunikation in hierarischen Organisationen betrifft, so wäre jeweils zu fragen: wer kontrolliert eigentlich wen? Indes, je strenger die Hierarchie, je besser „durchorganisiert" eine Organisation ist, desto geringer ist der informelle Wissensaustausch von unten nach oben.

[5]) Zur Kommunikation in der Organisation im Abriß vgl. Winfried B. Lerg: Das Gespräch. Düsseldorf 1970, S. 258—268, ferner den annotierten Literaturbericht von Henry Voos: Organizational Communication. A Bibliography. New Brunswick, N. J. 1967.

Je strenger Instanzen den Staatsvertrag, das Rundfunkgesetz oder die Satzung auslegen, um so eher werden sie auch auf ihrer *Richtlinienkompetenz* bestehen und von daher die Mitbestimmungsfrage unterlaufen können. Überdies beraten sich in streng hierarchisch organisierten Anstalten Gleichgestellte eher miteinander als mit ihren Vorgesetzten, denn diese könnten die Ratsuche als Unsicherheit, Unfähigkeit oder Scheu vor Entscheidungen auslegen.

2.6 Die Ziele einer Organisation, der Programmauftrag beispielsweise, lassen sich eher verwirklichen, wenn die Kommunikationskanäle zur Anweisung und Entscheidung über informelle Gruppen laufen, — etwa in der Form autonomer *Projektgruppen* anstelle individueller Autoritäten, die anweisen, entscheiden oder lediglich eine Kontaktfunktion haben. Mitarbeiter tun sich schwerer mit den Zielen der Anstalt, wenn sie ihnen als einzelnen unpersönlich und anonym bleiben. Für das zielorientierte Handeln der einzelnen Angehörigen komplexer Organisationen ist die informelle, autonome — auch administrativ und technisch selbständige — Projektgruppe eine bessere Grundlage für die kreativen und produktiven Tätigkeiten. Gruppen neigen auch eher zu riskanten Entscheidungen, sind mutiger, denn die Verantwortung kann geteilt, das Projekt ausgiebig diskutiert werden. Es bestehen persönliche Beziehungen der Gruppenmitglieder untereinander, man tritt aus der Anonymität der Organisation in die Intimität der Gruppe, und schließlich möchte die Gruppe sich nicht gern blamieren: deshalb soll das Projekt verwirklicht werden, denn die Scheu vor dem Mißerfolg wird in einer Gruppe größer sein als in einer permanenten Abteilung.

Allerdings können bei Projektgruppen durch die häufig wechselnden Aufgaben *Lernschwierigkeiten* auftreten. Ihnen wird man nur durch geeignete Maßnahmen der Erfahrungsvermittlung an die Neuhinzukommenden begegnen können. Endlich können starke informelle Gruppen innerhalb der Organisation sich gegen bestimmte unerwünschte Ziele und Vorgehensweisen im Hause solidarisieren, damit meistens einen höchst wirksamen Widerstand entwickeln und auf diese Weise Veränderungen erzwingen. Denn die Organisation wird es sich kaum leisten können, jene informellen Widerstände zu bagatellisieren oder nicht zur Kenntnis zu nehmen. Als Folge solcher Beziehungen zwischen der Organisation einerseits und den informellen Gruppen andererseits auf dem Hintergrund der Hierarchie, geraten die mittleren Führungspositionen — beispielsweise Abteilungs- oder Ressortleiter — in ein Kräftefeld oft genug gegenläufiger Anforderungen von oben und Erwartungen von unten, — Forderungen nach Leistung von oben und Anmutungen menschlichen Verständnisses von unten. Dadurch entstehen gerade in solcher Position offene oder verdeckte Verhaltenskonflikte, jener schon klassische „Querdruck", dem sich das mittlere Management der Anstalten oft ausgesetzt sieht. Von unten werden die Inhaber dieser Stellungen dann als „anständige Kerle", von oben als „fähige Leute" eingeschätzt.

3.0 Erste Indizien für die *Hierarchie* einer Organisation lassen sich aus ihrem *Altersaufbau* ableiten. Allgemein liegt das durchschnittliche Lebensalter in den mittleren Führungspositionen am höchsten, um zur Spitze leicht und nach unten stark abzufallen. Die Daten über die durchschnittliche Zugehörigkeit zur Organisation lassen Schlüsse über die *Mobilität*, die *Durchlässigkeit* und funktionale *Autoritätsverhältnisse* zu. Schon drei knappe *Übersichten* nach dem Stand von Mitte 1971 über „Lebensalter" und „Rundfunkalter" der Führungspositionen der Rundfunkanstalten können das deutlich machen.

Rundfunkmanagement — Tabelle 1

Intendanten und Direktoren

Anstalt	Lebensalter	Anstalt	Rundfunkalter
BR	61,6	ZDF	26,5
WDR	56,5	SWF	21,5
HR	54,6	SDR	21,0
ZDF	54,3	HR	18,0
NDR	53,6	BR	17,3
SFB	53,5	WDR	16,7
SR	53,0	NDR	15,0
SWF	53,0	SFB	14,5
RB	49,5	SR	10,3
SDR	49,3	BR	9,0
Durchschnitt	53,8	Durchschnitt	16,9

Bei vier der zehn Anstalten — die Daten für den „Deutschlandfunk" und die „Deutsche Welle" wurden nicht ermittelt und mitgezählt — ist das Management älter als das durchschnittliche Alter der Intendanten, Hörfunk- und Fernsehdirektoren. Bezogen auf das Rundfunkalter, ergibt sich eine völlig andere Altersstruktur der Anstalten; je die Hälfte der Anstalten liegt oberhalb und unterhalb des Durchschnittswertes. Das durchschnittliche Rundfunkalter der ARD-Anstalten liegt bei 15,9 Jahren.

Intendanten — Tabelle 2

Anstalt	Lebensalter	Anstalt	Rundfunkalter
BR	71,0	ZDF	40,0
ZDF	65,0	SWF	22,0
SR	60,0	SDR	21,0
WDR	59,0	SR	13,0
HR	57,0	HR	11,0
RB	53,0	BR	11,0
SWF	51,0	WDR	11,0
NDR	50,0	NDR	10,0
SDR	50,0	RB	10,0
SFB	47,0	SFB	5,0
Durchschnitt	56,3	Durchschnitt	15,4

Der Intendant einer Rundfunkanstalt der BRD ist zwar älter als 50 Jahre, doch seine Medienerfahrung beträgt im Schnitt 15 Jahre; er überschaut also schon nicht mehr in jedem Fall die Nachkriegsentwicklung des Rundfunks.

Programmdirektoren — Tabelle 3

Hörfunk				Fernsehen			
Anstalt	Lebensalter	Anstalt	Rundfunkalter	Anstalt	Lebensalter	Anstalt	Rundfunkalter
NDR	67,0	NDR	26,0	SFB	60,0	SFB	24,0
BR	65,0	SDR	25,0	HR	56,0	HR	22,0
WDR	62,0	SFB	24,0	SWF	53,0	WDR	20,0
SFB	60,0	SWF	23,0	BR	49,0	SWF	20,0
SR	58,0	BR	23,0	WDR	47,0	BR	18,0
SWF	55,0	HR	21,0	SDR	47,0	SDR	17,0
HR	51,0	WDR	16,0	ZDF	46,0	ZDF	13,0
SDR	51,0	SR	10,0	RB	46,0	NDR	9,0
RB	46,0	RB	8,0	NDR	44,0	SR	8,0
—	—	—	—	SR	41,0	RB	8,0
Durchschn.	57,2	Durchschn.	19,5	Durchschn.	48,9	Durchschn.	15,9

Der Programmdirektor des älteren Funkmediums ist nicht nur älter, er hat auch die längere Medienerfahrung. Diese Medienerfahrung geht in einigen Fällen bis in die Zeit vor Gründung der Anstalten öffentlichen Rechts zurück, jedoch nicht hinter das Jahr 1945. Der Hörfunkdirektor ist fast ein Jahr älter als der Intendant, und der Fernsehdirektor hat im Schnitt dieselbe Medienerfahrung wie sein Intendant, obwohl er wesentlich jünger ist. Eine weitere statistische Beschreibung dieser Daten muß hier unterbleiben. Die Tabellen sollen einen ersten Eindruck vermitteln.

3.1 Meist werden die Umrisse der Hierarchie durch die *Führungsmodalitäten* und die *Autoritätsstruktur* kenntlich gemacht. Je demokratischer — mitbestimmungsorientierter — ein Vorgesetzter ist, desto eher wird er akzeptiert und nicht als fremde Autorität betrachtet. Nicht integrierte Autorität hält sich allenfalls durch Leistungsdruck. Dieser aber bedeutet notwendig, daß persönliche Faktoren vernachlässigt werden und Konflikte entstehen. Selbständigkeit und Zusammenarbeit können nicht durch rigorose *Leistungskontrolle* erzwungen werden. Andererseits kann bei sehr schwierigen Aufgaben eine Kontrolle des eigenen Handelns erwünscht sein. Der Führungsstil einer Autorität orientiert sich meist am nächsthöheren. Der eine Vorgesetzte nimmt sich ein Beispiel bei seinem eigenen Vorgesetzten. Und je besser er dabei gleichzeitig die *Anpassung* an die Wert- und Zielvorstellungen der Organisation schafft, desto eher kommt seine Beförderung. Jeder Aufstieg ist wenigstens mit einer Spur von *Konformismus* begleitet. Je strenger die Hierarchie und je ausgeprägter die Autoritätsstruktur, desto stärker muß dieser Konformismus beim Aufstieg ausfallen. Neue Besen mögen zwar gut kehren, aber nicht anders. Dennoch ändert sich der Führungsstil einer Organisation in der Geschichte. In der Entwicklung des ZDF zeigte sich, was allgemein beobachtet wird: Zu Beginn sind die Vorgesetzten meist von einer fast doktrinären Loyalität untereinander, aggressiv nach außen, persönlich ansprechend nach innen. Sie haben etwas von Max Webers Typ des „charismatischen Führers". Doch nach einiger Zeit gilt der Verwaltungsfachmann und Technokrat mehr. Die etablierte Organisation wünscht den „bürokratischen Führer"; er ist der klassische *Spezialist für das Allgemeine.*

3.2 Sobald Autorität und Verantwortung einerseits und auf der anderen Seite Kooperation und Kompetenz der Mitarbeiter einer Organisation einander nicht leidlich entsprechen, dann kommt es zu stärkeren als den üblichen *Spannungen.* Verbesserungsvorschläge von unten führen meist zu Auseinandersetzungen. Dabei handelt es sich um das immer wiederkehrende Problem der Gewichtung von *Autorität* und *Kompetenz* in technisch bestimmten, komplexen Organisationen. Allgemein führen Konflikte zwischen Vorgesetzten und Untergebenen zu einer wachsenden Zahl von Anweisungen, Sprachregelungen, Ordnungen oder zu strengerer Auslegung bestehender Regeln. Umgekehrt gilt: *Ordnungsanweisungen* und ihre Durchsetzungen schaffen Ärger. Dieser Ärger kann sogar mehr bedeuten als eine aktuelle Meinungsverschiedenheit; verschiedene Auffassungen über bestimmte Handlungsweisen und Zielvorstellungen der Organisation insgesamt kommen bei solchen Anlässen hoch. Die Durchsetzung von Gesetz und Ordnung hat die Grundsatzdiskussion zur Folge. Die Frage nach der *Macht* weist auf ihre *Legitimation* zurück. Dennoch sind übereinstimmende Auffassungen über die Organisation noch am ehesten dort zu erwarten, wo diese Organisation stark ideologisch geprägt ist; häufig ist dies übrigens in Berufsorganisationen der Fall und nur selten in Zwangsorganisationen. Die Redakteursversammlungen waren sich eher über das kommunikationspolitische Ziel des Rundfunks einig als der Deutsche Journalistenverband.

3.3 Je eher sich die Zugehörigkeit zu einer Organisation mit dem eigenen *Interesse,* dem Selbstverständnis und den eigenen Zielen verbinden läßt, desto besser kommt jemand in dieser Organisation zurecht, desto mehr liegt ihm aber auch daran, dabei zu bleiben. Dieser Umstand kann als Sekundärerfahrung beim Nachwuchs zur *Verweigerung* führen. In höheren Positionen dagegen, besonders wenn sie durch funktionale Autorität oder Kompetenz charakterisiert sind, fällt es den Mitgliedern zunehmend leichter, sich allen Anforderungen zu stellen, die eine Organisation an sie stellt, und sich vorbehaltlos ihren Zielen zu unterwerfen. Profis mögen ihren Job. Wer sich also völlig mit einer Organisation identifiziert, der tut das gerade in bezug auf deren Normen; an der Entwicklung solcher *Wertvorstellungen* war er ohnedies nicht beteiligt. Freilich ist er auch kritischer als andere in seinem Urteil über die Organisation, denn es liegt ihm etwas an ihrer Veränderung zum

Besseren. Dabei ist jedoch zu beobachten, daß sich derlei Kritik zunächst auf Formalien oder Verfahrensweisen, selten auf Inhalte oder Ziele der Organisation beziehen. Ein typisches Beispiel ist gerade die Statutenbewegung in ihrer bei den Rundfunkanstalten anzutreffenden Figur. Hier spielt auch das relative *Ansehen* einer Organisation herein. Wer einer Organisation angehört, neigt sehr deutlich dazu, sie höher einzuschätzen als eine ähnliche; das braucht gar nichts mit Wettbewerb zu tun zu haben. Die gegenseitige Beurteilung der beiden Funkmedien, deren Urteil über die Pressemedien oder über den Film, — solche Selbst- und Fremdeinschätzungen der Medienorganisationen werden vom publizistischen Prestige wesentlich bestimmt. Selbstverständlich bedingen Art und Umstände des Ausscheidens aus einer Organisation auch die späteren Meinungen und Einstellungen zu ihr. Sobald aber ein Ausscheiden nicht möglich ist, — aus irgendwelchen persönlichen oder sozialen Gründen, wegen Vertrags- oder Versorgungsproblemen, — kommt es zu bewußter oder unbewußter *Dissonanz* in allem, was die Organisation betrifft. Das kann unter Umständen bis zu hypokritischer Resignation und neurotischer Querulanz führen.

3.4 Die demokratische Organisation des Rundfunks kann zwei Ziele haben: die *interorganisatorische Autonomie* und die *intraorganisatorische Transparenz*. Beide Ziele sind ohne Novellierungen des Rundfunkrechts und des Personalvertretungsrechts in publizistischen Einrichtungen nicht zu erreichen. Die interorganisatorische Autonomie zielt auf die Schaffung und Sicherung einer Rundfunkverfassung, die eine selbstbestimmende Suche, Auswahl und Wahrnehmung von Ereignissen und Aussagen ermöglicht, — die *Zugänglichkeit* sozialen Wissens gewährleistet, wie sie für die Problemlösung und Situationsdeutung einzelner und Gruppen gebraucht wird. Die in einer industriellen Großgesellschaft dazu notwendigen Vermittlungseinrichtungen, die Medien, müssen dann in der Weise organisiert sein, daß ihre allgemeine und gleiche Zugänglichkeit für jedermann möglich ist. Kommunikative Chancengleichheit wird nur zu garantieren sein, wenn zur verfassungsmäßigen Freiheit zu sprechen auch die Freiheit, gehört zu werden, hinzukommt. Autonomie ist *vernünftig organisierte Vielfalt*. Vernünftige Organisation heißt eine kritisch reflektierte Ordnung, die autonome Strukturen ermöglicht. Dem Ziel der interorganisatorischen Autonomie zuwiderlaufen würden alle Versuche der stärkeren Konzentrierung im Rundfunksystem aus technischen und wirtschaftlichen Gründen. Je differenzierter eine Rundfunkorganisation ist, je spezifischer sie auf regionale, lokale und gruppenbezogene Kommunikation eingehen kann, desto besser zugänglich ist sie auch, und desto eher wird sie vom *Angebot* zum *Austausch* von Wissen kommen können.

3.5 Die intraorganisatorische Transparenz zielt auf die demokratische Organisation der Vermittlungseinrichtung selbst, auf die Überschaubarkeit und *Durchsichtigkeit* der Medienorganisation. Voraussetzung dazu ist eine breit ausgelegte *Beteiligung* an Entscheidungsprozessen anstelle zentralisierter Entscheidungsvollzüge, dabei wird die Orientierung am *Vollzug* hinter die

Orientierung am *Ziel* bestimmter Entscheidungen zurücktreten. Die Grundeinheit einer transparenten Organisation ist die Projektgruppe und nicht die Verwaltungseinheit. Das integrierende Prinzip der Gruppe ist nicht mehr die Autorität, sondern die Kooperation. Der Leiter einer solchen Gruppe spielt dann eher eine kommunikative als eine autoritative Rolle. Sein Problem heißt nicht mehr *Macht*, sondern *Vermittlung*.

Peter Glotz und Wolfgang R. Langenbucher

Monopol und Kommunikation*)

Auch im folgenden Beitrag geht es um Institutionen der Kommunikatorseite. Während aber die Organisationssoziologie vor allem nach den inneren Strukturen und Prozessen der Institutionen fragt, untersuchen Glotz und Langenbucher die Stellung und damit auch die Auswirkungen publizistischer Institutionen im Rahmen größerer gesellschaftlicher Systeme. Diese Arbeit entspricht somit weitgehend der im ersten Teil dieses Buches mehrfach geäußerten Forderung, die Massenkommunikation in größeren sozialen Zusammenhängen zu sehen.

Diese Studie behandelt einen Begriff, den man zur Zeit geradezu als Modewort bezeichnen muß und der meist polemisch-abwertend gebraucht wird: den Begriff „Monopol" (im publizistischen Bereich). In der kommunikationspolitischen, weithin ideologischen Diskussion in der Bundesrepublik Deutschland (wie auch in zahlreichen anderen Ländern) wird dieser Begriff in der Regel (und oft mit voller Absicht) ohne nähere Erläuterung oder gar präzise Definition verwendet; er bleibt vage, unbestimmt und vieldeutig. Damit drängt sich die Frage auf, was denn in dem jeweiligen Zusammenhang mit „Monopol" gemeint sein mag, welcher Sachverhalt jeweils mit diesem Begriff bezeichnet werden soll. In einer umfassenden systematischen Analyse, von der hier nur ein Teil abgedruckt werden konnte, untersuchen Glotz und Langenbucher die verschiedenen Bedeutungen, mit denen das Wort „Monopol" verwendet wird, und die realen Sachverhalte, Interessen und Tendenzen, die hinter den einzelnen Bedeutungen stehen.

Begriffsstudien dieser Art sind unerläßlich für eine klare und saubere kommunikationspolitische Diskussion wie auch für die wissenschaftliche Untersuchung der Frage, ob und wieweit die gängigen — meist polemischen — Behauptungen stichhaltig sind.

Die pressepolitischen — allgemeiner: kommunikationspolitischen — Diskussionen der letzten Monate und Jahre sind von einer Reihe populärer Schlagworte bestimmt. Dazu gehören vor allem der Begriff „Meinungsmonopol" und eine große Zahl ähnlicher Wortverbindungen mit dem Terminus „Monopol". Mehr noch als bei anderen Begriffen, die derzeit zur Beschreibung bestimmter Phänomene der gesellschaftlichen Kommunikation gängig sind (etwa „innere" Pressefreiheit, Konzentration, Manipulation u. ä.), herrscht hier ein inflationärer Wortgebrauch.

Bei einer kritischen Sichtung dieser sehr heterogenen Stimmen fällt auf:

*) Aus: Publizistik 13 (1968) S. 137—179 (stark gekürzt).

1. Journalistische, gesellschafts- und kulturkritische Autoren machen von dem Begriff „Monopol" exzessiv Gebrauch ohne irgendwelche Klärung und Präzisierung seiner Bedeutung.

2. Ungeachtet seiner Herkunft aus der wirtschaftstheoretischen und wirtschaftspolitischen Fachsprache wird der Begriff „Monopol" undiskutiert und voraussetzungslos auf das Gebiet der gesellschaftlichen Kommunikation übertragen.

3. Der Monopolbegriff wird in diesem Zusammenhang in politischer, ideologischer und sachlicher Hinsicht merkwürdig unspezifisch und diffus gebraucht. Er findet sich sowohl in der Terminologie politisch rechts stehender wie politisch links stehender „Kreise" und wird auch von den verschiedensten Interessengruppen verwandt.

4. Die jeweilige Antwort auf die Frage, ob Monopole vorliegen und welcher Art sie sind, hängt immer vom politischen, ideologischen oder interessenbestimmten Standort des betreffenden Autors ab. So ziehen sich sämtliche Medien abwechselnd den Monopolvorwurf zu.

5. In umgekehrtem Verhältnis zur Fülle der journalistischen und populären kulturkritischen Äußerungen steht die Zahl der wissenschaftlichen Veröffentlichungen zu diesem Problem. Nur wenige Autoren haben sich systematisch etwa mit rechtlichen oder soziologischen Monopolfragen auf dem Kommunikationsgebiet beschäftigt.

6. Ein Teil der Autoren verbindet mit diesem Wortgebrauch des Begriffes „Monopol" explizit die Meinung, daß sich damit Erscheinungen beschreiben, erklären und bewerten lassen, die gegenwärtig in der Bundesrepublik Deutschland Anlaß zu kommunikationspolitischen Entscheidungen sein müssen oder zumindest sein sollten.

Angesichts dieser Beobachtungen ist es notwendig, 1. diesen gängigen Gebrauch des Begriffes „Monopol" kritisch zu überprüfen, 2. seine Verwendbarkeit für Phänomene der gesellschaftlichen Kommunikation zu diskutieren, 3. ihn gegebenenfalls kommunikationssoziologisch zu klären und zu präzisieren, um 4. so beantworten zu können, ob er als Grundlage kommunikationspolitischer Entscheidungen brauchbar und notwendig ist.

1. DER MONOPOLBEGRIFF IN DER AKTUELLEN ÖFFENTLICHEN DISKUSSION

An dieser Stelle kann ein knapper Überblick mit Hinweisen auf die wichtigsten Aspekte gegeben werden.

1. Der Begriff des Monopols in politischen und fachspezifischen Veröffentlichungen

In der Fachliteratur und im Gespräch der Politiker spielte der Monopolbegriff sehr früh eine wichtige Rolle bei allen *Rundfunkfragen*. Er dient dabei in der

Regel zur Beschreibung des technischen Rundfunkmonopols, das die Post, abgeleitet aus der „Fernmeldehoheit" des Staates, in der Bundesrepublik inne hat. Vorherrschend waren dabei die staatsrechtlichen und verwaltungsrechtlichen Erörterungen.[1]

Ebenfalls schon sehr früh (1954[2]) fand der Monopolbegriff Eingang in die *marxistische Literatur*, die sich mit Presse- und Rundfunkfragen der Bundesrepublik beschäftigt. Eine erste größere Abhandlung galt dabei dem „Einfluß der anglo-amerikanischen Besatzungspolitik auf die Wiedererrichtung eines imperialistischen Pressewesens in Westdeutschland";[3] etwas später wurde in einer Leipziger zeitungswissenschaftlichen Dissertation erstmals der „Konzentrationsprozeß in der westdeutschen Tagespresse" unter dem Titel „Pressemonopole — Monopolpresse" dargestellt.[4] Die neueste Veröffentlichung — die 600 Seiten umfassende Arbeit eines „Autorenkollektivs" — trägt zwar den Titel „Manipulation", stellt aber mit dem Untertitel auch die Beziehung zur marxistischen Monopoltheorie her: sie versteht sich als Darstellung der „staatsmonopolistischen Bewußtseinsindustrie" der Bundesrepublik.[5]

In der Bundesrepublik selbst erhielt der Monopolbegriff erst wieder neue — über den Bezug auf Rundfunk und Fernsehen hinausgehende — Bedeutung, als man mehr und mehr auf die *Konzentrationsvorgänge* im Pressewesen aufmerksam wurde. Das begann mit den Feststellungen von Schütz über die „Ein-Zeitungs-Gebiete" (lokale Monopole),[6] wurde aufgegriffen in mehreren Anfragen und Debatten im Deutschen Bundestag[7] und fand seinen vorläufigen Höhepunkt in der politischen Diskussion, die mit der vehementen Kritik am Springer-Konzern entstand.

2. Der Begriff des Monopols in kulturkritischen und interessenbestimmten Veröffentlichungen

Die Neuentstehung der deutschen Presse nach 1945 war von Anfang an durch Auseinandersetzungen bestimmt, bei denen der Monopolbegriff eine wichtige Rolle spielte. So taucht z. B. der Vorwurf eines „Meinungsmonopols" zuerst bei den Sprechern der sogenannten „Altverleger" auf, die damit gegen das von den Besatzungsmächten praktizierte *Lizenzsystem* und die Lizenzträger polemisieren und kämpfen.[8] Diese Phase der deutschen Pressegeschichte endete 1949 mit der Erteilung der Generallizenz, was schließlich 1954 auch zur Gründung eines gemeinsamen Verbandes von Lizenzverlegern und Altverlegern führte.[9] Von einzelnen Vertretern der deutschen Zeitungsverleger wird der Begriff „Monopol" nun in der Kritik an der öffentlichrechtlichen Organisation der Rundfunkanstalten, insbesondere im Zusammenhang mit den Plänen und Realisationen von *Werbesendungen*, gebraucht. Heinrich G. Merkel hat seine „Anmerkungen zum Rundfunkwesen" aus den „Nürnberger Nachrichten" seit 1952 in einem Sammelband vorgelegt.[10] Darin ist erstmals 1955 in einem Kommentar von „Monopol (in Reinkultur)" die Rede.[11] In späteren Beiträgen finden sich Begriffe wie „Monopolanstalten", „Rundfunkmonopol" oder „Meinungsmonopol".[12] Zusammenfassend artikuliert Merkel seine Stellungnahme 1963 in einem Aufsatz über „Die Gewaltenteilung und das Monopol".[13]

Diese verlegerische Sicht schlug sich 1964 dann in der sogenannten „Verleger-Denkschrift" nieder, die sich unter dem Titel „Pressefreiheit und Fernsehmonopol" als ein Beitrag „zur Frage der Wettbewerbsverzerrung zwischen den publizistischen Mitteln" verstand.[14] Auch darin ist von „Meinungsmonopol" und „publizistischen Monopolen" die Rede. Schon in diesen Verlegeräußerungen bezog sich der Monopolbegriff nicht nur auf technische Gegebenheiten; noch stärker fand er in der Öffentlichkeit nun auch häufigen Gebrauch in einem mehr publizistischen Sinne. Sehr früh wurden von konservativen und rechtsstehenden Kreisen die *Hörfunkanstalten* und später vor allem das *Fernsehprogramm* der ARD als Bastionen eines „linken" Meinungsmonopols kritisiert. Dazu gibt es zahlreiche Stimmen aus Kreisen der CDU/CSU,[15] aus den Vertriebenenverbänden[16] und auch aus einzelnen Presseorganen, wie etwa der „Bild-Zeitung".[17] Die massivste Formulierung dieser These findet sich in den zahlreichen pressekritischen Veröffentlichungen von Kurt Ziesel, vor allem in seinem Buch aus dem Jahre 1963 über die „Diktatur der Meinungsmacher".[18]

Im Zusammenhang mit der Konzentration im Pressewesen wird der Monopolbegriff dann etwa seit 1965 auch von linksliberalen und linken Kreisen gebraucht. Zuerst dient er einer Warnung gegenüber den Plänen für ein Verlegerfernsehen, heute vor allem der Kritik an der Größe des Springer-Konzerns und ähnlicher Großverlage und gehört dabei eng zum Begriff „Manipulation".[19] Damit verlagerte sich der Wortgebrauch, der ursprünglich — mit einem gewissen „Höhepunkt" in der „Verleger-Denkschrift" — gegen die Rundfunkanstalten gerichtet war, und dient nun überwiegend einer Auseinandersetzung mit der Presse und den hier zu beobachtenden Konzentrationstendenzen.

Diesen Überblick zum Gebrauch des Wortes Monopol zusammenfassend, muß also konstatiert werden, daß er keineswegs erst üblich wurde, seitdem die Konzentrationsbewegungen im Pressewesen kritische Aufmerksamkeit fanden oder gar erst seitdem in Äußerungen führender DDR-Politiker von Pressemonopolen die Rede ist.[20] Auch in der Bundesrepublik Deutschland geht der Umgang damit keineswegs auf pressekritische Autoren zurück. Die eigentlichen Ursprünge dieser unkritischen Übertragung wirtschaftstheoretischer Termini auf die Kommunikation liegen bei den „Heimatverlegern", deren Auseinandersetzung mit den Lizenzträgern in „dramatisierter Form leidenschaftlichen und vielfachen Ausdruck"[21] fand und dabei den Meinungsmonopol-Vorwurf in den Mittelpunkt rückte. In den fünfziger Jahren gab die Neuorganisation des Rundfunks Anlaß zur — vor allem — verfassungsrechtlichen Beschäftigung mit der Frage des Monopols.[22] Stärkere Publizität gewann er dann wieder in der sogenannten „Verleger-Denkschrift" (1964), in deren Kritik des „Fernsehmonopols" schon alle jene kommunikationssoziologischen

Irrtümer einer unreflektierten Übertragung des Monopol-Begriffes auf das Gebiet Kommunikation enthalten sind, die in den letzten Jahren seinen nun inflationären Gebrauch bestimmen.

2. THESEN DES AKTUELLEN SPRACHGEBRAUCHS

Der Versuch, den Sprachgebrauch der verschiedenen Veröffentlichungen zu systematisieren bzw. zu klassifizieren und die zugrundeliegenden Thesen herauszuarbeiten, erweist sich als schwierig, da nur wenige der wissenschaftlichen Autoren (und keine der politischen und kulturkritischen Äußerungen) sich um eine Klärung der Frage bemühen, ob und wie der aus der Wirtschaftstheorie stammende „Monopol"-Begriff sinnvoll auf den Gegenstandsbereich gesellschaftlicher Kommunikation übertragen werden kann. In vielen Fällen geschieht das einfach naiv und unkritisch, ohne eine Präzisierung dessen, was damit eigentlich benannt oder beschrieben werden soll. Diesen Eindruck erweckt schon allein die Art und Zahl der ständig undifferenziert wiederkehrenden Wortzusammensetzungen; da ist unterschiedslos von Meinungs- oder Pressemonopol, Rundfunk- oder Zeitungsmonopol und publizistischem Monopol die Rede. Oft scheint der Monopolbegriff auch nur metaphorisch gebraucht zu werden, sozusagen ganz ohne den Anspruch, daß damit rational erschließbare Aussagen über kommunikative Prozesse verbunden seien.[23]

Somit gilt für den Monopolbegriff ähnliches wie für den Begriff „öffentliche Meinung", zu dessen Verwendung Emerich Francis sagt: „Wie jede naive Vorstellung muß ... auch diese erst wissenschaftlich umgedeutet werden, um für eine Wirklichkeitsanalyse und realistische Politik brauchbar zu werden".[24]

Die kritische Sichtung des bisherigen Sprachgebrauches für den Begriff „Monopol" bei Kommunikationsfragen ergibt eine Reihe von mehr oder weniger deutlichen Konvergenzen der verschiedenen Autoren, die sich nach drei Gesichtspunkten gliedern lassen:

Erstens bezieht sich der Sprachgebrauch ganz allgemein auf die Probleme der *Informationsvermittlung* und der *Meinungsbildung* in der Bundesrepublik. Dabei handelt es sich in der Regel um sehr generelle Unterstellungen, die auch aus jenen Äußerungen zu erschließen sind, die zu einer Spezialfrage Stellung nehmen. Konkret heißt das etwa, daß auch der Rede vom „Springer-Monopol" meist eine allgemeinere Aussage zugrunde liegt.

Zweitens bezieht sich der Sprachgebrauch auf die *publizistische* Verfügungsmacht (oder das Verfügungsrecht) und/oder den faktischen *publizistischen Gebrauch* einer Verfügungsmöglichkeit hinsichtlich der verschiedenen Kommunikationsmedien in der Bundesrepublik Deutschland.

Drittens bezieht sich der Sprachgebrauch auf eine Reihe von *Einzelproblemen*, die mit den gegenwärtig in der Bundesrepublik faktisch bestehenden Kommunikationsverhältnissen gegeben sind.

1. Kommunikationsmarktthese

Am allgemeinsten formuliert lautet diese These: Es gibt das Informationsveröffentlichungsmonopol eines Kommunikationsmediums. Im allgemeinen wird die These mit Bezug auf ein bestimmtes Medium formuliert. Sie lautet dann z. B.: Die Presse insgesamt oder einige wenige Zeitungen und im Extremfall eine Zeitung allein besitzen ein Monopol. Sie sind in der Lage, eine „monopolistische Kontrolle von Information und Meinungsäußerung" (Karl Heck)[25] zu bewirken. Dabei geht es in der Bundesrepublik Deutschland darum, „daß *ein* Pressekonzern imstande ist, für die Masse der Bürger Information nach Gutdünken zu filtern und Meinung zu manipulieren" (Arno Klönne);[26] oder: das bedeutet, daß die „öffentlichen Kanäle der Kommunikation von einem Zeitungskonzern bewußt verstopft werden" (Hans Eckehard Bahr).[27] Beim Rundfunk ist das „Entscheidende", daß es sich um „ein Nachrichtenmonopol handelt, das derjenige in der Hand hat, der die gesamte deutsche Bevölkerung täglich einmal mit welt- und innenpolitischen Nachrichten versorgt" (Karl Moersch).[28]

2. Meinungsbildungsthese

Diese These liegt dem Sprachgebrauch meist zugrunde, wenn von einem „Meinungsmonopol" die Rede ist: Die modernen Kommunikationsmedien — die Presse infolge ihrer Konzentrationstendenz, der Rundfunk infolge seiner Organisation — haben ein Monopol der öffentlichen Meinungsbildung. Es herrscht eine „Totalität der Diktatur der Meinungsmacher", denn es „wird die tatsächliche Meinungsbildung für breiteste Volksschichten von den mächtigen, überregionalen Presseorganen, Zeitschriften, Illustrierten, Rundfunk- und Fernsehsendern, Großverlagen und publizistischen Massenorganisationen bewirkt" (Kurt Ziesel).[29] Dieser „meinungspolitische Terror" erinnert „teilweise an die Gehirnwäsche totalitärer Systeme" (Kurt Ziesel).[30] Zu konstatieren ist die „Beherrschung der öffentlichen Meinung durch wenige Pressekonzerne" (Eberhard Weber).[31] So taucht die Gefahr auf, „daß an die Stelle des staatlichen Meinungsmonopols der NS-Zeit ein privates Meinungsmonopol tritt" (Rolf Groß).[32] „Springer liefert den wohl nachhaltigsten Beweis, wie ein Pressemonopol die Volksmeinung erstickt" (Autorenkollektiv Manipulation)[33] „Allein durch ‚Bild' verfügt Springer über ein propagandistisches Instrument, das quantitativ und qualitativ alle anderen Zeitungen auf dem Kontinent in den Schatten stellt ... So unterwirft ‚Bild' sich die Millionenzahl der Leser, um dann mit Hilfe der Unterworfenen die Gesellschaft der Bundesrepublik dem Neuen Nationalismus zu unterwerfen" (Arno Klönne).[34]

Aus anderer Blickrichtung gilt gleiches für den Rundfunk: „Werden die Weichen nicht bald neu gestellt, wird das Fernsehen mit dem Übergewicht eines staatlich geschützten Meinungsmonopols, begünstigt von natürlichen und künstlichen Wettbewerbsvorteilen, die Szenerie der öffentlichen Meinung bald beherrschen" (BDZV).[35]

3. Publizistikthese

Diese These meint: Die verschiedenen Massenmedien werden von den Journalisten und Redakteuren als „monopolistische oder quasi-monopolistische Interessenten-Institutionen“ mißbraucht. Sie werden nicht als „Forum“ des demokratischen Souveräns begriffen, sondern als „Kanzel“ mißverstanden, über die der Publizist als „Apparatur zur Massenverbreitung im Sinne privaten Machtmißbrauchs monopolistisch verfügt“.[36] „Eben die monopolistische Publizistik ist es, die heute Staat und Gesellschaft, die die Demokratie aushöhlt und funktionsunfähig zu machen droht. Sie hat in alle Medien ... Einzug gehalten. Sie sind weithin monopol-publizistische Führungsmittel, *eigen*ständige Beeinflussungsfaktoren der öffentlichen Meinungsbildung“ (Heinz Starkulla).[37]

Diese von Heinz Starkulla allgemein kommunikationssoziologisch formulierte und von ihm nicht auf irgendeine bestimmte politische Richtung hin akzentuierte These muß wohl vor allem als eine Aussage über das „Selbstverständnis“ der heute in der Bundesrepublik Deutschland tätigen Kommunikatoren interpretiert werden. In der tagespolitischen Diskussion tauchen aber inhaltlich genau akzentuierte Behauptungen auf, die man als Subthesen zu dieser generellen These bezeichnen könnte.

Solche Formulierungen wählen sehr häufig konservative und politisch extrem rechts optierende Autoren.

4. Allgemeine Linkskonformismusthese

Kurt Ziesel macht die These von der „Diktatur“ eines „Meinungsmonopols“ zum Ausgangspunkt fast aller seiner presse- und allgemein kulturkritischen Veröffentlichungen. Das „Monopol“ (auch: „Pressemonopolisten“, „publizistische Monopolisten“) besteht aus dem „wohlorganisierten Clan unserer Linksintellektuellen“.[38] Dieses „Meinungsmonopol“ herrscht terrorartig in allen denkbaren Institutionen der „Meinungsbildung“: „Die Lehrstühle der Politologie ... sind fast ausschließlich von linksliberalen und marxistisch gesinnten Professoren erobert worden ... Fernsehen, Rundfunk, ein Großteil unserer führenden Presse, fast alle auflagenstarken Illustrierten, politischen Wochenzeitungen und Nachrichten-Magazine werden monopolistisch von Linksliberalen und Linksradikalen beherrscht“.[39]

5. Spezielle Linkskonformismusthese

Sehr häufig wird diese generelle Links-Konformismus-These in einer abgeschwächten Fassung formuliert: Der Rundfunk allgemein, aber vor allem das Fernsehen („als bedeutendstes Massenmedium“) befinden sich „in der Hand linker Monopole“.[40] Unter „brutaler Ausnutzung des Meinungsmonopols“ (Bert Berlin) wird dafür gesorgt, daß nur bestimmte Richtungen zu Wort kommen.[41]

6. Klassenherrschaftsthese

Allen Veröffentlichungen in der DDR über Presse- und — allgemeiner — Kommunikationfragen der Bundesrepublik Deutschland liegt die marxistische Deutung zugrunde, daß es sich bei den Kommunikationsmitteln aller „imperialistischen Staaten" um Herrschaftsinstrumente der „monopolistischen Bourgeoisie" handelt. In den Massenmedien herrscht ein „imperialistisches Meinungsmonopol", hergestellt durch „das komplizierte Räderwerk der staatsmonopolistischen Gleichschaltung der öffentlichen Meinungsbildung" (Autorenkollektiv Manipulation).[42] Der „Kreis der politisch wie ökonomisch herrschenden Finanzoligarchie" (Franz Knipping)[43] übt eine „monopolistische Beherrschung des politischen Willensbildungsprozesses aus.[44]

7. Staatsthese

Nach dieser These besitzen die von den Bundesländern betriebenen Rundfunkanstalten ein publizistisches Monopol und bleiben mit ihren Sendungen aufgrund ihrer verfassungsrechtlichen Konstruktion in „relativer Staatsnähe". „Es ist dem Fernsehen deswegen seiner Struktur nach unmöglich, eine kritische Opposition zu irgendwelchen gesellschaftlichen oder staatspolitischen Grundgegebenheiten zu beziehen" (Bundesverband der deutschen Zeitungsverleger).[45]

8. Vielfaltthese

Vielen neueren Veröffentlichungen aus verschiedenen ‚Kreisen' der BRD liegt die These zugrunde, daß die Pressefreiheit heute vor allem durch die „Herrschaft bestimmter Verlagsgruppen und ihrer meinungspolitischen Gleichschaltung" (Christoph von Imhoff)[46] gefährdet sei. In der zunehmenden Konzentration liegt die „Gefahr des Monopols". So entstehen „private Meinungsmonopole" (Rolf Groß).[47] „Die Presse ist . . . unter den Zwang ökonomischer Tendenzen geraten, die auf Besitz- und Machtkonzentration, auf Oligopol- und Monopolstellungen und faktische Ausschließung konkurrierender Neugründungen hinauslaufen" (Arno Klönne).[48]

Diese These bestimmte auch die Ergebnisse der sogenannten „Pressekommission", die mehrfach von ihrer „Sorge" spricht, „dem Bürger könnten in absehbarer Zeit durch fortschreitende Konzentration nicht mehr genügend unabhängige und über große Breitenwirkung verfügende Publikationsorgane zur Verfügung stehen, aus denen er sich frei seine Meinung bilden kann". Deshalb ist das Ziel der Pressekommissions-Vorschläge, „zur Erhaltung der jetzt noch bestehenden ‚Vielfalt' (der selbständigen Meinungsträger) beizutragen und Gefährdungen dort zu beseitigen, wo der ‚Vielfalt' Schaden droht oder drohen wird".[49]

9. Marktbeherrschungsthese

In der Regel wird diese These mit dem Blick auf den Springer-Konzern formuliert. In der Bundesrepublik gibt es eine Entwicklung, die zur „Monopolstellung einer einzigen Verlagsgruppe" führt (Peter Galliner).[50] Der Springer-Konzern hat eine „fast monopolistisch meinungsbeherrschende Position" (Wolfgang Abendroth).[51] „Ein Mann wie Springer . . . hat das geistige Marktmonopol heute schon weithin in Händen" (Müller-Meiningen jr.),[52] denn die Zeitungen dieses Verlages „spiegeln im Grunde nur die Stimme von Axel Springer wider" (Gösta von Uexküll).[53]

Das gilt nicht nur für die im Springer-Konzern erscheinenden Presseprodukte, sondern für die gesamte deutsche Presse, denn Springers „monopolistische Stellung" sorgt für „Einflußmöglichkeiten", die „fast automatisch" zu einer „Gleichschaltung der gesamten Presse" führen (Jörg Huffschmid).[54] In der Bundesrepublik hat Springer in den wichtigsten Pressesparten eine derart absolute Führungsposition auf dem Markt, daß hier von faktischer oder potentieller Konkurrenz keine Rede mehr sein kann" (Arno Klönne). „Schon heute lebt jede noch existierende Zeitung in Deutschland sozusagen von Springers Gnaden" (Sebastian Haffner).[55]

10. Lokalzeitungsthese

Viele „Regional- oder Heimatzeitungen haben ein sogenanntes lokales Nachrichtenmonopol inne. Das heißt: Die dort ansässigen Bürger können sich über die Ereignisse in ihrer Stadt nur aus einer einziger Zeitung unterrichten" (Axel Springer).[56] Damit besteht die Gefahr „einseitiger Meinungsmonopole" (Günther Friedrichs),[57] denn diese Monopole werden in vielen Städten „zur Meinungsmache einseitiger Art" (Helmut Schmidt)[58] benutzt.

11. Teilmarktthese

Viele Autoren gehen bei ihrem Monopolvorwurf von Versuchen aus, den Markt der Zeitungen und Zeitschriften nach verschiedenen Kriterien zu typologisieren. So wird gesagt: (a) Der Springer-Verlag hat mit der „Bild-Zeitung" ein Monopol für die Gattung der ‚überregionalen Straßenverkaufspresse'. „Bild" ist ein „Monopolorgan" (Christoph von Imhoff).[59] (b) Der Springer-Verlag hat ein Monopol für die Gattung (den Teilmarkt) der ‚Sonntags-Zeitungen'. „Die beiden Sonntagszeitungen haben . . . für ihre Klasse das Monopol fast verwirklicht" (Fritz Rittner).[60] (c) Der Spiegel-Verlag hat eine „absolute Monopolstellung im Bereich der ‚Nachrichtenmagazine'" (Rudolf Heizler).[61]

12. Marktzugangsthese

Die Vertriebsfreiheit ist ein Teil der Pressefreiheit. Diese Vertriebsfreiheit wird gefährdet, wenn (und weil) einzelne Firmen (Grossisten) ein regionales Vertriebsmonopol haben. Weiter kann diese Vertriebsfreiheit gefährdet werden, wenn der Vertriebshandel „in die Abhängigkeit von Großverlagen" gerät (Pressekommission).[62] Da „etliche Zeitschriftenhändler ganz auf den Verkauf von Springer-Zeitungen angewiesen sind" („pardon"),[63] gibt es das „Problem des Vertriebsmonopols eines einzelnen Verlagshauses" (Karl Moersch).[64]

13. Leserthese

Der Leser in der Bundesrepublik Deutschland liest „überwiegend nur eine Zeitung" (Pressekommission).[65] So hat diese Zeitung vom Leser aus gesehen ein „faktisches Veröffentlichungs-Monopol" (Heinz Starkulla).[66]

3. DER MONOPOLBEGRIFF

‚Monopol' bedeutet ‚Vorrecht', ‚alleiniger Anspruch'; in der Wirtschaftstheorie, in der der Begriff *wissenschaftlich* (und nicht als Schimpfwort) verwendet wird, meint er das Recht auf Alleinhandel und Alleinverkauf. Etymologisch entstand ‚Monopol' aus dem lateinischen ‚monopolium', das dem griechischen ‚monopolion' (= Recht des Alleinhandelns) entlehnt ist; es geht auf die Wurzeln ‚monos' — allein, einzig — und ‚polein' — verkehren, Handel treiben, verkaufen — zurück. Abgeleitet vom Begriff ‚Monopol' entstand im 18. Jahrhundert dann aus dem französischen ‚monopoliser' das deutsche ‚monopolisieren' — ein Monopol aufbauen.

Geht man nun auf Zwischenformen im weiten Bereich vom Monopol bis zum *Wettbewerb* — dem scheinbar offensichtlichen Gegenbegriff — nicht ein, läßt sich schon aus der Wortbedeutung auch die Definition erschließen. Ein (absolutes) Monopol ist demnach dann gegeben, wenn auf einem Markt entweder das gesamte Angebot einer bestimmten Wirtschaftsleistung oder aber die gesamte Nachfrage einer bestimmten Wirtschaftsleistung in einer einzigen Hand vereinigt ist.[67] Damit sind auch schon zwei Einteilungsformen des Monopols genannt: Man kann zwischen einem *Angebots-* und einem *Nachfragemonopol* unterscheiden. „Monopolist" kann hierbei nicht nur *ein* Unternehmer bzw. Käufer sein (Einzel-Monopol); auch, wenn verschiedene Einzelanbieter oder -nachfrager — etwa auf Grund einer Verabredung — einheitlich vorgehen, spricht man von Monopol (dem Kollektiv-Monopol). Unterliegt der Monopolist als alleiniger Anbieter einer Ware der Konkurrenz anderer (heterogener) Waren, auf die die Nachfrage ausweichen kann, spricht man von ‚Substitutionskonkurrenz'. Ein Monopol kann ‚natürlich' im Wettbewerbsprozeß einer Verkehrswirtschaft entstehen, indem eine Firma mit wachsender Betriebsgröße und sinkenden Durchschnittskosten die Wettbewerber durch Kostenüberlegenheit ausschaltet (natürliches Monopol). Es kann aber auch künstlich geschaffen werden — beispielsweise durch staatliche Patentverleihung an nur *ein* Unternehmen (‚künstliches Monopol'). Im Bereich des Kommunikationswesens hat heute der Rundfunk in der Bundesrepublik ein derartig ‚künstliches' (oder Rechts-) Monopol — wobei der Begriff, was man heute in der kommunikationspolitischen Diskussion immer zusätzlich betonen muß, selbstverständlich wertungsfrei gebraucht wird und überdies auch nur auf die *technische* Seite der Sache zutrifft.[68] ‚Natürliche' Monopole gibt es dagegen im privatwirtschaftlich organisierten Pressewesen, wenn eine Zeitung alle ihre Konkurrenten in einem bestimmten Kommunikationsraum oder Marktbereich aus dem Felde schlägt.

4. KOMMUNIKATION UND MARKT

Der Markt der Meinungen *kann, muß* aber keineswegs durch wirtschaftlichen Wettbewerb verwirklicht werden.[69] Schon dies ist ein erster deutlicher Hinweis darauf, daß wirtschaftliches (oder technisches) Monopol nicht mit kommunikativen Monopol identisch sein *muß*. Das führt zur (kommunikationspolitischen) Diskussion um die optimale Ausgestaltung des technischen Instrumentariums, das in einer entwickelten Industriegesellschaft notwendig ist, um die freiheitliche Auseinandersetzung der rivalisierenden Kräfte und Gruppen der Gesellschaft sicherzustellen. Da die Kommunikationsforschung, besonders in Deutschland, noch wenig ausgebildet ist, existieren zu dieser Frage — wie nämlich jenes Instrumentarium beschaffen sein muß, um optimal zu funktionieren — nur wenige wissenschaftliche Daten; über das „Wirtschaftsmodell" weiß man beispielsweise sehr viel mehr. *Einige* Ergebnisse liegen aber immerhin doch schon vor; sie ermöglichen eine wissenschaftlich fundierte Kritik an den heute in der aktuellen kommunikationspolitischen Diskussion vertretenen Auffassungen. Gerade in der Diskussion des Monopol-Begriffes sind in letzter Zeit verschiedene Meinungen geäußert worden, die sich durch schon vorliegende Forschungsergebnisse widerlegen lassen.

Grundlage der Erörterungen kann dabei sein, was Franz Ronneberger über die Ziele demokratischer Kommunikationspolitik sagt: „Wenn es richtig ist, daß freiheitliche soziale und politische Systeme durch die weitgehende Information aller Teile der Bevölkerung stabil gehalten und weiterentwickelt werden, muß es das Ziel der Kommunikationspolitik sein, *das Informationsangebot und den Informationsprozeß optimal zu gestalten*. Optimal ist nicht dasselbe wie maximal. Es kommt nicht auf die größtmögliche Zahl der Informationen, sondern darauf an, den Informationsfluß so zu lenken, daß einerseits alle wesentlichen Bedürfnisse, Wünsche und Ansichten der Bevölkerung sich aussprechen können, andererseits die Informationen so bearbeitet und verteilt werden, daß sie den Lebensgewohnheiten, dem Bildungsstand und den sonstigen Bedürfnissen der Bevölkerung entsprechend an den einzelnen und an die Gruppen gelangen. Zwar haben die Massenkommunikationsmittel insgesamt bestimmte soziale und politische Funktionen zu erfüllen, dies geschieht jedoch nicht gleichzeitig und nicht einheitlich, sondern auf eine zeitlich wie räumlich und situationshaft vielfältige Weise, z. B. gesamtstaatliche, regionale, lokale Kommunikationsräume; unterschiedliche Qualität der Tageszeit für die Aufnahme von Informationen; unterschiedliche Voraussetzungen beim Rezipienten für das Verstehen der Information; Art der Bereitstellung als je eigene stoffgebundene Ausformung oder als kontinuierlicher Informationsstrom; mediengebundene und medienspezifische Auswahl und Aufbereitung der Informationen."[70] Auf der Basis dieser Überlegungen läßt sich das „Kommunikationsmodell", das den Diskussionen um den Monopolbegriff zugrundeliegt, in vier entscheidenden Punkten kritisieren.

1. Leistungswettbewerb und Massenkommunikation

Während bei allen möglichen Industrieprodukten die Frage, welche Neuerungen und Veränderungen in der Produktion als „Leistungen" zu qualifizieren sind, unstrittig ist, entstehen bei Massenkommunikationsmitteln darüber erregte Diskussionen, die so weit gehen können, daß der eine eine neue Zeitschrift als „Opium fürs Volk" bezeichnet, die der andere für eine journalistische Leistung hält. Typisch sind dazu die Bemerkungen von Krüger, der stets von „gebotenen Leistungen" der Massenmedien spricht und damit im Grunde „seriöse" politische oder kulturelle Information meint,[71] und von Helmut Arndt, der schreibt: „Auch bei Zeitungen kann der Wettbewerb zur negativen Auslese führen, wenn Sensationsmeldungen dem politischen Leitartikel oder Berichte über Morde und Sexualverbrechen einem anspruchsvollen Feuilleton vorgezogen werden".[72]

Hinter dieser Kritik Arndts steht das Modell der bürgerlich-liberalen Öffentlichkeit, in der — um mit Habermas zu sprechen — ein „kulturräsonierendes Publikum" aufmerksam die Produkte „schriftstellernder Privatleute"[73] zur Kenntnis nahm. „Das Publikum" hat sich in der Massendemokratie eben unwiderruflich — und im Einklang mit jener „Metaphysik der Demokratie", die auch hinter unserem Grundgesetz steht — in die unteren Schichten hinein verbreitet, womit die bildungsbürgerlichen Charakterisierungen — ‚anspruchsvolles Feuilleton' hie — Sensationsmeldungen da — anachronistisch werden. Wer den ‚politischen Leitartikel' und das ‚anspruchsvolle Feuilleton' mit ‚positiv', Berichte ‚über Morde und Sexualverbrechen' aber mit ‚negativ' bewertet, wird den kommunikativen Bedürfnissen der Gesellschaft — der gesamten Gesellschaft, einschließlich ihrer obersten Bildungsschichten — nicht gerecht. Und von diesen Kommunikationsbedürfnissen der freien Bürger hat der Journalismus in der Demokratie auszugehen.

Natürlich wird gegen diese Argumentation eingewandt werden, sie verkläre die ‚primitivsten' Bedürfnisse einer ‚manipulierten' Masse und mache sie zum Maßstab der Publizistik. Eine derartige Haltung verkennt aber die „Fiktion", die — anthropologisch — die Demokratie konstituiert: die Fiktion vom urteilsfähigen Bürger. Obwohl jeder realistische Demokrat — erst recht in der sozialstaatlichen Demokratie — weiß, daß es sich hier eben um eine „Fiktion" handelt, wird er doch wissen, daß er sie niemals aufgeben kann, ohne zugleich mit Instanzen, die über „primitive" und „anspruchsvolle" Bedürfnisse, über richtig verstandene oder falsch verstandene Interessen entscheiden, eine Erziehungsdiktatur zu etablieren. Eine solche Erziehungsdiktatur kann man — auf Grund einer bestimmten, pessimistischen Sozialanthropologie — mit guten Gründen rechtfertigen; man muß sich dann nur darüber im klaren sein, daß man aus dem Consens der Demokratie ausgetreten ist. Diese bedingt die Fiktion von der Urteilsfähigkeit des freien Bürgers. Franz Böhms auf wirtschaftliche Tatbestände bezogenen Äußerungen gelten auch für die Kommunikation: „Die Wahl, die der freie Kunde unter den konkurrierenden Angeboten trifft, kann nicht unter dem Gesichtspunkt rechtlich beanstandet werden, der Kunde verstehe sein eigenes Interesse nicht. Der Schaden, der für die Gesamtwirtschaft wie für den Einzelunternehmer daraus entstehen kann, daß die Fähigkeit zu verständiger Interessenwahrnehmung bei den Nachfragenden, sei es im ganzen, sei es in Einzelfällen, versagt, muß als ,höhere Gewalt', als Schicksal, als Folge des Systems hingenommen werden. Es gibt keinen Rechtsanspruch darauf, daß der Kunde sein wirtschaftliches Selbstinteresse in intelligenter Weise wahrnimmt".[74]

Kommunikationsmittel müssen, wie Ronneberger sagt, auch auf die „unterschiedlichen Voraussetzungen beim Rezipienten für das Verstehen von Information" Rücksicht nehmen; deshalb ist es ganz und gar unmöglich, das geistige ,Niveau' einer Zeitung, eines Programms usw. zum Maßstab der journalistischen Leistung zu machen. Ein Kommunikationssystem, das dies versuchte, würde nicht nur nicht ,optimal', es würde überhaupt nicht funktionieren. Natürlich sprechen bestimmte Kommunikationsmittel ,Bedürfnisse' an, die von anderer Seite ,verurteilt' werden, deren Aktualisierung durch den Menschen von bestimmten Normen her abgelehnt wird. Die stetige Auseinandersetzung der Kirchen mit den Illustrierten wegen des Abdrucks von sexuell ,aufreizenden' Fotos ist ein Beispiel für einen derartigen Normenkonflikt. Solche Konflikte können aber nicht kommunikationspolitisch aus der Welt geschafft werden; die Gesellschaft muß sie in offener Auseinandersetzung der differenten Normensysteme austragen.

Das Aufspüren von ,Marktlücken' durch den Verleger oder Journalisten ist also durchaus als ,journalistische Leistung' zu apostrophieren. Arndts Definition des Leistungs- und Nichtleistungswettbewerbs kann nicht akzeptiert werden. Übrigens stecken hinter derartigen Argumentationen natürlich auch Hypothesen über die Wirkung von Massenkommunikation, die nicht haltbar sind. Die ,verdummende' Wirkung von Massenblättern ist empirisch nun einmal in keiner Weise nachweisbar. Seit dem 19. Jahrhundert werden uns die ,vermassenden' und ,verdummenden' Wirkungen der Massenkommunikation prophezeit — und jede empirische Untersuchung beweist das genaue Gegenteil. Es wäre an der Zeit, diese Art der Kulturkritik endlich auf dem Schutthaufen der Geschichte zu deponieren.

2. Die Vielfaltsthese

Über die Frage, wie ,vielfältig' das jeweilige Kommunikationssystem sein muß, um eine optimale Pluralität sicherzustellen, um also am ehesten zu gewährleisten, daß jeder die Informationen erhält, die er im Lebensvollzug der Gesellschaft braucht, läßt sich wissenschaftlich nur wenig sagen. Eines allerdings ist eindeutig: die These, daß eine möglichst hohe Zahl von wirtschaftlichen Einheiten auf dem Kommunikationssektor („selbständige Zeitungen") die Vielfalt der Meinungen am besten zum Ausdruck bringe, ist in keinem Fall haltbar. Das aber ist die Grundannahme der Günther-Kommission, die davon ausging, „das eine große Vielfalt von Meinungsträgern die

Wahrscheinlichkeit erhöht, daß dem Bürger eine vielfältig gefächerte Information von Meinungen und Tatsachen gegeben werden kann".[75]

Die Vielfaltsthese ist bereits verschiedentlich untersucht worden. Hier können nur wenige Fakten zusammengefaßt werden: (a) Angaben über optimale Betriebsgrößen bei Kommunikationsmitteln im Hinblick auf die dort verwirklichte „innere Pressefreiheit" (und nicht die wirtschaftliche Rentabilität) sind aufgrund der wenigen vorliegenden Daten nicht möglich. Es läßt sich aber nachweisen, daß auf Unternehmen unterhalb einer bestimmten Größenordnung sowohl von der Inserenten- wie von der Verlegerseite stärkerer Druck ausgeübt wird als auf Unternehmen oberhalb dieser Schwelle.[76] Keine der überregionalen, großen Tageszeitungen unterichtet so einseitig und verzerrend wie verschiedene regionale Monopolzeitungen.[77] Je kleiner ein Unternehmen ist, desto stärker ist es dem Druck von Interessengruppen und vor allem Inserenten ausgesetzt.[78] (b) Je kleiner das Unternehmen ist, desto weniger journalistische Leistungen kann es normalerweise erbringen. Kleine Unternehmen können sich keine eigenen Korrespondenten leisten, können nur selten Kultur- und Wirtschaftsteile finanzieren usw. (c) Die unbestrittene Domäne kleiner Blätter ist die Betreuung der Lokalkommunikation, also der spezialisierte und gut gemachte Lokalteil. Gerade der aber wird bei der heutigen Pressestruktur in der Bundesrepublik oft vernachlässigt, weil auch kleine Zeitungen den Versuch machen, auf dem Gebiet der überregionalen Politik mit größeren Blättern zu konkurrieren.[79]

Daraus läßt sich die Hypothese ableiten, daß die ,optimale' Pressestruktur eher eine weitere Verringerung der selbständigen Tageszeitungen verlangt — allerdings neben einer entscheidenden Erhöhung der Zahl der lokalen Wechselseiten oder aber auch neu zu schaffender, nur auf das Lokale spezialisierter „sub-urban-papers". Daneben allerdings ist eine weitere Hypothese zu berücksichtigen: daß überproportionale Größenunterschiede zwischen den Unternehmen, wie sie heute in Deutschland, anders als etwa in England, gegeben sind, für eine ,optimale' Struktur des Pressewesen ungünstig sind.

Die heute gängige Verteidigung der Vielfalt ist, wissenschaftlich gesehen, sehr häufig nichts anderes als eine Verteidigung von (lokalen) monopolistischen Marktteilungen zum Schaden des Lesers. Dies wird nirgends deutlicher als im Kampf des BDZV gegen die Gratisanzeiger und gegen regionale Fernsehprogramme[80] — beides Erscheinungen, die die ,Vielfalt' des kommunikativen Angebots erhöhen würden, ohne die ,Vielfalt' der Zeitungen — bei funktionierendem journalistischem Leistungswettbewerb — notwendig zu verringern. Wirtschaftliche ,Vielfalt' verbürgt keineswegs kommunikative Vielfalt — und *diese* ist grundsätzlich verbürgt. Starkulla hat dies mit Recht betont: „Denn wenn lediglich *alle* Zeitungen *zusammen* die gesellschaftliche Kommunikation repräsentieren — und diese ist in der Demokratie von lebenswichtiger Bedeutung und durchaus gefragt — wem käme *diese* Repräsentanz zugute? Allenfalls ein paar sich berufsmäßig universal informierenden . . . Politikern und Publizisten, nicht aber ,dem Leser' . . ., weil dieser Leser regulär ja nur *eine* . . . Zeitung liest".[81]

3. Substitutionskonkurrenz auf dem Kommunikationsmarkt

Für die Frage, inwieweit ein monopolistischer Wettbewerbsprozeß im wirtschaftlichen Bereich — also zwischen den Zeitungen als wirtschaftlichen Unternehmungen — vorliegt, ist die Frage der Marktabgrenzung von entscheidender Bedeutung. Diese kann aber eben nicht aufgrund wirtschaftlicher, sondern lediglich aufgrund kommunikativer Daten erfolgen. Der Leser entscheidet als „Nachfrager" *kommunikativ,* auf welches „Substitut" er ausweicht, wenn er bestimmte Zeitungen, Zeitschriften oder Rundfunkprogramme — beispielsweise wegen Preis- bzw. Gebührenerhöhung — nicht mehr lesen (oder hören) will. Die Abgrenzung der verschiedenen „Märkte" untereinander wird aber zur Zeit allzuoft eben nicht aufgrund kommunikationssoziologischer, sondern aufgrund wirtschaftlicher, sehr ,äußerlicher' Daten getroffen. Zur Substitutionskonkurrenz auf dem Kommunikationsmarkt ist zuerst allgemein festzuhalten, daß eine vollständige ,Substitution' in der Kommunikation unmöglich ist. Jede Zeitung, Zeitschrift usw. ist in bestimmten Zügen aufgrund ihrer ,Formel' einzig und nicht vollständig durch andere ersetzbar. Diese „Spezifik", die sich vor allem durch das „Bedürfnisprofil" des jeweiligen Objektes, die „Persönlichkeit", ergibt, unterscheidet Zeitungen, Zeitschriften usw. entscheidend von Gebrauchsgütern: während bei Seifen, Zahnpasta, Schuhcreme usw. in der Konkurrenz das eine Produkt das andere ausschließt, da der Käufer sich nur soundsooft Zähne putzt usw., kann er — nur begrenzt durch die finanziellen Aufwendungen (die aber, beispielsweise durch Lesezirkel, gemindert werden können) — durchaus zwei Frauenzeitschriften, zwei Tageszeitungen, zwei Sportmagazine, zwei Jugendzeitschriften nebeneinander konsumieren.

Neben dieser — heute oft übersehenen — „Spezifik" muß aber ebenso die hohe Substitutionsfähigkeit von Kommunikationsunternehmungen konstatiert werden. Wissenschaftlich ist es ganz und gar unhaltbar, wenn Zeitungen und Zeitschriften — wie beim Postzeitungsdienst nach dem Gewicht — beispielsweise nach der äußeren Aufmachung oder der selbstgewählten Spartenbezeichnung klassifiziert werden. Der „Stern" konkurriert mit dem „Spiegel" nicht erst, seit auf dem Titelblatt dieser Illustrierten der Begriff „Magazin" auftaucht, sondern seit er in sein inhaltliches Angebot politische Themen in höherem Maße aufnahm. Die Behauptung vom „Monopol" des „Spiegels" in der Sparte „Nachrichtenmagazine" ist deshalb unsinnig. Auch die politischen Wochenzeitungen („Zeit", „Christ und Welt" usw.) befinden sich selbstverständlich im selben Kommunikationsraum wie der „Spiegel"; bei all diesen Blättern handelt es sich um universelle, aktuelle, auf höhere Bildungsschichten zielende Wochenperiodika, die miteinander konkurrieren, die sich aber andererseits alle — durch charakteristische Formeln — nicht gegenseitig ausschließen. Den „Spiegel" hierbei aufgrund seiner äußeren Aufmachung, seines Formats und sonstiger, zweifellos vorhandener „Eigenarten" zu isolieren, ist töricht. Ähnliches gilt beispielsweise für den Markt der Sonntagszeitungen, die lediglich in der aktuellen Sportberichterstattung einen ‚eigenen' Markt bilden; in ihrem politischen, kulturellen, wirtschaftlichen Angebot konkurrieren sie ohne Zweifel mit den Samstagsausgaben der Tageszeitungen. Nicht Substitution, sondern Komplementarität liegt aber fast immer zwischen der Presse einerseits, Hörfunk und Fernsehen andererseits vor. Hörfunk und Fernsehen werden Zeitungen niemals ‚ersetzen' können; beide Kommunikationsmittel haben dazu allzu verschiedene „Funktionen".[82] Es ist deshalb durchaus fraglich, ob man eine gesellschaftliche Gruppe, die in einem Medium — beispielsweise der lokalen konkurrenzlosen Zeitung — nie zu Wort kommt, damit in ihrem Anspruch abwehren kann, daß man sie auf den möglichen Zugang zu Rundfunk und Fernsehen verweist. Der *generelle* Ausschluß einer Gruppe in einem konkreten Kommunikationsraum von einem der großen Massenkommunikationsmittel kann einen Verstoß gegen den Gleichheitsgrundsatz des Art. 3 GG bedeuten. Bei dieser Folgerung ist allerdings die — kontroverse — Diskussion über die Drittwirkung der Grundrechte zu beachten.

Wichtig ist also, daß man bei Marktabgrenzungen von kommunikativen Daten — also vor allem dem Kommunikationsraum und den Kommunikationsbedürfnissen — ausgeht, nicht aber lediglich von äußerlichen Besonderheiten wie Aufmachung, Erscheinungstag oder Spartenbezeichnung. Zeitungen und Zeitschriften, um bei diesem Beispiel zu bleiben, unterscheiden sich voneinander nach Universalität, Aktualität, Periodizität und Publizität[83] — und nicht nach der Farbe des Umschlags oder dem Druckformat.

4. Wirtschaftliche Marktmacht und Kommunikation

Daß die *Markteintrittschance* bei Zeitungsunternehmungen — insbesondere bei Tageszeitungen — relativ gering ist, haben schon im 19. Jahrhundert Docen, Holtzendorff und Schäffle festgestellt. Docen schrieb 1831: „Es ist nichts Leichtes, eine Zeitung in Gang und Schwung zu bringen. Oft gelingt es erst nach vielen Jahren und nach einem Aufwand von Tausenden ..."[84] Diese Situation hat sich heute selbstverständlich, wie die Michel-Kommission ebenso wie die Günther-Kommission im einzelnen nachweisen, weiter verschärft. Nicht dies ist aber das Entscheidende; Gefahren aufgrund dieser Besonderheit der Zeitungswirtschaft könnte kommunikationspolitisch mit Hilfe von Selbstkontrollgremien oder Presseausschüssen[85] begegnet werden. Auch die Probleme, die sich aus dem sogenannten „Nichtleistungswettbewerb" kapitalstarker Verlage ergeben — Kampfpreisfeldzüge, Niederkonkurrieren mit hohen Werbeprämien — sind mit entsprechenden, eventuell zu verfeinernden gesetzgeberischen Mitteln (Kartellgesetzgebung) zu meistern. Die entscheidende Gefährdung des „Marktes der Meinungen" durch die Wettbewerbswirtschaft auf dem Gebiet der Presse könnte dann entstehen, wenn die Durchsetzung neuer journalistischer Ideen — und damit die Erschließung neuer „Kommunikationsmärkte", die Entdeckung unbefriedigter Kommunikationsbedürfnisse — durch monopolistische Markteilungen zwischen kapitalstarken Verlagsgruppen verhindert würde. Dies wäre also beispielsweise dann der Fall, wenn die kommunikativ erfolgversprechende, notwendige Begründung einer Testzeitschrift (oder jedes beliebigen anderen Objektes) dadurch verhindert würde, daß die kapitalstarken Verlage eine solche Gründung aufgrund ihrer Interessenlage als Gefahr für ihre Marktposition betrachteten und sie verhinderten. Hier müßte die Kommunikationspolitik ordnend eingreifen. Das Problem liegt aber nun darin, daß die Idee der Schaffung von ‚Marktgegengewichten' — solange die Initiative dazu beim Staat liegen müßte — in der Tat auf verfassungspolitische Bedenken stößt, die sich vor allem gegen eine mögliche staatliche Beeinflussung des Meinungsbildungsprozesses richten. Sicherlich ließen sich auch hier Möglichkeiten finden, die heute bestehenden Bedenken auszuräumen; am einfachsten geschähe dies dadurch, daß man die Initiative und Durchführung derartiger kommunikationspolitischer Maßnahmen nicht dem Staat überließe, sondern sie gesellschaftlich organisierten Institutionen zuordnete. Der Grundfehler, der in den heute geführten Debatten um diese Frage gemacht wird, liegt aber in der fraglosen Identifikation wirtschaftlicher und kommunikativer Monopolisierung. Gegenüber dieser undifferenzierten Hypothese ist ein für allemal festzuhalten: „Theoretisch" könnte in einem wirtschaftlich vollständig monopolisierten Kommunikationswesen kommunikativ ein reiner Wettbewerb verwirklicht sein.[86] Ebenso wäre es „theoretisch" möglich, daß in einem wirtschaftlich gänzlich zersplitterten Kommunikationswesen kommunikativ starke Monopolisierungen vorhanden wären. Selbstverständlich wird *praktisch* weder die extreme wirtschaftliche Monopolisierung noch die extreme wirtschaftliche „Vielfalt" eine optimale Kommunikationsstruktur ergeben. Eine pauschale Festsetzung von wirtschaftlichen Marktanteilen sagt aber für die kommunikative Situation wenig. Sie mag als politische Sofortmaßnahme — worüber hier nicht zu urteilen ist — denkbar sein. Wissenschaftlich ist sie nicht zu begründen.[87]

5. MONOPOL-THESEN UND KOMMUNIKATIONSWIRKLICHKEIT

Nach der Klärung des Monopolbegriffes und der allgemeinen Erörterung seiner Übertragbarkeit auf Phänomene der gesellschaftlichen Kommunikation können die in der Einleitung systematisierten Thesen aus der öffentlichen Diskussion geprüft werden. Dies geschieht einmal durch die Frage nach dem rational erschließbaren Inhalt dieser Thesen und zum anderen durch ihren Bezug auf die Kommunikationsverhältnisse in der Bundesrepublik Deutschland. Anders gesagt: es wird versucht, diese Thesen zu überprüfen. Für einzelne Fragen — die Vielfaltsthese, die Teilmarktthese, die Marktbeherrschungsthese vor allem — geschah das allgemein schon in Abschnitt 4.

Es erweist sich als nützlich, dabei die dreizehn Thesen aus Abschnitt 2 sechs Grundbegriffen zuzuordnen, die sich nach den Darstellungen in den Abschnitten 3 und 4 mit Hilfe des Monopolbegriffes bilden lassen: (a) Informationsmonopol, (b) Meinungsmonopol, (c) Rundfunkmonopol, (d) Pressemonopol, (e) Vertriebsmonopol), (f) Lesermonopol.

Zwischenbemerkung des Herausgebers:

In einigen weiteren, hier weggelassenen Abschnitten weisen die Autoren zunächst darauf hin, daß sich die Monopoldiskussion auf verschiedene Konstellationen der jeweiligen Marktgegenseiten beziehen kann, nämlich auf

- *das Verhältnis Presseunternehmen (Rundfunk usw.) — Leser,*
- *das Verhältnis Journalist — Presseunternehmen (Rundfunk usw.),*
- *das Verhältnis Inserent — Presseunternehmen (Rundfunk usw.).*

Da sich die öffentliche Diskussion heute vor allem auf das erste dieser Verhältnisse bezieht, beschränken sich die Autoren im folgenden auf dieses.

Innerhalb des so abgesteckten Rahmens werden verschiedene Erscheinungsformen behandelt, die unter den Monopolbegriff subsumiert werden können:

1. Informationsmonopol, das vorliegt, wenn eine Institution (Partei, Staat usw.) in einem zentralgeleiteten Kommunikationssystem das ausschließliche Recht und die ausschließliche Möglichkeit zur Informationsveröffentlichung hat. Bei der Untersuchung dieses Themenkreises sind zu berücksichtigen

(a) der mehrdimensionale Kommunikationsmarkt, d. h. die Tatsache, daß die Medien weitgehend als komplementäre Einrichtungen begriffen werden müssen, so daß die Mehrheit der Bevölkerung mehrere Massenmedien nebeneinander benutzt;

(b) der Kommunikationsmarkt;

(c) die Verbreitung der elektronischen Medien;

(d) die Verbreitung der Tagespresse;

(e) die Verbreitung der Zeitschriften.

2. Meinungsmonopol, das zweierlei bedeuten kann:

(a) Eine bestimmte Stelle (Partei, Staat usw.), ein Kommunikationsmedium, ein Verlag o. ä. Einrichtungen besitzen ein Meinungsveröffentlichungsmonopol.

(b) Eine bestimmte Stelle, ein Kommunikationsmedium, ein Verlag oder im Extremfalle eine Person (Politiker, Publizist) bestimmen ausschließlich die öffentliche und individuelle Meinungsbildung, d. h. sie haben eine Monopolmacht über die Meinungen der Menschen. Hier gehen die Autoren auf einige wichtige (in anderen Beiträgen dieses Buches näher behandelt) psychologische Wirkungsaspekte ein, wie beispielsweise auf die Kausalproblematik und damit auf die Frage nach den Möglichkeiten der „Manipulation“, auf die Tatsache des selektiven Zuwendens, Wahrnehmens, Behaltens u. a.

3. Rundfunkmonopol

4. Pressemonopol mit den Teilaspekten

(a) Vielfalt in den Medien
(b) lokales Pressemonopol

5. Vertriebsmonopol

6. Lesermonopol, d. h. die These, daß (in der Bundesrepublik Deutschland) in der Regel nur eine Zeitung gelesen wird; diese durch empirische Untersuchungen gestützte Annahme lasse sich allerdings — wie die Autoren betonen — nicht sinnvoll mit Hilfe des Monopolbegriffes beschreiben.

ANSTELLE EINER ZUSAMMENFASSUNG: 12 THESEN

1. Der Monopolbegriff wird inflationär gebraucht: er dient der politischen Rechten wie der politischen Linken als Waffe gegen alle möglichen Erscheinungen im Kommunikationswesen, die diesen Gruppen nicht gefallen. Dabei ist es unrichtig, wenn — wie auch in der vom Verlagshaus Springer herausgegebenen Schrift „Das Springer-Monopol"[88] — behauptet wird, der Monopol-Vorwurf stamme aus dem Osten; vielmehr verwenden ihn nach 1945 zuallererst die Altverleger gegen die Lizenzverleger, später die Zeitungsverleger insgesamt gegenüber den Rundfunkanstalten. Nun kehrt er sich gegen die Verleger selbst.

2. Das Grundgesetz der Bundesrepublik garantiert den freien Wettbewerb der Ideen und Meinungen, der durch das Modell „wirtschaftlicher Wettbewerb" verwirklicht werden *kann*, aber keineswegs *muß*. Wer den Wettbewerb der Ideen freigibt, geht dabei notwendig von der *Fiktion* des mündigen Bürgers aus, auch wenn er weiß, daß es sich hierbei lediglich um eine Fiktion handelt. Ein demokratisches Kommunikationssystem ist nicht zentral geleitet, sondern bedürfnisgesteuert; mit diesem Grundsatz sind Instanzen, die über falsche und richtige Bedürfnisse entscheiden wollen, unvereinbar. Auch ein bürgerlicher Niveau-Begriff, der seriöse Feuilletons als positiv und Sensationsmeldungen als negativ bewertet, wird dem Problem der kommunikativen Versorgung der demokratischen Gesellschaft nicht gerecht.

3. Wer die Gefährdung der öffentlichen Meinungsfreiheit durch Monopole im Kommunikationswesen untersuchen will, darf nicht bei der Analyse der ökonomischen Grundlagen stehenbleiben, sondern muß zum Problem der *kommunikativen* Struktur des Kommunikationsmittels vordringen. Dem wirtschaftlichen Monopol entspricht kommunikativ die monologe (Gegenargumente nicht zulassende) Publizistik. In einem *wirtschaftlich* monopolisierten Kommunikationsmarkt *kann* eine Vielfalt von Meinungen zu Wort kommen; in einem wirtschaftlich zersplitterten Kommunikationsmarkt *kann* kommunikativ eine Gruppe alle anderen majorisieren. Die Vielfalt der Meinungsträger garantiert keineswegs die Vielfalt der Meinungen.

4. Ein Beispiel für wirtschaftlich-technische Monopolisierung bei gleichzeitigem kommunikativem Wettbewerb bieten die Rundfunkanstalten in der Bun-

desrepublik und die BBC in Großbritannien. Kommunikations-organisatorisch ist durch die Rundfunkverfassung die „Vielfalt" garantiert; es ist in jedem Einzelfall zu untersuchen, ob sie empirisch auch verwirklicht wird. Der Begriff des „Rundfunkmonopols" ist also mißverständlich; sinnvoll ist er nur, wenn er lediglich auf die (wirtschaftlich-) technischen Gegebenheiten zielt. Oft wird er unsinnigerweise aber dazu verwendet, die kommunikative Struktur des Rundfunks zu diffamieren.

5. Eines der wichtigsten Ergebnisse der empirischen Kommunikationsforschung ist die Einsicht, daß die Individualkommunikation für die Meinungsbildung eine weit größere Bedeutung hat als die Massenkommunikation. Auch in einem zentralgeleiteten Kommunikationssystem, das die Medienkommunikation monopolisiert hat, kann also von einem „Meinungsmonopol" (im Sinne einer Beherrschung der Meinungsbildung) keine Rede sein.

6. Die Bevölkerung einer industriellen Gesellschaft nimmt an einem komplexen, dynamischen System kommunikativer Wechselbeziehungen teil. Die Medienbenutzer verhalten sich — von wenigen Ausnahmen abgesehen — multidimensional und variabel. Solange mehrere universelle, technisch-organisatorisch unterschiedliche Kommunikationsmedien allgemein zugänglich sind, kann von einem Informations- und Kommunikationsangebotsmonopol nicht die Rede sein.

7. Von einem „Pressemonopol" kann man dann sprechen, wenn auf einem bestimmten nationalen, regionalen oder lokalen Markt nur ein Kommunikationsträger vorhanden ist, der dazu monologe Publizistik betreibt und relevante Gruppen nicht zu Wort kommen läßt. In der Bundesrepublik treten wirtschaftliche Pressemonopole vor allem in regionalen und lokalen Bereichen auf, in denen lediglich eine Zeitung existiert. Die Monopolstellung bezieht sich auf die *regionale und lokale Berichterstattung*. Solche Monopolstellungen werden auch kommunikativ mißbraucht.

8. Eine kommunikationspolitische Zielprojektion für die optimale kommunikative Versorgung der Bevölkerung liegt heute nicht vor; Faustformeln wie diejenige, die besagt: „Je mehr Zeitungen, desto mehr Vielfalt" sind gänzlich unzureichend. Die bisher vorliegenden Forschungsergebnisse legen die Annahme nahe, daß — im Sinne einer optimalen Kommunikationsstruktur — die Zahl der selbständigen politischen Vollredaktionen von Zeitungen noch vermindert werden kann, während die Zahl der rein lokalen und regionalen Zeitungen (bzw. lokaler Wechselseiten und Neuausgaben) zu erhöhen ist.

9. Die Konkurrenz auf dem Kommunikationsmarkt ist mit der Konkurrenz auf anderen Märkten nur teilweise vergleichbar; während eine Zahnpasta die andere ausschließt, weil niemand sich wegen des Gebrauchsgutes Zahnpasta öfter als sonst die Zähne putzt, können durchaus zwei Frauenzeitschriften nebeneinander gelesen werden, wenn die Zeitungsformeln sich ausreichend unterscheiden. Auch kann ein Medium das andere nicht ersetzen. Presse, Hörfunk und Fernsehen haben so unterschiedliche Funktionen, daß sie neben-

einander existieren können und in immer steigendem Maß gleichzeitig benutzt werden.

10. Wenn von Monopolen auf Teilmärkten (Nachrichtenmagazine, Frauenzeitschriften usw.) die Rede ist, muß bei der Marktabgrenzung von allen relevanten kommunikativen Daten (Aktualität, Universalität, Periodizität, Publizität) ausgegangen werden und nicht von Druckformat oder Layout. Mit dem „Spiegel" konkurriert der „Stern" nicht erst, seit er sich auch auf der Titelseite „Magazin" nennt. Auch andere politische Wochenzeitungen konkurrieren mit diesem Nachrichtenmagazin", obwohl sie sich nicht „Magazin" nennen.

11. Die Entwicklung des sogenannten „Gebietsgrosso" und anderer „Branchengewohnheiten" haben auf dem Vertriebssektor in wirtschaftlicher Hinsicht zu monopolartigen Situationen geführt. Die dadurch hervorgerufene Verminderung des Wettbewerbs bietet den Verlagen und den etwa 70 000 Einzelhändlern nur wenig Wahlmöglichkeiten beim Bezug von Zeitungen und Zeitschriften. Solche Vertriebsmonopole können im Falle des Mißbrauchs zu einer schweren Gefährdung der Pressefreiheit werden. Dies gilt vor allem für neue Objekte, die Marktzugang suchen.

12. Wenn hier darauf hingewiesen wurde, daß der Gebrauch des Monopolbegriffes in vielen Fällen unhaltbar ist, ist dies kein Plädoyer gegen ordnungspolitische Maßnahmen auf dem Gebiet der Kommunikationspolitik. Solche Maßnahmen können — ganz unabhängig davon, *ob* Monopole vorliegen oder nicht — sinnvoll und notwendig sein. Der inflationäre Gebrauch des Monopolbegriffs führt derartige Maßnahmen aber nicht herbei, sondern behindert sie eher. Der Nachweis, daß *kein* Monopol vorliegt, kann im konkreten Einzelfall zu leicht als Beweis dafür gewertet werden, daß in der Kommunikationspolitik alles in Ordnung sei

Anmerkungen

Die Veröffentlichung beruht auf einer durch die Firma Axel Springer und Sohn finanziell unterstützten Untersuchung. Die Firma Axel Springer und Sohn hatte, entsprechend den mit ihr schriftlich fixierten Bedingungen, auf die Untersuchung, deren Auswertung und Veröffentlichung keinen Einfluß.

1 vgl. etwa Herbert Krüger: Der Rundfunk im Verfassungsgefüge und in der Verwaltungsordnung von Bund und Ländern. Hamburg 1960.

2 vgl. Peter Seckbacher: Monopolherren — Meinungskäufer — Militaristen. Berlin 1954.

3 vgl. Reinhart Greuner: Lizenzpresse — Auftrag und Ende. Berlin 1962.

4 Franz Knipping: Pressemonopole — Monopolpresse. Leipzig 1963.

5 Manipulation. Die staatsmonopolistische Bewußtseinsindustrie. Berlin 1968.

6 Walter J. Schütz: Wettbewerbsbedingungen und Konzentrationstendenzen der deutschen Tageszeitungen. Ergebnisse pressestatistischer Strukturuntersuchungen. In: „Publizistik", 8. Jg. 1963/Heft 4, S. 363 ff.

7 vgl. Kleine Anfrage der Abgeordneten Dorn, Moersch und der Fraktion der FDP (BT-Drucksache V/1579) und die Antwort des Bundesministers des Innern vom 7. Juni 1967 (BT-Drucksache V/1884).

8 vgl. Viktor Wurm (Hrsg. im Auftrage des Vereins Deutscher Zeitungsverleger [Arbeitsgemeinschaft für Pressefragen]): Die deutsche Presse im Kampf gegen Monopol und Lizenz-System. Göttingen 1949.

9 vgl. dazu die Jahrgänge seit 1949 der Zeitschrift „ZV + ZV".

10 Heinrich G. Merkel: Anmerkungen zum Rundfunkwesen. Eine Auswahl aus 12 Jahren 1952—1964. Nürnberg 1964 (Privatdruck).

11 Heinrich G. Merkel: a.a.O., S. 20 f.

12 Heinrich G. Merkel: a.a.O., S. 27, 57 usw.

13 Heinrich G. Merkel, a.a.O., S. 147—152 (ursprünglich in: „Publizistik", 8. Jg. 1963/Heft 5, S. 531—540).

14 BDZV (Hrsg.): Pressefreiheit und Fernsehmonopol. Beiträge zur Frage der Wettbewerbsverzerrung zwischen den publizistischen Mitteln. Bad Godesberg o. J. (1964).

15 vgl. ARD (Hrsg.): Rundfunkanstalten und Tageszeitungen. Bd. 2, Frankfurt 1965.

16 vgl. etwa die Rede des „Sprechers der Sudetendeutschen", Dr. Walter Becher, bei einer Kundgebung der Sudetendeutschen Landsmannschaft im April 1968 (Teilabdruck in: „DNSZ", Nr. 19/1968, S. 6). Übrigens taucht der Begriff ‚Meinungsmonopol' auch in der höchstrichterlichen Rechtsprechung auf (BVerfGE 20, 162, 174).

17 vgl. dazu Hans Dieter Müller: Der Springer-Konzern. München 1968, S. 356 ff.

18 Kurt Ziesel: Der deutsche Selbstmord. Diktatur der Meinungsmacher. Kettwig u. Velbert 1963.

19 vgl. Bernd Jansen/Arno Klönne (Hrsg. im Auftrage der Kampagne für Demokratie und Abrüstung): Imperium Springer. Macht und Manipulation. Köln 1968.

20 Verlagshaus Axel Springer (Hrsg.): Das Springermonopol. Eine Klarstellung. Berlin 1967, S. 10: „Jedes Argument und jede Losung gegen den Axel-Springer-Verlag stammen aus dem Osten".

21 Alfred Frankenfeld: Die erste Wiederaufbauphase. Zur westdeutschen Presseentwicklung 1945—1947. In: „Publizistik", 5. Jg. 1960/Heft 6, S. 385—398.

22 vgl. Herbert Krüger: Der Rundfunk, a.a.O.

23 Das trifft z. B. zu auf viele der Beiträge in Bernd Jansen/Arno Klönne: a.a.O.

24 Emerich Francis: Die Rolle der Interessengruppen im Prozeß der demokratischen Meinungsbildung. In: Aus Politik und Zeitgeschichte. Beilage zu „Das Parlament", Nr. 26/1966, S. 5.

25 Karl Heck: Grundgesetz und Pressekonzentration. In: Archiv für Presserecht, Nr. 73/1968 (Beilage zu „ZV + ZV", Nr. 8/1968), S. 701—706.

26 Bernd Jansen/Arno Klönne: a.a.O., S. 14.

27 Hans-Eckehard Bahr: Verkündigung als Information. Zur öffentlichen Kommunikation in der demokratischen Gesellschaft. Hamburg 1968, S. 143.

28 174. Sitzung des Bundestages, Stenografischer Sitzungsbericht, S. 8720 ff.; abgedruckt in: ARD (Hrsg.): Rundfunkanstalten und Tageszeitungen. Bd. 2, Frankfurt 1965, S. 134 ff.

29 Kurt Ziesel: Der deutsche Selbstmord, a.a.O., S. 14.

30 Kurt Ziesel: Freiheit und Verantwortung. Beiträge zur Zeit. München 1966, S. 10 f.

31 Eberhard Weber: Die Freiheit der 200 Reichen. Zum Konzentrationsprozeß im Pressewesen. In: „Marxistische Blätter", 4. Jg. 1966/Heft 5, S. 2.

32 Rolf Groß: Freiheit der journalistischen Meinungsäußerung und Pressekonzentration. In: „Vorgänge", 3/1968, S. 114.

33 Manipulation, a.a.O., S. 276.

34 Bernd Jansen/Arno Klönne: a.a.O., S. 17.

35 BDZV (Hrsg.): a.a.O., S. 5.

36 Heinz Starkulla: Publizistik und Kommunikation. Ein Beitrag zur wissenschaftlichen Erkenntnis der kommunikativen Wirklichkeit. In: „Publizistik", 8. Jg. 1963/Heft 5, S. 562 ff.; Heinz Starkulla: Presse, Fernsehen und Demokratie. Der ‚Wettbewerb' der Medien als kommunikationspolitisches Problem. In: „Publizistik", 10. Jg. 1965/Heft 3, S. 382 ff.

37 Heinz Starkulla: Publizistik und Kommunikation, a.a.O., S. 567.

38 Kurt Ziesel: Der deutsche Selbstmord. a.a.O., S. 13.

39 Kurt Ziesel: Freiheit . . ., a.a.O., S. 10, ähnlich Willi Geiger: „Der Monopolcharakter . . . zeigt sich darin, daß allen Massenmedien, wenn man generalisierend auf den Eindruck abhebt, den die Masse der Konsumenten empfangen muß, eine eindeutige geistige Tendenz zugrunde liegt." (zit. nach Heinrich G. Merkel: a.a.O., S. 159); ähnlich Emil Franzel in: „Tages-Anzeiger" (Regensburg), 23. 9. 1967: „Das deutsche Meinungsmonopol hat in Wahrheit mit Eigentumsverhältnissen und Geschäft nicht allzuviel zu tun. Das Meinungsmonopol besteht darin, daß Hunderte von Redaktionen, Tausende von Mitarbeitern und weitere Tausende von Reportern stillschweigend gleichgeschaltet sind und auf die von bestimmten Kommandostellen — etwa ‚Spiegel', ‚Zeit', ‚Stern', Erstes Fernsehen — ausgegebenen Sprachregelungen und Befehle hören. Wer abzuschießen, wer aufzubauen, wer zu decken, wer zu jagen ist, welcher Slogan zu verbreiten, welche Meinung abzuwürgen ist, das hat in Übereinstimmung gemeinsam und weisungsgemäß zu geschehen".

40 DNSZ. Nr. 19/1968 (vgl. Anm. 16); ähnlich eine Artikelserie von Reinhold Schwab Anfang 1968 („Die Giftküche des Fernsehens").

41 Bert Berlin: Meinungsterror? Zum Problem der Massenmedien. Würzburg 1965. S. 25; ähnlich Anton Böhm in: „Rheinischer Merkur", 26. 4. 1968: „In der Masse wird vor allem vom ARD-Fernsehen ein gesinnungstüchtiger Linkskonformismus unter dem Schutz eines unangreifbaren, gesetzlich gesicherten Monopols dargeboten."

42 Manipulation, a.a.O., S. 531.

43 Franz Knipping: a.a.O., S. 208.

44 Hanns-Jochen Hauß: Die Macht der Hundert (Buchbesprechung). In: „Blätter für deutsche und internationale Politik", 12. Jg. 1967/Heft1, S. 89; ähnlich Karl D. Bredthauer in: Bernd Jansen/Arno Klönne: a.a.O., S. 245 ff.; vgl. weiter Günter Heidorn: Monopole — Presse — Krieg. Berlin 1960, S. 41; Gerd Hirschauer: Establishment, Springer-Konzern und außerparlamentarische Opposition. In: „Vorgänge", 6/1968, S. 212 ff.

45 BDZV (Hrsg.): a.a.O., S. 72, S. 74.

46 Christoph von Imhoff in: „Die Feder", Heft 2/1968, S. 13.

47 Rolf Groß: a.a.O., S. 114.

48 Bernd Jansen/Arno Klönne: a.a.O., S. 11.

49 Schlußbericht der Kommission zur Untersuchung der Gefährdung der wirtschaftlichen Existenz von Presseunternehmen und der Folgen der Konzentration für die Meinungsfreiheit in der Bundesrepublik Deutschland (Pressekommission). Bonn 1968 (= BT-Drucksache V/3122), S. 17 bzw. S. 14; ähnlich fast alle Autoren, die in den letzten Monaten und Jahren zu Fragen der Pressekonzentration Stellung genommen haben; vgl. etwa Wolfgang Höpker: Deutschland, deine Presse. In: Politischer Club Tutzing (Hrsg.): Umstrittene Pressefreiheit. München 1967, S. 21—33. Schon in der Geschäftsordnung des Deutschen Presserates ist von „freiheitsgefährdenden Konzern- und Monopolbildungen" die Rede.

50 Leserbrief in: „Die Zeit", 8. 9. 1967.

51 Leserbrief in: „FAZ", 4. 5. 1968.

52 In: „Süddeutsche Zeitung", 21. 7. 1965.

53 Können wir überleben? In: Jungk/Mundt (Hrsg.): Deutschland ohne Konzeption? München 1964, S. 412.

54 Jörg Huffschmid: Springer — ökonomische Macht und publizistische Gleichschaltung. In: „Blätter für deutsche und internationale Politik", 12. Jg. 1967/Heft 10, S 1031.

55 In: „Konkret", Heft 5/1968, S. 39; ähnlich: Republikanischer Club (Hrsg.): Springer enteignen? Berlin 1967; weiter die verschiedenen Beiträge in Bernd Jansen/Arno Klönne: a.a.O.

56 Axel Springer: Deutsche Presse zwischen Konzentration und Subvention. Kiel 1967, S. 15; vgl. weiter dazu zahlreiche Ausführungen der „Pressekommission" und das Podiumsgespräch beim „Loccumer Journalisten-Gespräch" 1967 (veröffentlicht als „Loccumer Protokolle", 30/1967).

57 Günther Friedrichs in: „Der Journalist", Heft 5/1965.

58 In: „Das Parlament", Nr. 19/1968, S. 9 (Bundestagsdebatte vom 30. 4. 1968).

59 Christoph von Imhoff: Der Journalist, der Staatsbürger und der Spießbürger. In: „Vorgänge" 3/1968, S. 112.

60 Fritz Rittner: Wirtschaftliche Konzentration und Presse. In: „Loccumer Protokolle", 30/1967, S. 15.

61 Rudolf Heizler: Pressesterben und Meinungsfreiheit. In: „Rheinischer Merkur", 3. 11. 1967; ähnlich auch Anton Böhm: a.a.O.; H. A. Kluthe in: „ZV + ZV", Nr. 25/1968, S. 1042 u. a. Zu allen drei Typen vgl. die Bemerkungen der „Pressekommission", BT-Drucksache V/3122, S. 17.

62 „Pressekommission", BT-Drucksache V/3122, S. 37, vgl. S. 45.

63 Gerhard Kromschröder: Axels Zensor sitzt am Kiosk. In: „Pardon", Nr. 6/1968, S. 28.

64 Bundestagsdebatte 6. 11. 1967. In: „Das Parlament", Nr. 42/1967, S. 8; vgl. eine neuere Äußerung von Moersch in „ZV + ZV", Nr. 31/1968, S. 1318; ähnlich Republikanischer Club (Hrsg.): a.a.O., S. 9; Bernd Jansen/Arno Klönne: a.a.O., S. 58; Joachim Henke: Wer im Glashaus sitzt . . . In: „ZV + ZV", Nr. 13/1968, S. 465.

65 „Pressekommission", BT-Drucksache V/3122, S. 14, S. 39.

66 Heinz Starkulla: Presse, Fernsehen und Demokratie, a.a.O., S. 386.

67 Franz Böhm: Wettbewerb und Monopolkampf. Berlin 1964, S. 12.

68 vgl. dazu Abschnitt 9 des Originals.

69 vgl. dazu auch Heinz Starkulla: Presse, Fernsehen und Demokratie, a.a.O.

70 Franz Ronneberger: Ziele und Formen der Kommunikationspolitik. In „Publizistik", 11. Jg. 1966/Heft 3—4, S. 402.

71 Herbert Krüger: Wettbewerb, a.a.O., vor allem S. 141.

72 Helmut Arndt: Die Konzentration in der Presse und die Problematik des Verleger-Fernsehens. Frankfurt/M. und Berlin 1967, S. 10.

73 vgl. Jürgen Habermas: a.a.O.

74 Franz Böhm: a.a.O., S. 275

75 „Pressekommission", BT-Drucksache V/3122, S. 17.

76 Peter Glotz: Demokratische Kommunikationspolitik in der entwickelten Industriegesellschaft. In: Michael Hereth (Hrsg.): Junge Republik. München 1966; Peter Glotz: Massenmedien und Kommunikation. In: Günther Müller (Hrsg.): Die Zukunft der SPD. Hamburg 1968.

77 vgl. Peter Glotz: Massenmedien, a.a.O.

78 vgl. Hartmut Kiock: Das deutsche Zeitungssterben. In: „Capital", Nr. 11/1967, S. 37—42.

79 vgl. Peter Glotz/Wolfgang R. Langenbucher: Presse und Demokratie, Teil IV. Manuskript des Westdeutschen Rundfunks, I. Programm vom 20. 11. 1967.

80 vgl. Stellungnahme des BDZV zu den Ergebnissen der Arbeit der Pressekommission (Beilage zu „ZV + ZV", Nr. 33/1968), vor allem S. VI.

81 Heinz Starkulla: Presse, Fernsehen und Demokratie, a.a.O., S. 386.

82 vgl. dazu Fritz Eberhard: Optische und Akustische Information. In: Schriftenreihe der Evangelischen Akademie für Rundfunk und Fernsehen, Heft 12/1967.

83 vgl. Otto Groth: Die unerkannte Kulturmacht, a.a.O.

84 zit. nach Otto Groth: Die Geschichte der Deutschen Zeitungswissenschaft. München 1948, S. 118.

85 vgl. Peter Glotz: Massenmedien, a.a.O.

86 Dazu Heinz Starkulla: Presse, Fernsehen und Demokratie, a.a.O., S. 368 f.: „Auch bei weitestgehender wirtschaftlicher Konzentration, ja selbst bei vollständigem wirtschaftlichem Monopol (institutionelle gesellschaftliche Kontrolle wie bei Funk und Fernsehen lediglich aus praktischen Gründen, aus Vorsicht vorausgesetzt) ist vollkommene Kommunikationsmanifestation denkbar und möglich, und es ist auch vorstellbar, daß eine geringe Zahl von Medien, gleich welcher Art, ihrer öffenlichen Aufgabe ‚besser', d. h. der Manifestation von sozialer Kommunikation adäquater, nachkommen als deren Vielzahl in noch so großer zersplitterter Vielfalt."

87 vgl. dazu Otto B. Roegele: Freiheit in der gesellschaftlichen Kommunikation. In: Otto B. Roegele (Hrsg.): Die Freiheit des Westens. Graz, Köln und Wien 1967, S. 335.

88 vgl. Anm. 20.

Kaarle Nordenstreng und Mitarbeiter

Grundsätze der Nachrichtenvermittlung*)

Der folgende Beitrag berührt verschiedene Aspekte der Massenkommunikation: Er geht u. a. auf psychologische Probleme der Rezipientenseite ein, handelt von den Beziehungen zwischen Kommunikatoren und Rezipienten und erörtert diese Probleme unter der speziellen Problematik der elektronischen Medien Hörfunk und Fernsehen. Man könnte also diese Arbeit an verschiedenen Stellen des Feldschemas (und damit auch des zweiten Teils dieses Buches) einordnen. Doch liegt der Schwerpunkt deutlich bei der Frage nach den Zielen und Intentionen des Kommunikators, und so wurde hier der Beitrag diesem Faktor zugeordnet.

Auch hier werden die Massenmedien in größeren sozialen Zusammenhängen gesehen. Den Ausgangspunkt bildet die Frage, ob die Massenmedien in ihren Aussagen die Gesellschaft lediglich darstellen oder reflektieren, oder ob sie die Gesellschaft verändern sollen. Während kommerziell orientierte publizistische Institutionen zweifellos vorwiegend die erste Position einnehmen, sieht die Kommission des Finnischen Rundfunks, die unter der Federführung von Nordenstreng den folgenden Bericht vorlegte, die Aufgabe der Massenmedien darin, in die politisch-gesellschaftlichen Prozesse verändernd einzugreifen. Eine wichtige Teilaufgabe besteht darin, den Rezipienten nicht im heute weit verbreiteten Zustand des „Nachrichtensammlers" zu lassen, sondern ihn zu einem aktiv teilnehmenden Staatsbürger zu machen. Wie dies erreicht werden kann und welche Gesichtspunkte dabei zu berücksichtigen sind, wird in dem finnischen Bericht sehr praxisnah und mit konkreten Vorschlägen erörtert.

Noch vor wenigen Jahren wurden Diskussionen über das Fernsehen (wie auch über die Massenkommunikation im allgemeinen) von den technischen Eigenschaften dieses Mediums beherrscht und von den täglichen Problemen des Journalisten, der es vorteilhaft zu nutzen sucht. Ein typisches Beispiel solcher Debatten drehte sich um die Rolle des Fernsehens bei öffentlichen Kundgebungen: ob die Fernsehkamera eine stimulierende Wirkung auf das Ereignis selbst ausübt oder nicht. Jetzt dagegen scheint das beherrschende Thema der Diskussion die Rolle des Mediums als Kommunikations-Institution von höchster sozialer und politischer Bedeutung zu sein. So betrachtet man heute das Fernsehen mehr als eine Institution, die im Rahmen anderer Institutionen arbeitet; die Diskussionsebene beginnt mehr soziologisch und politisch als psychologisch und praxisorientiert zu sein.

Ich sehe dies als einen entscheidenden Hinweis auf die Richtung, welche die Debatte und die Forschung über dieses Massenmedium eingeschlagen hat:

*) Auszüge aus einem Bericht finnischer Hörfunk- und Fernsehpraktiker und -forscher 1970

Die Betonung verlagert sich von praktischen journalistischen zu allgemeingesellschaftlichen Problemen. Selbstverständlich bedeutet dies nicht — und sollte es auch nicht — die Vernachlässigung praktischer Gesichtspunkte; es bedeutet lediglich, daß die bisher stark vernachlässigten gesellschaftlichen Gesichtspunkte gebührende Aufmerksamkeit erlangen werden.

Der Kernpunkt der augenblicklichen Diskussion über die Massenmedien ist, wie ich meine, die Frage, ob ein Massenmedium als Spiegel dienen sollte, der die Gemeinde, die Gesellschaft und die Welt als Ganzes reflektiert, oder ob es eine aktive Rolle bei ihrer Veränderung spielen sollte. Die vorherrschende Meinung unter den Media-Leuten wie unter den Sozialwissenschaftlern geht offensichtlich dahin, daß die Medien nicht als Kanäle zur aktiven Förderung sozialen Wandels dienen sollen, sondern daß sie als getreuer Spiegel die Weltereignisse reflektieren sollen. Dementsprechend sollte ihre Relation der Gesellschaft gegenüber dienstleistungs-orientiert sein oder, um einen erklärenden Ausdruck zu benutzen, „parasitisch".

Ich stimme mit der Auffassung der Massenkommunikation als passivem Spiegel nicht überein, zumindest nicht, was Hörfunk und Fernsehen betrifft. Nach meiner Ansicht macht die Übernahme einer „parasitischen" Spiegelrolle das Medium nicht notwendigerweise unparteiisch und objektiv. Mag es auch noch so sorgfältig alles Geschehen um sich herum wiedergeben, es wird dadurch nur unparteiisch und objektiv *in Bezug auf jene, deren Handlungen wiedergeben werden* („jene" mögen Personen, Institutionen etc. sein). Zu berichten, was geschieht — und nur das —, garantiert keine genaue Wiedergabe des Weltgeschehens. Das Geschehen muß in „die richtige Perspektive" gebracht werden, wie die Aufgabe von erläuternden Kommentaren und Programmen über Tagesereignisse für gewöhnlich umschrieben wird. Es ist unschwer zu ersehen, wie wenig passive Reflektion kommentierende Programme aufweisen, und ein wie starkes aktives Element sie unvermeidlich enthalten. Zweifellos sind es diese Programme der „Perspektive", die in letzter Zeit einen Druck auf die Nachrichtennetze der ganzen Welt hervorgerufen haben; die Tendenz der Hörfunk- und Fernsehjournalisten, ein so vollkommenes Bild der Welt wie möglich zu geben, hat nicht jedermann gefallen. Jene Personen oder Institutionen, die sich daran gewöhnt hatten, „objektiv" von Spiegelmedien wiedergegeben zu werden, sind nun verärgert über eine „perspektivische" Darstellung, die leicht als „verzerrt" angesehen werden kann, so ausgewogen sie auch sein mag. Dieser Ärger ist ein indirekter Hinweis auf die Tatsache, daß ein Spiegelmedium dazu neigt, den status quo aufrechtzuerhalten, das heißt, daß dieses Medium möglicherweise den Interessen derer dient, die das vorherrschende „Gleichgewicht der Kräfte" in der Gesellschaft und in der ganzen Welt beherrschen.

Womit wir hier konfrontiert sind, ist nicht nur das Problem der Pressefreiheit, sondern noch ein anderes Dilemma: Ein je umfassenderes Bild der Welt die Medienpraktiker dem Publikum vermitteln wollen, desto weniger können die Medien einfach als Spiegel fungieren. Es ist in der Tat das gesamte Prinzip des Journalismus und das letztliche Ziel der Nachrichtenübermittlung, welches in Frage gestellt wird. Die traditionelle Auffassung vom Journalismus als Bericht der Wahrheit und die Idee von der Massenkommunikation als getreuem Spiegel der Gesellschaft und der ganzen Welt ist einfach nicht mehr haltbar.

In diesem Stadium ist es dringend notwendig, die Rolle von Hörfunk und und Fernsehen und auch das Konzept des Journalismus im allgemeinen genauer zu umreißen. Notwendig ist nicht nur empirische Forschung über die praktischen Aspekte von Hörfunk und Fernsehen in verschiedenen Stadien des Kommunikationsprozesses (Produktion, Sendungen, Publikum), sondern auch theoretisches Inangriffnehmen einer *systematischen Klärung der letztlichen Ziele dieser Aktivitäten,* das heißt, eine sorgfältige Neubewertung der Verfahrensweise. Diese Überlegungen können weit vorangetrieben werden ohne neue Daten, lediglich durch systematisches Diskutieren und Nachdenken.

Ein Beispiel für die Arbeit, welche die Finnische Rundfunk-Gesellschaft auf diesem Gebiet geleistet hat, soll hier gegeben werden in Form von Auszügen aus einem Bericht über die Grundsätze der Nachrichtenübermittlung. Dieser Bericht wurde im Auftrag des Vorstandes von der Abteilung für langfristige Planung im September 1969 erstellt und sagt unter anderem folgendes:

> „Allgemein sollten die Grundlagen der Nachrichtentätigkeit durchdacht werden, begonnen von der Art, wie die Nachrichten ausgewählt werden, bis zu der Sprache, die in Nachrichtensendungen verwandt wird. Erst wenn die Ziele der Nachrichtentätigkeit so klargestellt worden sind, können wir damit beginnen, die praktischen Aspekte des Nachrichtenbereiches sinnvoll zu planen (die Anzahl der Redakteure erhöhen, das Netzwerk von Korrespondenten ausdehnen, etc.)"

Die Abteilung für langfristige Planung bildete sodann für diesen Zweck eine besondere Arbeitsgruppe, die aus neun Personen bestand.

*

Ausgangspunkt dieses Berichtes ist die Einsicht in die Tatsache, daß die Nachrichtenverbreitung durch Massenkommunikation sich in einem weltweiten Krisenzustand befindet. Die Probleme, denen man gegenübersteht, können auf zwei Hauptkategorien reduziert werden: „Auffassungsvermögen" („Verstehen") und „Nachrichtenkriterien".

Auffassungsvermögen (Verstehen)

Es hat sich gezeigt, daß Nachrichtenübertragungen zu den populärsten Sendungen gehören aufgrund ihrer *Zuhörerzahl* wie auch ihrer *Beurteilung.* Mehr als 80 Prozent der finnischen Bevölkerung über 15 Jahre verfolgen wenigstens eine Nachrichtensendung am Tage im Hörfunk oder im Fernsehen. Die Nachrichten werden mit *Aufmerksamkeit* aufgenommen: Etwa 90 Prozent der

Zuhörer und Zuschauer verfolgen die wichtigsten Nachrichtenübertragungen mit voller Aufmerksamkeit. 70 Prozent beurteilen die Hörfunk- und Fernsehnachrichten als die verläßlichsten, verglichen mit anderen Nachrichtenmedien. Etwa 80 Prozent der erwachsenen Bevölkerung sind mit den Nachrichtenprogrammen der Rundfunkgesellschaft zufrieden.

Wenn wir jedoch beginnen, das Auffassen, d. h. das Verstehen der Nachrichten zu messen, sieht die Situation anders aus. Interviews, die unmittelbar nach den Nachrichten durchgeführt wurden, haben gezeigt, daß im allgemeinen wenig, wenn überhaupt etwas vom Inhalt der Nachrichten behalten wird. Es erschien auch so, als ob die im Gedächtnis behaltenen, unsystematischen Details nachträglich zu einem Ganzen geformt werden, das durchaus fehlerhaft sein kann.

Dies stimmt mit der Beobachtung überein, daß für viele Finnen das Verfolgen der Nachrichten ein Ritual darstellt, eine Art, den Tagesrhythmus aufzuteilen, und eine Manifestation der Entfremdung. Einem Bericht entsprechend „verfolgen viele Leute die Nachrichten, weil sie auf diese Weise einen Kontakt mit der Außenwelt gewinnen, während sie dem Inhalt der Nachrichten relativ gleichgültig gegenüberstehen".

Dementsprechend ist es — trotz weiterverbreiteten Interesses an den Nachrichten und großer Aufmerksamkeit des Publikums — oft fraglich, ob der Inhalt der Nachrichten verstanden wird. Dies ist so besonders im Falle des allgemeinen breiten Publikums, dem für gewöhnlich die informatorischen Hintergründe fehlen, die zum Begreifen der mit den Nachrichten verbundenen abstrakten Vorstellungen notwendig sind. In einer solchen Situation erfüllen Nachrichtensendungen nicht ihre Funktion der Übermittlung von Informationen; sie beginnen einem ganz anderen Zweck zu dienen. Das Verfolgen von Nachrichtensendungen wird zu einem Ritual, zu einer Gewohnheit, die der Aufrechterhaltung eines Gefühls von Sicherheit dient.

Ein großes Publikum und das Interesse oder Vertrauen gegenüber den Nachrichten impliziert somit nicht notwendigerweise eine erfolgreiche Nachrichtentätigkeit. Das entscheidende Kriterium muß das Begreifen sein, d. h. die Frage, ob die Nachrichtenprogramme es der Zuhörerschaft ermöglichen, sich ein wahrheitsgetreues Bild des berichteten Geschehens zu formen. Es sollte besonders beachtet werden, daß im Falle des Hörfunks und Fernsehens als Massenmedien mit besonders weiter Verbreitung das Auffassungsvermögen in allen Bevölkerungsgruppen untersucht werden sollte, also nicht nur der Elite. Nur ein Nachrichtenstrom, der die gesamte Gesellschaft durchdringt, kann die Demokratisierung vorantreiben, die sich die Programmtätigkeit der Finnischen Rundfunkgesellschaft als eines ihrer Grundziele gesetzt hat.

Vier Hauptfaktoren sind von der Forschung als wichtig für das Auffassen und Verstehen der Nachrichten identifiziert worden: Interesse (soweit es die Entscheidung betrifft, die Nachrichten zu verfolgen), Konkretheit, Identifikation und sprachliche Faktoren (einschließlich des Fernsehbildes).

Aber obgleich es eine große Hilfe ist, diese Faktoren in Betracht zu ziehen, wird selbst ihre geschickteste Anwendung nicht alle Probleme lösen. Es wird immer noch wichtige Tatbestände geben, von denen die Mehrzahl der Menschen keine Nachricht erhält. Hier stoßen wir auf die Folgen der Verfremdung. Verschiedene finnische Wissenschaftler sind unabhängig voneinander zu der Schlußfolgerung gelangt, daß die Verfremdung ein bedeutendes Hindernis für das Verstehen der Nachrichtensendung bedeutet.

Nach Peltola ist „Verfremdung bei vielen Menschen hauptsächlich auf den Mangel an Möglichkeiten zurückzuführen, auf die soziale Wirklichkeit um sie herum einwirken zu können. Dies wiederum ergibt sich aus dem Mangel an Bildung, niedrigem wirtschaftlichem Niveau, vielleicht auch aus der Entfernung von den Bevölkerungszentren und den praktischen Unzulänglichkeiten der Demokratie. Die Menschen haben gelernt, daß das Wählen allein ihnen keinen politischen Einfluß verleiht, und es mangelt ihnen an Erfahrung, Mut und Kenntnissen, etwas anderes zu versuchen. Überdies sind die Einflußkanäle in entfernten Gegenden eng zahlenmäßig begrenzt. Die Gründe der Verfremdung werden nicht verschwinden, bevor unsere Gesellschaft wesentlich demokratischer ist, als das gegenwärtig der Fall ist".

Das Problem des Erfassens von Nachrichten und anderen Sendungen ist oft als ein rein sprachliches gesehen worden. Nach diesem Gesichtspunkt könnte man sich des Verstehens versichern, indem man eine leicht verständliche und anschauliche Sprache benutzt. Wer so denkt, vereinfacht und bagatellisiert das Problem des Auffassungsvermögens, da er die Qualität und den „Schweregrad" des Nachrichteninhalts als „Idee als Ganzes" außer acht läßt. Man darf nicht vergessen, daß die Einfachheit einer Idee — z. B. eines Nachrichtengegenstandes — nicht das Gleiche ist wie die Einfachheit der Sprache, in der sie beschrieben wird. Dem Sprachgebrauch muß natürlich bei der Nachrichtenübertragung ständige Aufmerksamkeit geschenkt werden, aber das allein ist nicht genug; andere Mittel sind noch notwendig, um das Verstehen der Sendung und damit die Erfüllung des Zwecks der Nachrichtenvermittlung zu sichern.

Nachrichtenkriterien

Es wird jetzt überall offensichtlich, daß die alten Praktiken nicht mehr ausreichen, um die Tagesnachrichtenübertragung zu lenken. Die Verbesserung nationaler und internationaler Verbindungen und die Beschleunigung technischer, wirtschaftlicher und sozialer Entwicklungen haben die Nachrichtenmedien einer neuen Situation gegenübergestellt, in der ihre Aufgaben und Arbeitsrichtlinien neu bewertet werden müssen. Dies verhält sich besonders so im Falle der Fernsehnachrichten, die bei ihrer Entstehung den von Presse und Hörfunk geformten Traditionen folgten, sich jedoch in vieler Hinsicht als wirksamer als ihre Vorgänger erwiesen haben. Die Journalisten fragen jetzt immer öfter, was sie berichten sollen, und wie sie es berichten sollen. Diese

Probleme sind im Bereich der öffentlich kontrollierten Rundfunkanstalten besonders akut, wo auf eine ausgewogene Nachrichtenstreuung geachtet werden muß. Die Fähigkeit, rasche Entscheidungen zu treffen, und ein instinktiver „Nachrichtenblick" genügen nicht mehr; was nottut, ist ein analytisches Herangehen an die Nachrichtentätigkeit, gestützt auf eine breite Informationsbasis und rationelle Entscheidungen, verbunden mit zunehmendem technischem Können.

Zwar existieren die traditionellen Nachrichtenkriterien nicht als schriftlich fixierte Regeln, doch können wir ihren Charakter daraus erkennen, wie sie in der Praxis funktionieren. Um ihren Hintergrund zu verstehen, ist es jedoch notwendig, sich die Bedingungen zu vergegenwärtigen, unter denen die Nachrichtenverbreitung ihren Ursprung hatte: die Geschichte der Nachrichtentätigkeit.

Ein Überblick über die Geschichte der Nachrichtenverbreitung zeigt, daß sich die Nachrichtenbeurteilung des traditionellen Journalismus einerseits auf kommerzielle Faktoren gründet — das Werben um die öffentliche Gunst — und andererseits auf die Achtung vor den Bedingungen, die von den politischen Entscheidungsträgern festgelegt wurden (eine Gruppe, die in der Praxis einen gewichtigen Anteil an Spitzen der Privatindustrie und der öffentlichen Verwaltung einschließt). Diese Denkungsart mißt den Erfolg am Maßstab der Rezipientenzahl und dem vom Publikum und der politischen Elite in die Nachrichten gesetzten Vertrauen.

Die ungeschriebene „journalistische Ethik" die aus diesen beiden Hauptfaktoren resultiert, hat nichtsdestoweniger zu Nachrichten geführt, die den wirtschaftlichen oder politischen Führern wenig schmeckten. Die Grundsätze dieser Standesethik enthielten eine strenge Anlehnung an Tatsachen, ferner den Versuch, konkrete soziale Mißstände aufzuzeigen, die den Leser betreffen, und schließlich eine Geschwindigkeit, die dazu dienen sollte, dem Zensor zu entgehen. Ein Journalist, der vernünftige Tatsachen unterbreitete, konnte auf die Unterstützung des Publikums rechnen und sich auf das Einkommen und Prestige stützen, das ein großes Publikum mit sich bringt. Ein Redakteur, der diese „journalistische Ethik" in ihrer reinen Form anwandte, geriet jedoch bald in Schwierigkeiten, wenn seine Berichte zu tief schürften; die öffentliche Beliebtheit konnte ihn dann nicht länger vor dem Druck bewahren, der durch starke Interessengruppen ausgeübt wurde. Ähnliche Schwierigkeiten ergaben sich, wenn seine Berichte aus dem einen oder anderen Grunde nicht dem öffentlichen Geschmack entsprachen.

Demonstrationen sind im allgemeinen ein theoretisch interessanter Nachrichtengegenstand, bei dessen Handhabung die oben besprochenen Richtlinien besonders augenfällig zu Tage treten. Eine Demonstration ist ein typisches Phänomen, das seinen Ursprung außerhalb des Machtzentrums hat, und oft reflektiert es speziell den Anspruch einer neuen Einflußgruppe, gehört zu werden und politische Macht zu erlangen.

Im allgemeinen wurden die Interessen der politisch Entscheidenden auf zwei Wegen berücksichtigt. Erstens hatten sie die Möglichkeit der Nutzung der „offiziellen" Informationskanäle, über die sie die Öffentlichkeit erreichen konnten. Zweitens wurden ihnen Nachrichten angeboten, an denen sie selbst interessiert waren. Es ist offensichtlich, daß die Nachrichteninformationen, die durch Radio und Fernsehen übertragen wurden, speziell die obersten sozialen Schichten begünstigten. Dies wurde dadurch erreicht, daß Nachrichten ausgewählt wurden, die für die Entscheidungsträger von Vorteil waren; durchaus nicht immer waren diese für die Allgemeinheit gleichermaßen wichtig. Zu diesen „offiziellen Nachrichten" gehören beispielsweise die zahlreichen Verlautbarungen der Regierung. Ferner wurde die Elite unbeabsichtigt dadurch begünstigt, daß selbst Nachrichten von allgemeinem Interesse in knapper und abstrakter Sprache dargeboten wurden, so daß eine breite Grundlage von allgemeinen Informationen zu ihrem Verständnis notwendig war. Der Mann auf der Straße mußte sich mit Stories von „allgemein menschlichem Interesse" zufriedengeben, die für ihn keinen besonderen praktischen Nutzen haben. Die jüngste Entwicklung jedoch entfernt sich von dieser Situation zugunsten größerer Berücksichtigung der Bedürfnisse der Allgemeinheit. Diesen Bedürfnissen wurde allerdings in der Art der Darstellung nicht genügend Rechnung getragen; die Nachrichtenübermittlung ist institutions- statt menschenorientiert. Da das breite Publikum die Nachrichten nicht begreift, ist das „Volk" in Unkenntnis über die den Entscheidungen zugrundeliegenden Details. Teilweise erklärt sich dies daraus, daß selbst die Nachrichtenredakteure, unter dem Druck der Routine, sich dieser Details nicht mehr bewußt sind.

Diese traditionellen Nachrichtenkriterien werden unbewußt erlernt und in den praktischen Prozeß der Redaktionsarbeit übernommen. Der Lernprozeß vollzieht sich auf der Basis unzähliger Hinweise aus der Arbeitsumgebung: auf der Basis von vorgefaßten Meinungen von Kollegen, von Telefonanrufen, Zuschriften aus dem Publikum, Kritik einflußreicher und angesehener Persönlichkeiten usw. Offener Druck von Interessengruppen hat kaum je stattgefunden; die Kriterien haben sich langsam und unmerklich herausgebildet, und sie entwickeln sich weiter als neue soziale Kräfte mit neuer politischer Bedeutsamkeit.

Richtlinien zur Verbesserung der dargelegten Situation

Den in diesem Bericht enthaltenen Ideen und Anregungen liegen zwei Prinzipien zu Grunde. Das erste ist, daß an die Nachrichtentätigkeit von zwei verschiedenen Gesichtspunkten aus herangegangen werden sollte: (1) von dem des tatsächlichen *Nachrichtengeschehens* und dem Auswahlprozeß, der mit den Berichten dieses Geschehens zusammenhängt und (2) von dem der Nachrichtenvermittlung selbst, d. h. von den *Mitteln*, die zur Übertragung des Geschehens an die Zuhörerschaft verwandt werden. Der erste Gesichtspunkt schließt das Problem der Nachrichtenkriterien ein, der zweite das des Auffassungsvermögens. Die Auswahl der Nachrichten ist natürlich eine vorrangige Frage, die mit den Zielen der Nachrichtentätigkeit als Ganzes zusammenhängt. Die Art der Darbietung ist von zweitrangiger Bedeutung, soweit sie die Mittel betrifft, die beim Nachrichtenbetrieb verwandt werden. In der Praxis sind diese Mittel oft entscheidend, aber wir dürfen nicht vergessen, daß Mittel immer einem Zwecke dienen.

Das zweite Grundprinzip hat mit den Kriterien und Zielen der Sendungen zu tun; es besagt daß man zwischen der „objektiven" Wichtigkeit oder Bedeutung einer Nachricht und dem subjektiven Interesse der Zuhörer oder Zuschauer an einer Nachricht unterscheiden sollte. Entsprechend dieser Konzeption sollten die tatsächlichen Kriterien für die Auswahl von Nachrichten primär bei der Bedeutung des Ereignisses liegen, anstatt das Interesse zu berücksichtigen, das es in der Öffentlichkeit erregt hat. Bei der Auswahl der Darbietungsmittel der Nachrichten andererseits sollte der Ausgangspunkt darauf basieren, was dem Publikum nahe ist und was es interessiert. Nur auf diese Weise können wir das Verstehen der Nachrichten sicherstellen. Offensichtlich sind mehr erläuternde Kommentare und Erklärungen der Tagesnachrichten notwendig, als heute üblich ist. Der Zweck solch erläuternden Materials ist speziell, die oft fernen und abstrakten Ereignisse, von denen in den Nachrichten berichtet wird, mit der täglichen Wirklichkeit der Welt der Zuhörer zu verbinden. Auf jeden Fall verhindert die Tatsache, daß die Auswahl auf der Bedeutung und nicht auf dem Interesse der Nachricht beruht, daß die Nachrichtensendungen in Richtung auf einen banal orientierten Sensationsjournalismus hin absinken.

Kein Bericht wie der vorliegende kann präzise und unzweideutige Anleitungen geben, die den Nachrichtenredakteur befähigen, die „absolut richtige" Entscheidung zu treffen. Wäre dies möglich, würde der Redakteur wieder zum Automaten werden, ähnlich dem von den traditionellen Nachrichtenmaßstäben geformten. Im Gegenteil, der Nachrichten-Redakteur sollte selbständigen Denkens fähig sein, und er sollte sich soweit wie möglich der Probleme seiner Tätigkeit bewußt sein. Das Ziel dieses Berichtes ist es, allgemeine Kriterien aufzuzeigen, nicht aber bindende Regeln oder Vorschriften aufzustellen; diese sollten am besten von jenen formuliert werden, die für die praktische Nachrichtentätigkeit verantwortlich sind.

Die Ziele der Nachrichtentätigkeit

Nach den Bestimmungen über den Programmbetrieb der Finnischen Rundfunkgesellschaft ist es der allgemeine Hauptzweck der Rundfunksendungen,

> „eine Weltsicht zu bieten, die auf korrekter Information und auf Fakten beruht, welche sich mit den Veränderungen der Welt wandeln und sich mit der Ausweitung unseres Wissens verändern und vervollkommnen. Die Rundfunkgesellschaft sollte nicht darauf abzielen, ihren Zuhörern ein spezielles Weltbild einzupflanzen, sondern sie sollte die notwendigen Bausteine zur Schaffung einer eigenen Weltsicht liefern".

Diese allgemeinen Richtlinien betreffen alle Bereiche der Programmarbeit, einschließlich der Nachrichten. Die Bestimmungen beziehen sich speziell auf die Nachrichten wie folgt:

> „Ein wichtiger Teil der Arbeit der Rundfunkgesellschaft besteht in der Übermittlung von Nachrichten und der Berichterstattung über kulturelle und soziale Begebenheiten".

Was die Nachrichtentätigkeit von anderen Sendungen unterscheidet, ist die Tatsache, daß sich Nachrichten und erläuternde Nachrichtenkommentare mit Ereignissen befassen, die kürzlich eingetreten sind oder vor kurzem Interesse erlangt haben.

Mit einem Nachrichtengegenstand meinen wir eine Information über ein Ereignis, welches kürzlich geschehen oder vor kurzem in den Vordergrund gerückt ist und gemäß den Nachrichtenkriterien für die Zuhörer von Bedeutung ist. Im Falle von „reinen", d. h. unkommentierten Nachrichten bedeutet Aktualität meistens eine Tagesspanne. Kommentierende Sendungen können Ereignisse über eine längere Zeitspanne behandeln.

Man kann somit bei den Nachrichtensendungen zwei Teile unterscheiden: „reine" Nachrichten und erläuternde Kommentare. „Reine" Nachrichten betreffen den Gegenstand als solchen, ohne Erklärung oder Hintergrund. Der Hintergrundkommentar befaßt sich eingehender mit den in den „reinen" Nachrichten gebrachten Themen

„Reine" Nachrichten

Die Funktion der „reinen" Nachrichten ist es, das Publikum mit einfachem informatorischem Material zu versorgen. Diese Art Nachrichten enthält im allgemeinen Kurzinformationen über Ereignisse und Angelegenheiten, die in der wirklichen Welt existieren. Die „reinen" Nachrichten fungieren mehr oder weniger als eine Verlängerung unserer Sinne; sie erlauben uns, Dinge wahrzunehmen, die sonst weder unsere Augen noch Ohren erreichen würden. Solche Informationen sind für den einzelnen notwendig, um sich in seiner Umwelt zu orientieren. Genauso, wie die Informationen, die unsere Sinne im Alltagsleben aufnehmen, nicht notwendigerweise in einer bestimmten Reihenfolge sind, formt der von „reinen" Nachrichten gelieferte Informationsfluß nicht von vornherein ein sinnvolles Ganzes.

Aus praktischen Gründen ist es nützlich, zwischen konkreten und abstrakten „reinen" Nachrichten zu unterscheiden. *Konkrete* Nachrichten enthalten keine schwierigen Gedankengänge allgemeiner Natur, die noch im einzelnen erklärt werden müßten. *Abstrakte* Nachrichten dagegen enthalten entweder ein oder mehrere allgemeine Konzepte (z. B. „Familien-Altersversorgung"), bei denen man vom Zuhörer nicht erwarten kann, daß er sie ohne erläuternden Kommentar versteht. Aber sowohl konkrete wie abstrakte Nachrichtenthemen beziehen sich auf ein tatsächliches Ereignis oder auf eine Kette von Ereignissen, die sich einmalig an einem Punkt in Raum und Zeit begeben hat.

So könnte beispielsweise eine konkrete Nachricht die Tatsache beschreiben, daß auf einer bestimmten Werft an einem bestimmten Tage ein neues Schiff vom Stapel gelassen wurde, mit diesen und jenen Eigenschaften, das so und so getauft wurde. Eine abstrakte Nachricht wird sich dagegen zum Beispiel mit der Tatsache befassen, daß an einem bestimmten Tage das Kabinett dem Parlament einen Gesetzentwurf zur Revision der Familien-Altersversorgung vorgelegt hat.

Hintergrundkommentare

Der Zweck des erläuternden Kommentars ist es, die „reinen" Nachrichten so zu analysieren und zu organisieren, daß sie leicht verständlich werden. Also wird der Kommentar die allgemeinen Begriffe der „reinen" Nachrichten erklären (z. B. Familienrenten), so daß ihr Inhalt verständlich wird. Kommentieren bedeutet nicht, sich auf einen bestimmten Gesichtspunkt oder auf eine Seite der Angelegenheit festzulegen. Eine solche Bindung impliziert die Unterstützung bestimmter Normen, und das ist nicht die Funktion von Nachrichtenkommentaren.

Der erläuternde Kommentar basiert auf jenem Punkt in den Bestimmungen über Nachrichtensendungen, demzufolge es der Zweck des Hörfunks und Fernsehens ist, den Wandel in der Welt aufzuzeigen, ohne den Versuch, eine bestimmte Weltanschauung einzuimpfen. Dies kann man kurz *intellektuelle Aktivierung* nennen. Intellektuelle Aktivierung heißt, das Individuum zum Nachdenken über die Realität zu bewegen, über die Welt, in der es lebt. Die Absicht ist dabei, das menschliche Denken anzuregen, so daß der Mensch in der Lage ist, sein eigenes Weltbild auf der Grundlage faktischer Informationen zu bauen, die ihm täglich geliefert werden; er soll auch davor bewahrt werden, zu verknöchern und starr zu werden, während die Welt um ihn herum sich wandelt und unsere Kenntnisse über sie wachsen. Wenn wir die „reinen" Nachrichten „eine Verlängerung unserer Sinne" nennen, können die erläuternden Kommentare mit einem Schalter verglichen werden, der unsere geistige Tätigkeit „einschaltet".

Die erläuternden Kommentare müssen Informationen liefern, die für das Weltbild des Einzelnen von seinem Standpunkt aus wichtig sind, d. h. solche Informationen müssen auf seine Vorstellung von der Wirklichkeit anwendbar sein. Der Ansatzpunkt ist, was das Individuum selbst als wichtig erachtet, und der Zweck ist es, ihm zu helfen, den Inhalt der „reinen" Nachrichten mit seinem eigenen Weltbild in Verbindung zu bringen. Informationen, die das Individuum zum Denken anregen, geben Zeugnis von Tatsachen, die der Einzelne in seiner früheren Vorstellung von der Wirklichkeit ignoriert oder von Meinungen, die als Vorurteile oder Klischees zu bezeichnen sind. Wenn der Mensch Informationen über eine Tatsache erhält, die nicht mit seiner stereotypen, vorgefaßten Meinung übereinstimmen, ist eine intellektuelle Aktivierung möglich, und das Endergebnis wird wahrscheinlich ein realistischeres Bild sein. So wirkt die Nachrichtentätigkeit auf das Publikum als

Ganzes intellektuell aktivierend, wenn sie so viele Informationen wie möglich über Dinge liefert, von denen bekannt ist, daß dieses Publikum sie sonst ignoriert oder nicht mit ihnen vertraut ist.

Dienstleistungsinformationen

Wetter- und Polizeimeldungen, Lotto- und Totoergebnisse und andere Informationen dieser Art von allgemeinem Nutzen gehören nicht zu den Nachrichtensendungen, es sei denn, sie dienen als Nachrichtenquelle (entsprechend den normalen Nachrichtenkriterien). Indessen ist es oft sehr praktisch, solche Ansagen innerhalb des Nachrichtenprogramms zu übertragen Wenn innerhalb der Nachrichtensendung genügend Raum ist, gibt es wahrscheinlich keinen Grund, die existierende Praxis zu ändern. Es sollte jedoch vermerkt werden, daß die Einbeziehung dieser Ansagen in das Nachrichtenprogramm noch keine Nachrichten aus ihnen macht, so daß keine Nachrichtenmaßstäbe an sie angelegt werden können. Die Ergebnisse von Sportwettkämpfen und ähnlichen Veranstaltungen sollten ebenfalls als Dienstleistungsinformationen verstanden werden.

Kriterien für Nachrichteninformationen

Wie schon gesagt, ist der Zweck der Nachrichtensendungen die Übermittlung zuverlässiger Informationen auf laufender Basis und die intellektuelle Aktivierung, die damit verbunden ist. Das Nachrichtenmaterial muß entsprechend diesen Kriterien ausgewählt und dem Publikum übermittelt werden, damit diese Zielsetzung glaubwürdig wird. Vermittels dieser Kriterien kann der Wert einer Nachricht, zumindest im Vergleich zu anderen Nachrichten, bestimmt werden, zusammen mit den Mitteln, die das beste Ergebnis aus dem Nachrichtenmaterial eines bestimmten Tages zeitigen.

Die Kriterien für Nachrichtensendungen, welche diesem Zweck dienen, können nicht auf die Übermittlung von Informationen beschränkt werden, die mit einer speziellen Ideologie oder sozialen Theorie übereinstimmen. Das wäre ein *politischer* Maßstab. Die Nachrichten können auch nicht auf das beschränkt werden, was das Publikum hören will; das Interesse der Zuhörer zu einer gegebenen Zeit richtet sich nach dem, woran die Menschen gewöhnt sind (oder was ihnen vorher gegeben wurde). Dies würde einen *kommerziellen* Maßstab bedeuten. Das wichtigste Kriterium für die Nachrichtenauswahl sollte das Ausmaß sein, in dem das beschriebene Ereignis mutmaßlich das Leben einer Vielzahl von Menschen beeinflußt, d. h. das Ausmaß der Wirkungen des Ereignisses auf das Publikum. In diesem Falle verwenden wir einen *informatorischen* Nachrichtenmaßstab.[1])

In seiner ausführlichen Begriffsanalyse, basierend auf der semantischen Informationstheorie, liefert Ahmavaara eine logisch exakte Formulierung für

---

[1]) Die hier beschriebenen informatorischen Nachrichtenkriterien basieren auf Ahmavaara's Studie *Informaatio* (Information: Eine Studie über die Logik der Kommunikation; in finnischer Sprache; Tapuola 1969).

das allgemeine Ziel der Finnischen Rundfunkgesellschaft, wie in den Programmbestimmungen dargelegt, d. h. die Deutung einer subjektiven Weltanschauung und die Folgen einer Anhäufung neuer empirischer Ergebnisse darüber. In diesem Rahmen sind Nachrichten, laut Definition, als Mitteilungen zu verstehen, die möglicherweise die Weltanschauung des Empfängers in realistischerem Sinne ändern, z. B. mehr den neuen Erfahrungen über die „objektiv wahre Welt" entsprechen. Dies führt notwendigerweise zur Hervorhebung von Tatsachen und Meinungen, die im Klima der öffentlichen Meinung „vernachlässigt" wurden, und ferner zu einer Art Zwiespalt zwischen den Medien und der Öffentlichkeit; dies ist es letztlich, worauf im Grunde die Idee der Opposition gegen (jede Art von) Konformismus und Hegemonie hinausläuft.

Das Prinzip einer informatorischen Programmpolitik — oder einer informatorischen Pressepolitik im allgemeinen — kann auch so ausgedrückt werden, wie es im dritten Teil des langfristigen Planungsberichtes der finnischen Rundfunkgesellschaft ist:

> „Das wohlerwogene Ziel der informatorischen Rundfunksendungen ist es, die Zensur zu vermeiden, die eine Folge der Aufnahme ideologischer Glaubenssätze in das Programm sein könnte. Dies bedeutet nicht, daß informatorische Sendungen keine ideologischen Sätze enthalten sollten, sondern lediglich, daß die damit verbundene Zensur vermieden werden sollte. Dies kann dadurch erreicht werden, daß man innerhalb des gesamten Sendeprogramms verschiedene ideologische Gesichtspunkte darstellen läßt und somit die von jedem einzelnen gesetzten Informationsschranken aufhebt. Die Prinzipien der informatorischen Rundfunksendungen leiten sich von dem allgemeinen Konzept der Information her, das besagt, daß verschiedene Weltanschauungen als alternative Hypothesen und nicht als ideologische Wahrheiten angesehen werden sollten. Nur wenn sie diesem Grundsatz folgen, können die Rundfunksendungen der Öffentlichkeit die größtmögliche Menge an genauesten Informationen über die sie umgebende Welt liefern. Informatorische Rundfunksendungen gründen sich auf die Voraussetzung größtmöglicher Unabhängigkeit von allen Interessengruppen, einschließlich des Staates".

Kriterien für den Wert von Nachrichten

1. Das externe Kriterium

Die Bedeutung einer Nachricht wird erstrangig *von dem Ausmaß bestimmt, in dem das beschriebene Ereignis das Leben der Zuhörer und Zuschauer entweder direkt oder indirekt beeinflußt, unabhängig davon, ob sich das Publikum selbst dieser Wirkung bewußt ist.*

So sind z. B. die Nachrichten über die Verhandlungen der Wirtschaftsminister der vier größten kupferproduzierenden Länder in Peru von erheblichem Wert; diese vier Länder sind Entwicklungsländer, die sich auf dem Wege der Zusammenarbeit von der Vormundschaft der Industrienationen befreien und eine stabile Wirtschaftslage schaffen könnten. Außerdem ist Kupfer von strategischer Bedeutung; es ist daher möglich, daß die Industrienationen ihren Einfluß nicht freiwillig aufgeben werden. Es werden Krisen auftreten, deren wahre Natur vielleicht niemals enthüllt wird. Aus all diesen Gründen sind die Nachrichten über die Verhandlungen wichtig und betreffen indirekt auch das finnische Publikum, von dem man jedoch nicht erwarten kann, daß es sich der Bedeutung dieser Verhandlungen bewußt ist.

Diesem Kriterium entsprechend können auch statistische Informationen, die einen Entwicklungsprozeß beschreiben, Nachrichtenwert haben.

Die externen Kriterien sollten trotzdem nicht so starr angewandt werden, daß Nachrichten allgemeiner, informatorischer Natur ausgemerzt werden. Solche Grundlage ist laufend notwendig, sowohl für einheimische wie für internationale Nachrichten. In diesem Falle sind auch solche Nachrichten von Wert, welche die finnischen Zuhörer vielleicht nicht einmal indirekt betreffen, die aber Teil eines allgemeinen Entwicklungstrends sind, der sich auf mehrere verschiedene Sachverhalte bezieht und den zu verstehen von Nutzen ist.

2. Das Kriterium der Allgemeingültigkeit

Ein Nachrichtengegenstand muß allgemeine Bedeutung haben. Das heißt, *daß er einen größtmöglichen Teil der Zuhörer angehen muß*, welche die Nachrichten verfolgen. Nach diesem Maßstab sind Nachrichten über eine Begebenheit, die nur das Leben weniger Individuen beeinflußt, nicht sonderlich wertvoll. So ist es zum Beispiel nicht angebracht, die Namen der Menschen zu publizieren, die beim Brand eines Privathauses umgekommen sind, es sei denn, es waren zufällig sehr prominente Leute.

Dieses Kriterium sollte jedoch nicht so strikt angewandt werden, daß es die Möglichkeit von Informationsübertragung an Minoritätengruppen ausschließt, deren Unterrichtung speziell vom Nachrichtendienst in Hörfunk und Fernsehen abhängig ist. Eine solche Minoritätengruppe stellen beispielsweise die Blinden dar.

Zuverlässigkeit, Ausgeglichenheit, Schnelligkeit

„Reine" Nachrichten sollten auf der Anwendung der beiden genannten Kriterien basieren. Zusätzlich jedoch sollten die an alle Rundfunk- und Fernsehsendungen gestellten Anforderungen der Zuverlässigkeit, Ausgewogenheit (Neutralität, Unparteilichkeit) und Schnelligkeit berücksichtigt werden.

Zuverlässigkeit bedeutet, daß die einzelnen Informationen wenn möglich überprüft werden sollten. Bei inländischen Nachrichten kann dies im allgemeinen geschehen. Aus dem Ausland jedoch erhält man oft ungewisse Nachrichten, so daß lediglich die Agentur, die die Nachricht liefert, für ihren Inhalt verantwortlich ist. Bei der Veröffentlichung solcher Informationen sollte die damit verbundene Ungewißheit stets klargemacht werden, nicht nur durch die Angabe der Initialen der verantwortlichen Nachrichtenagentur, die für das Publikum oft nichts besagen, sondern auf deutlichere Weise.

Zuverlässigkeit ist eng verbunden mit *Ausgeglichenheit*, insofern als es oft schwierig ist, ein verläßliches Bild eines Ereignisses zu gewinnen, wenn man nicht viele verschiedene Gesichtspunkte in Rechnung zieht. Über einen gewissen Zeitraum sollten verschiedene Interpretationen eines Geschehens oder Sachverhaltes dargeboten werden, soweit sie verfügbar sind. Dies stellt hohe Anforderungen an die Fähigkeiten der Redakteure und an ihr Bestreben, so objektiv wie möglich zu sein. Da jedoch kein Mensch vollkommen objektiv sein kann, selbst wenn er ernsthaft darum bemüht ist, sollten möglichst viele verschiedene Denkungsrichtungen in der Redaktion vertreten sein. Nur dies kann auf lange Sicht Ausgewogenheit garantieren.

Es ist nicht das Wichtigste, kurzfristige Objektivität zu erstreben auf einen Zustand hin, da jede einzelne Nachricht die Wahrheit ist. Das ist nicht möglich. Wenn man aber immer davon ausgeht, daß jede einzelne Nachricht möglicherweise parteiisch, einseitig, subjektiv und unzuverlässig ist, kann auf lange Sicht ein hohes Maß an Unparteilichkeit erreicht werden.

Es ist daher nicht zu raten, die verläßlichste Nachrichtenquelle und den objektivsten Redakteur zu suchen. So etwas gibt es nicht. Alle möglichen Nachrichtenquellen sollten genutzt werden, und die Redaktion sollte mit Redakteuren besetzt sein, die sich voneinander in so vieler Hinsicht wie möglich unterscheiden, in Subjektivität, Lebensphilosophie und Parteilichkeit. Auf diesem Wege kann etwas Wesentliches durch die Regeln erreicht werden, welche Unparteilichkeit, das Anhören der anderen Seite, gleiche Behandlung aller Parteien, Überprüfung von Nachrichten usw. verlangen.

Schnelligkeit ist ein wesentlicher Teil der Nachrichtenübertragung. Es ist wichtig, daß Nachrichten ohne Verzögerung an das Publikum weitergegeben werden. Dies heißt jedoch nicht, daß Schnelligkeit als Entschuldigung für ungenaue Berichte, oberflächliche Kommentare oder direkte Irrtümer gelten kann.

Kriterien für erläuternde Kommentare

Im Falle von Hintergrundkommentaren müssen zusätzliche Maßstäbe angewandt werden, die wir interne Kriterien nennen können. Da der Ausgangspunkt des Kommentars die „reinen" Nachrichten sind, werden die äußeren und allgemeinen Kriterien indirekt angewandt.

Das interne Nachrichtenkriterium besagt, daß der Nachrichtenwert eines Tatbestandes durch die Bedeutung bestimmt wird, die ihm der Empfänger beimißt. Der Sinn eines erläuternden Kommentars ist es deshalb, den Inhalt einer Nachricht den Zuhörern so zu erklären, daß sie deren Bedeutung für ihr eigenes Leben erkennen. Dies ist gleichzeitig intellektuelle Anregung, die eigentliche Funktion des Kommentars.

Schlußfolgerungen

Aufgrund der oben definierten Kriterien sollte ein Teil der Tagesnachrichten anders behandelt werden, beispielsweise Verbrechen, Unfälle, Schönheitswettbewerbe, königliche Hochzeiten und Sport. Diese Art von Nachrichten haben selten Bedeutung in Bezug auf die Lebensweise der Zuhörer oder deren geistige Anregung, es sei denn, sie nehmen bedeutende Proportionen an, oder sie werden in solcher Weise dargestellt, daß ihre allgemeine Bedeutung — oder deren Mangel — offensichtlich wird. Diese Art von Meldungen ist typisch für die auf traditioneller (kommerzieller) Basis ausgewählten Nachrichten, die dem Publikum geben, was es hören will und was es zu wünschen gewöhnt ist. Die Benutzung dieser Art von Material wird meist damit verteidigt, daß es die Menschen auch zum Verfolgen wichtigerer Nachrichten veranlaßt. Mit gleichem Recht könnte man jedoch sagen, daß die Benutzung solchen Materials das Interesse der Hörer von wichtigeren Tatbeständen auf Banalitäten ablenkt. Aus diesem Grunde sollte man dergleichen Dinge von Rundfunk- und Fernsehsendungen ausschließen. Die mögliche Abnahme der Zuhörerzahlen infolge der Ausmerzung dieser Art „Verkaufs"-material kann durch Erhöhen des Interesses an wichtigeren Tatbeständen durch erläuternde Kommentare verhindert werden. Außerdem ist gezeigt worden, daß das Aufnehmen von Rundfunk- und Fernsehsendungen nicht ausschließlich von ihrem Inhalt abhängt (siehe oben).

Wenn also der Nachrichtenwert von Verbrechen und Unfällen und anderen Ereignissen dieser Art im Vergleich zur heutigen Praxis bei Anwendung der informatorischen Kriterien erheblich abnehmen würde, heißt dies jedoch nicht, daß ein derartiges Material überhaupt nicht benutzt werden kann. Der zur Veröffentlichung ausreichende Nachrichtenwert wechselt erheblich von Tag zu Tag. Außerdem müssen wir daran denken, daß der Nachrichtenwert eines Tatbestandes merklich durch die Darstellung beeinflußt werden kann. Z. B ein Unfallbericht, bei dem die Aufmerksamkeit hauptsächlich auf die allgemeinen Unfallursachen und Möglichkeiten ihrer Verhütung gelenkt wird, kann bedeutend zur Verhinderung künftiger Unfälle beitragen.

(Im weiteren Verlauf dieses Berichtes werden detaillierte praktische Maßnahmen vorgeschlagen, die in allgemeinerer Form in dem hier wiedergegebenen Auszug enthalten sind.)

Franz Dröge, Rainer Weißenborn, Henning Haft

Die Aussage: Stimulusfeld*)

Der nächste Beitrag handelt von einigen wichtigen Aspekten der „Aussage". Seit die Menschen mit der Erfindung der Schrift und des Drucks (und später anderer technischer Verfahren) es möglich machten, Aussagen so zu fixieren, daß man sie in der Zeit konservieren und im Raum transportieren kann, hat sich auch die Wissenschaft mit diesem merkwürdigen, „Aussage" genannten Phänomen beschäftigt. Ging es dabei zunächst primär um das hermeneutische Problem des „Sinnes" und der „Bedeutung" des Ausgesagten, so wurde doch auch schon früh — mit einem deutlichen Gipfel in der antiken Rhetorik, etwa bei Quintilian (30—96 n. Chr.) — danach gefragt, wie die Aussage nach Inhalt und Form beschaffen sein muß, damit der Rhetor sein Ziel erreicht oder — in moderner Terminologie — damit die Wirkungen den Intentionen des Kommunikators entsprechen. Damit wird die Aussage nicht mehr isoliert „für sich" gesehen, sondern in Relation zum Rezipienten, dergestalt, daß die Aussage, so wie sie dargeboten wird, beim Rezipienten etwas „bewirkt". Zweifellos liegt dieser Sichtweise ein kausalistisches Denkmodell vom Kommunikationsprozeß zugrunde, und bei den meisten empirischen Untersuchungen, von denen im Beitrag von Dröge und Mitarbeitern die Rede ist, ist dieser Ansatz deutlich zu erkennen, der zwar forschungstechnisch hier und da notwendig sein mag, den man heute aber im Modell von den größeren Interdependenzen im Prozeß der Massenkommunikation nur als begrenzten Teilaspekt betrachtet.

Der praktisch äußerst wichtige Fragenkreis der zweckmäßigsten Aussagengestaltung kann empirisch nur durch eine sehr große Zahl von Experimenten mit systematischem Variieren der verschiedenen „Elemente" der Aussage sowie der psychologischen und soziologischen Merkmale der Rezipientenseite studiert werden. Auf diese Weise hat sich mittlerweile ein beachtliches, aber immer noch zu geringes, lückenhaftes und zum Teil auch widersprüchliches Forschungsmaterial angesammelt. Im folgenden fassen Dröge, Weißenborn und Haft dieses Material zusammen, gegliedert nach den Gesichtspunkten

- *Form und Stil der Aussage,*
- *emotionelle Appelle,*
- *Anordnung der Argumente,*
- *kumulative Wirkungen von Aussagen.*

Bei der Betrachtung der Aussage als Faktor im Wirkungsprozeß von Kommunikationen ist es nötig, gewisse Trennungen vorzunehmen. Es ist z. B. nicht möglich, die Variable der Anordnung von Argumenten mit einer Variable

*) Aus: Franz Dröge, Rainer Weißenborn, Henning Haft: Wirkungen der Massenkommunikation. Münster: Regensberg 1969, S. 83—108 (gekürzt).

des Stils unter den gleichen Gesichtspunkten zu betrachten. Es erfolgt daher eine Vierteilung in:
Form und Stil,
Appelle,
die Argumentanordnung einer Aussage,
kumulative Wirkung von Aussagen.

Die Wirkungsrelevanz von Aussagevariablen ergibt sich aus ihrer Bezogenheit auf entsprechende Prädispositionen der Rezipienten. Das bedeutet, daß man Variablen der Aussage ausschließlich im Verbund mit den kongruenten rezeptiven Merkmalen untersuchen muß.

Stilmerkmale im Wirkungsprozeß sind z. B. keine objektiven Bedingungen, sondern stets bezogen auf die Subjekte der Rezeption. Als Parallelbeispiel bietet sich der Kommunikator an, dessen innerorganisatorische Entscheidungsstrukturen und Wertdispositionen ebenfalls von erheblich geringerer Wirkungsrelevanz sind als das Image, das Rezipienten von diesen Faktoren haben. Das beschriebene Erkenntnisziel ist methodisch im ersten Schritt nur über eine isolierte Einzelschätzung der unabhängigen Variablen zu erreichen. Nach unserer Prämisse stehen sämtliche Variablenkomplexe, von denen die Aussage ja nur einen bildet, für das rezeptive Bewußtsein ebenfalls in einem interdependenten Zusammenhang. Das bedeutet, daß nicht nur die Variablen der Aussage, sondern alle Variablenkomplexe vor der Aussage bis zur Situation ein Stimulusfeld bilden, dessen Komposition subjektiv von der Diskrepanz anfänglicher Einstellung eines Rezipienten zur Aussage abhängt. Diese Feststellung führte zu der anfangs bereits aufgestellten Behauptung, daß eine Gesamtfunktion für g zu ermitteln ist.

Form und Stil

Hier werden formale Kriterien der Aussage, wie Aufbau, Textveränderungen, Text und Bild, Bild gegenüber Text und Stil behandelt. Der größte Teil der hierzu vorliegenden Untersuchungen ist ad hoc durchgeführt und bietet nicht die Möglichkeit zu Generalisierungen. Fernerhin macht sich gerade in diesem Themenkreis der Wirkungsforschung der Umstand geltend, daß die Arbeiten nahezu alle in den Vereinigten Staaten angefertigt worden sind und wegen interkultureller Unterschiede gerade auf dem Gebiet der Aussagegestaltung und hierauf bezogenen Rezeptionshabitualisierungen nicht ohne weiteres übertragbar sind. Das Instrument der Aussageanalyse (content analysis), mit dem die in der Aussage angesiedelten wirkungsrelevanten Faktorenbündel präzise aufgeschlüsselt werden könnten, ist zudem praktisch noch nicht für alle Wirkungsforschung auf diesem Sektor genutzt.

Emotionale Appelle

Untersuchungen von Hartmann (10), Menefee, Granneberg (21) bearbeiten die Hypothese: Wenn in einer Kommunikation emotionale Appelle enthalten sind, so ist sie wirksamer als eine Kommunikation, die hauptsächlich rationale

Appelle an die Rezipienten enthält. Diese Hypothese wurde bestätigt. Andere Experimente (8 und 17) stellten eine Überlegenheit von rationalen über emotionale Appelle fest. Der Widerspruch dieser beiden Aussagen ist aufzulösen, wenn man die durch die verschiedenen Aussagethemen begründeten Variablen näher untersucht.

„Angsterregende" Appelle (Droh-Appelle) in Kommunikationen werden die genannt, die ungünstige Folgen eines Objekts beschreiben (oder darauf anspielen), die eintreten würden, wenn man die Schlüsse der Kommunikation nicht befolgt.

Dies angewendet auf Publizistik bedeutet:

a) Wenn Rezipienten einer Kommunikation ausgesetzt sind, in der emotionale, furchterregende Argumente kommuniziert werden, dann induzieren sie bei Ich-Beteiligung ambivalente emotionale Reaktionen.

b) Unter diesen Bedingungen aktivieren sich die Rezipienten in verschiedenen ungerichteten Reaktionen, um diesen mehrdeutigen Zustand, der ein subjektives Unsicherheitsgefühl hervorruft, zu beenden oder zumindest zu reduzieren.

Das kann auf mehrere Arten geschehen:

1. durch Wiederbesinnen (Erinnern an Gelerntes) auf eine Situation, die schon einmal dagewesen war und dieser glich,
2. durch Ausweichen auf verbale Beruhigungen, die in der Kommunikation mitgeliefert worden sind,
3. durch Selbstberuhigungen, die sich in verbalen Äußerungen wie „Pläne schmieden", dieser Bedrohung „auszuweichen", ganz allgemein: in Aktivitäten äußern.

Kommunikationen mit Droh-Appellen sind daher am wirksamsten, wenn

1. die Angst-Appelle der Kommunikation stark genug sind, um eine emotionelle Bewegung (Spannungszustand) hervorzurufen, die wiederum einen Antrieb installiert, um diese Bewegung herunterzuspielen, und wenn
2. dem Bewußtwerden der dargebotenen Einstellungen (threat-appeals in diesem Fall) unmittelbar durch Anbieten eines reduzierenden Einstellungsobjektes (= Ziel der Aussage) eine Reduzierung dieser Angst folgt.

Durch Drohappelle wird eine emotionale Spannung erzeugt; die Spannung beruht auf der Wahrnehmung der Diskrepanz. Diese Diskrepanz wird im emotionalen Appell für den Rezipienten subjektiv so verzerrt, daß er sie als größer empfindet, als sie tatsächlich ist. Diese schockartige Bewußtmachung der Diskrepanz soll zur Dissonanzreduktion führen. Es zeigt sich, daß der ganze Wirkungsmechanismus der emotionalen Appelle um so wirksamer ist, je höher der Grad der Ich-Beteiligung wird. Er funktioniert also nicht überall, sondern ist an Themen gebunden, die für die Rezipienten vitale Funktionen erfüllen. Wenn die Kommunikation erfolgreich sein will muß entweder eine „Selbst-Beruhigung" stattfinden (durch Gelerntes), oder die Kommunikation muß Lösungsmittel mitgeben, um die gewollte negative emotionale Bewegung zu dämpfen oder gar ganz zu beseitigen. Folglich kann man emotionale Spannung als abhängige Variable ansehen, die im weiteren Wirkungsprozeß zur unabhängigen Variablen wird.

Die emotionale Spannung kann unterteilt werden in a) kommunikatorbezogene Indikatoren, b) inhaltliche Indikatoren und c) die vorherigen Erfahrungen der Rezipienten bezüglich des Spannungsobjektes.

Faktoren der Argumente und ihre Anordnung

Die Argument-Faktoren werden auch als argument-gebundene intervenierende Variablen behandelt. Der Übersichtlichkeit wegen werden Unterteilungen vorgenommen in:

a) explizite im Gegensatz zu impliziten Schlußfolgerungen in der Kommunikation,

b) einseitige im Gegensatz zu zweiseitiger Kommunikation,

c) Variabilität der Anordnung von Argumenten in bezug auf die intendierte Meinung.

Explizite im Gegensatz zu impliziten Schlußfolgerungen in einer Kommunikation.

Die bekannteste Untersuchung, die sich mit diesem Aspekt befaßt, ist ein Experiment von Hovland und Mandell (13), welches folgende Hypothese untersucht: Wenn eine Kommunikation ihre Schlüsse explizit zieht, bewirkt sie eine größere Meinungsänderung in Richtung der angestrebten Meinung, als wenn sie die Schlüsse implizit läßt.

Eine gleiche Kommunikation über das Thema „Abwertung der Währung", nur mit einem Unterschied, daß in einer Gruppe die Schlüsse explizit gezogen wurden, während in einer anderen Gruppe die Schlüsse dem Rezipienten überlassen wurden, wurde studentischen Versuchsteilnehmern übermittelt. Die Hypothese wurde signifikant bestätigt, 47,9 % der Studenten der ersten Gruppe änderten ihre Meinungen in Richtung der kommunizierten Argumente mit expliziter Schlußfolgerung, während es in der zweiten Gruppe nur 19,3 % der Probanden waren. Gleichzeitig durchgeführte Persönlichkeitstests über „Beeinflußbarkeit" oder „Unabhängigkeitsstreben" und „Intelligenz" zeigten keine signifikanten Unterschiede zwischen den beiden Gruppen, was allerdings methodische Gründe (die Stichproben entstammen der gleichen, ziemlich homogenen Population) hatte.

Unterstützung findet dieses Ergebnis in einer anderen Untersuchung (9), welche die gleiche Hypothese, mit anderen Inhalten der Kommunikation, bestätigt. In gleiche Richtung tendieren auch die Ergebnisse von Cartwright (2) wonach Handlungen in Übereinstimmung mit den Empfehlungen einer Kommunikation um so wahrscheinlicher werden, je expliziter das Ansinnen für die Handlung präsentiert wird. Die Frage tritt nun auf, ob diese Ergebnisse immer zu erwarten sind. Gibt es mögliche Abweichungen, wenn Positionen im Kommunikationsprozeß variiert werden? Dies ist ebenfalls von allen am Kommunikationsprozeß beteitigten Variablen abhängig.

Der *Kommunikator:* In einem Teil der Hovland-Studie wurde die Glaubwürdigkeit des Kommunikators variiert. Einmal wurde er als Interessenvertreter geschildert, der etwas zu gewinnen hat, wenn seinen Schlüssen gefolgt wird, einmal als unparteiischer Wirtschaftler. Trotzdem blieb die Kommunikation mit den expliziten Schlußfolgerungen in beiden Gruppen die effizientere. Im Gegensatz dazu steht die ebenfalls signifikant bestätigte Hypothese (13): Aussagen ohne Schlußfolgerungen führen dann eher zu Meinungswandel (in Richtung der Aussage), wenn der Kommunikator weniger glaubwürdig ist. Es bleibt also die Frage offen, welche weitere Faktoren, evtl. des Inhalts oder auch der Prädispositionen, zu diesen widersprüchlichen Ergebnissen geführt haben.

Der Inhalt. Erste Variable: *Ich-Bezug: Hovland* verwandte in seiner Untersuchung relativ unpersönliches Kommunikationsmaterial, von dem er annehmen konnte, daß die Probanden von den Argumenten wenig berührt waren. Die Hypothese sollte dahingehend präzisiert werden: Wenn eine Kommunikation eine Serie von Argumenten über ein unpersönliches Thema macht, dann ist die explizite Schlußfolgerung der impliziten überlegen (11, S.105). Darauf deuten auch Erfahrungen aus der Psychotherapie hin, die zeigen, daß Entscheidungen, die von den Patienten selbst gefällt werden, weit wirksamer sind, als Vorschläge, die von den Therapeuten gemacht werden.

Zweite Variable: *Thematische Vertrautheit:* In Fällen, in denen die Rezipienten mit dem Inhalt der Kommunikation sehr vertraut sind, ist eine Kommunikation, welche die Schlüsse implizit läßt, die wirksamere (220).

Dritte Variable: *Die thematische Komplexität:* Je komplexer das Thema ist, desto schwieriger ist es für die Rezipienten, ihre Schlüsse selbst zu ziehen. Je komplexer ein Thema, desto besser es ist, die Schlüsse explizit zu ziehen; je weniger komplex, desto wirksamer ist es, sie implizit zu lassen (11, S. 104).

Vierte Variable: *Formaler Aufbau:* Der formale Aufbau einer Kommunikation, d. h. ob sie stilistisch dicht oder einfach aufgebaut ist, in bezug auf explizite oder implizite Schlußfolgerungen, spielt keine Rolle. Bei beiden Faktoren zeigen sich gleiche Ergebnisse in bezug auf die Meinungsäußerung in Richtung der Kommunikation. Es gibt auch keinen Unterschied in der Dauer der Wirkung; beide Arten zeitigen kurz- und mittelfristig unter gleichen Experimentalbedingungen gleiche Effekte. In dieser Untersuchung unterscheiden sich die beiden Präsentationen der Schlußfolgerungen bezüglich einer meinungsändernden Wirkung nicht. Eine explizite Schlußfolgerung fördert das Verständnis einer

Kommunikation graduell mehr als eine implizite (21). Zu diesen Untersuchungsergebnissen muß man allerdings sagen, daß die Untersuchung 1955 an Rekruten der Air Force in den USA stattgefunden hat, das Thema der Kommunikation der Korea-Krieg war. Es scheint hier tatsächlich eine hochgradig ichbezogene Situation für die Rezipienten vorgelegen zu haben. Das Ergebnis stimmt dann mit den Darlegungen zur Variable „Ich-Bezug" überein.

Das Publikum: Ergebnisse einer Untersuchung von Cooper, Dinerman (4 und 24; 16, S. 88) deuten darauf hin, daß

je geringer die Intelligenz, desto weniger werden implizite Schlußfolgerungen in Aussagen verstanden und akzeptiert,

je höher die Intelligenz, desto mehr werden implizite Schlußfolgerungen verstanden und akzeptiert.

Die Ergebnisse dieser Arbeiten zeigen, daß Wirkungen auf die Meinungen von Rezipienten neben diesen argument-gebundenen Faktoren hauptsächlich noch von zwei weiteren Variablen abhängig sind:

1. den ursprünglichen Meinungen der Rezipienten, also prädispositionalen Faktoren.

2. der Intelligenz der Rezipienten.

Es erwies sich, daß eine einseitige Präsentation bei Rezipienten, die eine der Aussage entsprechende Einstellung haben, wirksamer ist als eine zweiseitige (12, S. 225). Das heißt, eine ohnehin geringe Diskrepanz wird weiter reduziert. Umgekehrt ist eine zweiseitige Aussage bei Rezipienten wirksamer, die eine der Aussage entgegengesetzte Einstellung haben, also eine große Diskrepanz aufweisen (ebenda). Bemerkenswert ist, daß die zweiseitige Kommunikation zwar bei ursprünglich oppositionellen Rezipienten eine größere Wirkung hat, die einseitige aber ebenfalls einen, wenn auch geringeren, Meinungswandel in Richtung der von ihr vertretenen Meinung erzielt.

Zu dem Faktor Intelligenz wurde ermittelt, daß einseitige Kommunikation bei schlechter gebildeten Rezipienten wirksamer ist und zweiseitige bei besser gebildeten (12, S. 223). Die zweiseitige Kommunikation ist bei intelligenten Rezipienten wirksamer, unabhängig von der ursprünglichen Einstellung, während die Kommunikation, die nur eine Seite präsentiert, bei weniger intelligenten Rezipienten wirksamer ist, ebenfalls unabhängig von der ursprünglichen Einstellung.

Die Wirksamkeit einer zweiseitigen Kommunikation mindert sich sehr, wenn diese den Anspruch erhebt, alle Aspekte einer Sache zu berücksichtigen, entweder indem sie dies am Anfang behauptet oder es durch ausführliche Präsentation beider Seiten zeigt — und dann irgendein den Rezipienten bekanntes wichtiges Argument wegläßt. Der Meinungswandel (Wirksamkeit) ist dann bei denen am geringsten, die den Punkt am intensivsten vermissen. Die Wirksamkeit der zweiseitigen Argumentation wird hier vom Grad der Kenntnis des kommunizierten Gegenstandes bei den Rezipienten bestimmt. Die Wirksamkeit einer einseitigen Präsentation ist in diesem Fall höher (12, S. 225). Dies gilt unabhängig von den oben beschriebenen Faktoren. Die Erwartungen der Rezipienten sind in dem Fall nicht befriedigt worden, und sie folgen der intendierten Meinung nicht oder nur in zu geringem Maße.

In engem Zusammenhang mit der alternativen Argumentanordnung steht die Frage nach den Wirkungen von Gegenpropaganda. Lumsdaine, Janis (18) befaßten sich in einem Experiment mit den Wirkungen einer einseitigen Gegenpropaganda auf Einstellungen, nachdem diese, in der ersten Experimentgruppe, durch eine einseitige Propaganda modifiziert, in der zweiten durch eine zweiseitige persuasive Kommunikation verändert wurden. Bei diesen Untersuchungen spielen die ursprünglichen Einstellungen, ob konform oder opponent zur ersten Kommunikation, keine Rolle mehr. Es zeigt sich, daß die Rezipienten nach einer zweiseitigen Kommunikation einer Gegenpropaganda gegenüber stärker und länger widerstandsfähig bleiben als nach einer einseitigen Kommunikation (5, 15, 18). Dagegen fand man auch: Einer einseitigen Kommunikation, der eine zweiseitige folgt, wird weniger Widerstand geleistet, und es findet Einstellungsänderung zur Gegenseite statt (15). Erklären kann man diese Phänomene mit einem Immunisierungs-Effekt. Die Rezipienten sind nach einer zweiseitigen Kommunikation schon auf das vorbereitet, was kommt. Die neuen Argumente sind ihnen zumeist schon bekannt. Unterstützung findet diese Erklärung in einer Untersuchung, in der die Gegenaussage ebenfalls variiert wurde (15). Einer zweiseitigen Kommunikation folgte eine ebenfalls zweiseitige Gegenpropaganda. Der Effekt war gleich Null. Die Rezipienten blieben bei ihrem Standpunkt, den sie nach der ersten Kommunikation eingenommen hatten.

Zusammenfassend können wir zum Stand der heute vorliegenden Untersuchungen sagen:

1. Eine zweiseitige Präsentation ist wirksamer über längere Zeit als eine einseitige
   a) wenn die Rezipienten unabhängig von der ursprünglichen Einstellung einer einseitigen und auch zweiseitigen Gegenaussage ausgesetzt werden,
   b) wenn die Rezipienten unabhängig von der Gegenaussage der kommunizierten Einstellung negativ gegenüberstehen.
2. Eine einseitige Präsentation ist effizienter als eine zweiseitige, wenn
   a) die Rezipienten eine ursprüngliche Einstellung konform zu der in der Kommunikation vertretenen besitzen;
   b) und wenn sie nicht einer ein- oder zweiseitigen Gegenpropaganda ausgesetzt werden.

Das Beharrungsvermögen einer Meinung bei Gegenkommunikation wird durch zwei Hypothesen erklärt, die im Themenkomplex „vorbereitende Aussage" (preparatory communication) entwickelt wurden. Diese sind unter dem Namen „Überlagerungs-Effekt" (interference effect) und „Räsonnier-Effekt" (sophistication effect) bekannt. Der Grad der empirischen Bestätigung dieser Hypothesen ist noch sehr gering. Vorläufig sind sie nur als hypothetische Konstrukte, die aus der Lerntheorie und der Dissonanztheorie folgen, zu betrachten.

Variabilität der Anordnung von Argumenten in bezug auf die intendierte Meinung

Den Anfang einer kaum noch zählbaren Masse von Untersuchungen zu diesem Thema machte ein fast schon klassisch zu nennendes Experiment von Lund (19) aus dem Jahre 1925, das die Hypothese prüft: Die Seite eines Einstellungsobjektes, die zuerst präsentiert wird, hat eine größere Wirksamkeit (= Chance akzeptiert zu werden), als die Seite, die anschließend präsentiert wird. Daraus leitete er ein *„Gesetz des Primats der ersten Kommunikation"* („Law of primacy") ab. Lund führte das Experiment an seinen eigenen Studenten durch. Gleichgültig, welche Argumente er zuerst präsentierte, die Probanden wurden von der Darstellung immer signifikant mehr beeinflußt (in positiver Richtung).

Widerlegung fanden diese Ergebnisse hauptsächlich durch Hovland, der das Experiment von Lund gleich zweimal mit den gleichen Themenbereichen wiederholte (14, S. 13 ff.) und in beiden Experimenten herausfand, daß das Auftreten von „Primacy" und „Recency" zufällig ist. Ein dritter Anlauf (14, S. 17 ff.), dieses Mal mit anderen aktuellen Themenbereichen, erbrachte das gleiche Resultat. Direkte Widerlegung fanden sie ebenfalls in Resultaten von Carr (3), der ein „Law of recency" postulierte.

Die Experimente Hovlands (11, S. 120—130; 14) sind nur die bedeutendsten Untersuchungen. Der Mangel all dieser — und weiterer — Untersuchungen besteht aber darin, daß fast jedesmal andere Variablen getestet wurden. Damit ist keine der Hypothesen einigermaßen gesichert, weil ihr Entscheidungsexperiment nie reproduziert worden ist.

Zu der großen Mannigfaltigkeit dieser Untersuchungsergebnisse formuliert Hovland am Schluß seines Buches (14, S. 154) sehr vorsichtig, wenn er zusammenfaßt: „Die kombinierten Ergebnisse aller dieser verschiedenen Untersuchungen legen nahe, daß die Seite einer Angelegenheit, die zuerst präsentiert wird, einen beherrschenden Einfluß auf die Meinung unter folgenden Bedingungen hat: 1. wenn Möglichkeiten, die Unvereinbarkeit divergierender Momente zu erkennen, nicht vorhanden sind; 2. wenn die gegensätzliche Information von dem gleichen Kommunikator präsentiert wird; 3. wenn beipflichtende (verpflichtende) Aktionen, nachdem die erste Seite präsentiert wurde, stattfinden; 4. wenn die Angelegenheit, um die es geht, ziemlich unbekannt ist; 5. wenn der Rezipient nur ein beiläufiges Interesse (schwache kognitive Bedürfnisse) hat." Inwieweit sich diese Hypothesen als tragbar erweisen, wird sich zeigen müssen.

Zu Punkt 3 ist zu sagen, daß Hovland darin die Ergebnisse von Lund interpretiert. Lund war der reguläre Lehrer seiner Probanden — diese befürchteten, sich durch Meinungswandel eine Blöße zu geben (Faktor des Verpflichtetseins). Zu Punkt 4, der intensiv von Lana untersucht wurde, zeigen die Ergebnisse schon jetzt, daß sich diese Annahme so nicht halten läßt.

Ein Sonderfall in der Anordnungsvariabilität

Hier geht es ebenfalls um die Frage, wie sich die Intensität von Argumenten in Abhängigkeit von ihrer Anordnung auswirkt:
Starke nach schwachen (climax order)
schwache nach starken (anticlimax order)
oder regellos,
damit sie eine größtmögliche Wirkung erzielen.

Einige wenige Untersuchungen sind bisher zu dieser Frage durchgeführt worden. Sponberg (23) bestätigt z. B. die „Anti-Climax-Hypothese", also die Wirkungsdominanz starker Argumente vor schwachen in einer Kommunikation; Cromwell (6) hingegen bestätigt die „Climax-Hypothese". Ebenso gegensätzliche Ergebnisse erbringen auch andere Arbeiten zum gleichen Thema.

Also läßt sich das Problem vorläufig nicht entscheiden. Hovland(11, S. 120) gewinnt aus mehreren Untersuchungen folgende vorläufige Hypothesen:

1. „*Climax*"- Anordnung ist wirksamer bei Inhalten, mit denen die Rezipienten vertraut sind und mit denen sie sich von vornherein verbunden fühlen.

2. „*Anti-Climax*"-Anordnung ist wirksamer bei Inhalten, mit denen die Rezipienten nicht vertraut sind und an denen sie nicht interessiert sind.

Durch Modifikation des zweiten Anderson-Modells über die Reihenfolgen von werthaltigen Sprachelementen in Argumentationsfolgen — denn darum handelt es sich hier auch — ist das Problem der Climax- oder Anti-Climax-Anordnung ebenfalls formalisierbar und damit bei genügend empirischen Daten in ein voraussageträchtiges Instrument zu überführen, sofern man nicht den noch wirkungsvolleren Weg einschlägt, dieses Modell in ein Simulationsmodell umzuwandeln.

Kumulative Wirkungen

Der Fragenkomplex zu diesem Thema zerfällt in mehrere Einzelfragen:

1. Bewirkt eine Wiederholung der Aussage, die den Einstellungen des Rezipienten

a) konform[1] ist, eine Verstärkung (Intensitätssteigerung), ein Gleichbleiben (Null-Wirkung) oder ein Nachlassen seiner Meinung (Bumerang)?

b) widerspricht[1], eine Verstärkung zum Negativen, also eine noch stärkere Ablehnung (Bumerang) ein Gleichbleiben (Null-Wirkung) oder ein Nachlassen seiner Meinung (Diskrepanz-Reduktion)?

2. Treten in den Wirkungen Unterschiede bei der Präsentation durch verschiedene Medien auf?

Allgemein scheint sich die Überzeugung durchgesetzt zu haben, daß einfache *Wiederholung* bei Meinungsaussagen keine Wirkungsverstärkung zeigt — oder höchstens in minimalem Maße, wobei sich der Effekt sehr bald stabilisiert und möglicherweise sogar wieder abfällt. Kumulation ist hier also nur so zu verstehen, daß ähnliche Aussagen gemacht werden, wobei sich die *Ähnlichkeit* nur auf die der Aussage zugrundeliegenden Dispositionen wie Werte, Motive, Ziel oder Themenkreise bezieht.

Eine Serie von Untersuchungen scheint die Annahme zu bestärken, eine Häufung von Aussagen bewirke eine Wirkungskumulation, die Zustimmungsgeschwindigkeit steige bei wiederholtem „Aussetzen" (exposure) (22). Dabei wurde allerdings die Abhängigkeit von der Argumentstärke nicht mitgetestet. Gleichfalls konnte nicht festgestellt werden, ob Mehrfach-Rezeption ähnlicher Aussagen den Umfang des Meinungswandels bestimmt.

Es wurde festgestellt, daß eine Serie von Filmen einen größeren Meinungswandel hervorrufen kann als ein einziger Film (unter sonst gleichen Bedingungen) (20). Allerdings wird dieses Ergebnis durch die Untersuchung von Hovland und seinen Mitarbeitern (221, Teil I) zumindest relativiert, wenn nicht überhaupt in Frage gestellt.

Berelsons Wähleruntersuchung (1) zeigt weniger klare Wirkungen durch Wiederholung von Aussagen in Massenmedien. Berelson konnte ein wachsendes Interesse beim Rezipienten bemerken, eine Verstärkung der Intensität bei dessen Beschäftigung mit dem Objekt der Aussage (ebenda S. 252) und eine Zunahme der Exaktheit der Wiedergabe der Informationen beim Rezipienten (ebenda). Je häufiger sich dieser den Aussagen der Massenmedien aussetzte, desto weniger war er zum Wandel seiner Meinungs-

[1] Dabei bedeuten konform: ädaquat, und widersprechen: signifikante Abweichung = hoch diskrepant. Die Terminologie stammt von nominal-skalierten Meßverfahren für Wirkungen mit einfachen Dichotomien: ja — nein. Unserem Modell liegt aber eine Rationalskala zugrunde, so daß jede signifikante Abweichung als Widerspruch zweier Meinungen zu bezeichnen ist. Der Mangel der meisten älteren Wirkungsuntersuchungen besteht darin, daß man nur so klar dichotomisierte Meinungen getestet hat, daß keine feineren Meßverfahren entwickelt wurden. Darunter leidet nicht nur die Präzision der Ergebnisse, sondern auch die Terminologie, wie sich am Beispiel „widersprechend" zeigt. Weiterhin sind solche Ergebnisse nur schwer zu generalisieren und in ein Modell einzubringen, weil die Aussagen nicht numerisch zu bestimmen sind. Trotz empirischer Untersuchung verbleiben sie zum Teil im quantitativen Bereich.

position bereit (ebenda). Offenbar wird hier gerade durch die kommunikative Aktivität eine indoktrionierende Selektion in Gang gesetzt, die auf Sicherung der vorhandenen Meinung zielt. Die Selektion folgt der Parteipräferenz. Es findet dann keine Kumulation alternativer Standpunkte, sondern der eigenen Parteimeinung statt. Diese führt dann zur Meinungsintensivierung. Bei Näherrücken des Wahltermins steigt die Ich-Beteiligung. Es fragt sich, inwieweit diese Variable generell wirksam ist; es scheint zu sein, daß mit steigender *Ich-Beteiligung* die Intensität der vorhandenen Meinung durch Mehrfachkommunikation kumuliert, die Wahrscheinlichkeit des Wandels aber umgekehrt proportional abnimmt. Bei Betrachtung kumulativer Wirkungen sind demnach die intervenierenden Variablen der Präferenz und Ich-Beteiligung zu berücksichtigen.

Zwei weitere Untersuchungen stellen eine Meinungsänderung aufgrund der Aussage akustischer Medien fest, verstärkt durch kumulative Wirkung mehrerer ähnlicher Stimuli. Hier jedoch tendieren die Rezipienten dazu, im Laufe der Zeit zu ihrer ursprünglichen Meinung zurückzukehren (7). Diese beiden Untersuchungen zeigten einen bemerkenswerten Unterschied. Im einen Experiment wurden in der ersten Phase in einer von zwei Experimentalgruppen Aussagewiederholungen vorgenommen, die keine Kumulation zur Folge hatten. Nach 30 Tagen, als die Wirkungskurve Null erreichte, wurde das Experiment wiederholt. Die Vpn männlichen Geschlechts aktivierten ihre ersten Reaktionen nicht wieder. Sie waren für die Kommunikation durchlässig geworden, dies deutete auf nachlassende Wirkungen bei Wiederholung hin. Die Vpn weiblichen Geschlechts hingegen reaktivierten nach 30 Tagen signifikant. Zwar konnte auch hier keine Kumulation eindeutig bestätigt werden, es besteht immerhin die Möglichkeit, daß *Geschlecht* eine weitere hypothetische Variable bei der Diskussion kumulativer Wirkungen ist. Um den Kreis widersprüchlicher Ergebnisse zu schließen: Ein anderes Experiment ergab, daß eine wiederholte Aussage — hier durch drei Medien vermittelt — keine kumulative Wirkung in bezug auf das Behalten des Aussageinhalts erbringen muß (vgl. 12, S. 68 f.).

Eine Aufgabe ist die Entwicklung einiger Teilmodelle. Es dürfte gerade hier von entscheidender Bedeutung sein, ob es sich bei der Kommunikation um *Meinungen* oder *Sachaussagen* handelt. Fernerhin, welchen Grad sozialer Sanktionierung der Lernerfolg aus wiederholten Kommunikationen hat. Weiterhin, welche individuelle und soziale *Befriedigung* der Lernerfolg vermittelt. Damit sind einige weitere wichtige Faktoren genannt, die geprüft werden müssen. Zu beachten ist aber noch die *Themenspezifität* oder die *Generalität*. Es ergeben sich also mehrere Elemente, von denen zweifellos einige konjunktiv verknüpft sind, also kovariieren.

Ein möglicher Modellansatz liegt in einer Exponentialfunktion, die eine typische Lernkurve ergibt. Der „efficiency index" (221, S. 284—292), der ein Submodell des linearen Modells für mehrere Iterationen darstellt, bietet einen Ausgangspunkt theoretischer Betrachtungen über den möglichen Verlauf von Kumulation. Rein verfahrenstechnisch können Kumulationsuntersuchungen im Rahmen von Erinnerungstests über „erneutes Lernen" (relearning) zusätzlich durchgeführt werden (220, S. 248)

Nachtrag

Der abgedruckte Auszug aus einer Dokumentation zur Wirkungsforschung ist mehr als fünf Jahre alt. Er folgt wissenschaftstheoretisch derselben positivistischen Vorgabe wie die dokumentierten Untersuchungen.

Seither haben wir unsere konzeptionellen Vorstellungen einer im Selbstverständnis der Wissenschaft immer notwendigen Erkenntniskritik unterworfen. Nicht, daß wir nicht nach wie vor Wirkungsforschung für eine wichtige Aufgabe der Kommunikationswissenschaft hielten. Aber wir sind nicht mehr der Ansicht, daß sie in ihren vortheoretischen Prämissen unreflektiert das publizistisch-herrschaftliche Interesse von Werbung, redaktionellem Marketing etc. selektieren und dadurch ausschließlich instrumentalistisches und funktionalisierbares Wissen für diejenigen erzeugen sollte, welche über die materiellen Bedingungen verfügen, dieses Wissen auch praktisch anzuwenden. Vielmehr sollte Wirkungsforschung gerade den funktionalen und zugleich widersprüchlichen Zusammenhang zwischen Verfügung über die Publikationsmittel und publizistischen Produktionsinteresse und Konsumtionsbedürfnis untersuchen, um die im Interesse der Herrschenden— an der Perpetuierung der Produktionsverhältnisse — notwendige Ideologieproduktion und die langfristige, bewußtseinsmäßige Programmierung der Rezipienten als gesamtgesellschaftlich verursacht zu erklären. Publizistischer Wandel wird so in letzter Instanz nur aus der ökonomischen Basis der materiellen Produktion zu begründen sein, also aus einem gesamtgesellschaftlichen Bedingungsrahmen, der selbst publizistischen Rückwirkungen unterliegt.

Dieses Ziel ist nicht mit traditionellem Empirismus zu erreichen. Auch nicht unter Rückbezug auf eine kritizistische Variante; denn die logische Kritik Poppers oderAlberts soll ja genau den Instrumentalismus zweckrationalen Wissens und damit — praktisch gewendet — dessen strategische Verwertbarkeit optimieren. Wir sind der Ansicht, daß das o. a. wissenschaftlich-praktische Ziel nur erreicht, und emanzipatorisches Wissen, das nicht ohne weiteres herrschaftlich dienstbar gemacht werden kann, nur erzielt wird, wenn das Wirkungsproblem in den gesamtgesellschaftlichen Bedingungsrahmen gestellt wird, dem es als spezifisches entwächst und auf den es zurückschlägt. Indem mit diesem Rahmen über die Produktionsverhältnisse die historische Klassenspezifik der Publizistik und ihrer Wirkungen analytisch gefaßt wird, kann unseres Erachtens auch erst der häufig beklagte Formalismus in der Wirkungsforschung inhaltlich überwunden werden.

Den abgedruckten Teil des Buches hat schwerpunktmäßig H. Haft geschrieben, was nicht bedeutet, daß wir uns seinerzeit nicht mit dieser Passage identifiziert hätten, oder daß wir nicht noch immer die Verantwortung dafür teilten, wie es bei Kollektivarbeiten üblich ist.

12. Februar 1972

F. Dröge
R. Weißenborn

Literaturverzeichnis und Dokumentation

1. *Berelson, Bernhard; Lazarsfeld, Paul F.; Mc Phee, William N.:* Voting. A study of opinion formation in a presidential campaign, Chicago, London 1966.
2. *Cartwright, Dorwin:* Some principles of mass persuasion: selected findings of research on the sale of United States war bonds, Hum. Rel., Vol. 2/1949, S. 253—267.
3. *Carr, H. A.:* The laws of association, Psych. Rev., Vol. 38/1931, S. 212 bis 228.
4. *Cooper, Eunice; Dinermann, Helen:* Analysis of the film: Don't be a sucker, POQ, Vol. 15/1951, S. 243—264.
5. *Crane, Edgar:* Immunization — with and without use of counter arguments, JQ, Vol. 39/1962, S. 445—450.
6. *Cromwell, Harvey:* The relative effect on audience attitudes of the first versus the second argumentative speech, „Speech Monographs", Vol. 51/ 1950, S. 291—294.
7. *Cromwell, Harvey; Kunkel, Richard:* An experimental study of the effect on the attitude of listeners of repeating the same oral propaganda, J. soc. Ps., Vol. 35/1952, S. 175—184.
8. *Dröge, Franz; Weißenborn, Rainer:* Jugend und Wahl. Forschungsbericht, Institut für Publizistik Münster, 1966 U 1/2. (z. T. veröff. unter dem Titel: Politische Werbung und die Wähler von morgen, Münster 1968).
9. *Fine, B. J.:* Conclusion-drawing, communicator Credibility and anxiety as factors in opinion change, J. abn. soc. Ps., Vol. 54/1957, S. 369—374.
10. *Hartmann, G. W.:* A field experiment on the comparative effectiveness of „emotional" and „rational" political leaflets in determining election results, J. abn. soc. Ps., Vol. 31/1936, S. 99—114.
11. *Hovland, Carl Iver; Janis, Irving L.; Kelley, Harold H.:* Communication and persuasion, New Haven 1953.
12. *Hovland, Carl Iver; Lumsdaine, Arthur A.; Sheffield, Fred David:* Experiments on mass communications, Princeton 1949.
13. *Hovland, Carl Iver; Mandell, W.:* An experimental comparison of conclusion drawing by the communicator and by the audience, J. abn. soc. Ps., Vol. 47/1952, S. 581—588.
14. *Hovland, Carl Iver; Mandell, Wallace:* Is there a "law of primacy in persuasion?" in: Hovland: The order of presentation in persuasion, S. 13—22.
15. *Insko, Chester A.:* One-sided versus two-sided communications and countercommunication, J. abn. soc. Os., Vol. 65/1962, S. 203—206.
16. *Klapper, Joseph T.:* The effects of mass communication, Glencoe 1964.

17. *Knower, Franklin R.:* Experimental studies of changes in attitudes — I. A study of the effect of oral arguments on changes of attitudes, J. soc. Ps., Vol. 6/1935, S. 315—347.

18. *Lumsdaine, Arthur A.; Janis, Irving L.:* Resistance to "counterpropaganda" produced by one-sided and two-sided propaganda presentations, POQ, Vol. 17/1953, S. 311—318.

19. *Lund, F. H.:* The psychology of belief. IV. The law of primacy in persuasion J. abn. soc. Ps., Vol. 20/1925, S. 3 f., 13 ff., 139 ff., 146, 156, 158.

20. *Mc Ginnies, Elliot; Lana, Robert; Smith, Ch.:* The effects of sound films on opinions about mental illness in community discussion groups, J. appl. Ps., Vol. 42/1958, S. 40—46.

21. *Menefee, S. C., Granneberg, A. G. et al.:* Propaganda and opinion on foreign policy, J. soc. Ps., Vol. 11/1940, S. 393—404.

22. *Sherif, Muzafer; Cantril, Hadley:* The psychology of ego-involvement, New York 1947.

23. *Sponberg, H. A.:* A study of the relative effectiveness of climax and anti. climax order in an argumentative speech, "Speech Monogr.", Vol. 13./1946, S. 35—44.

24. *Thistlewaite, D. L.; De Haan, H.; Kamenetzky, B.:* The effects of "directive" and "nondirective" communication procedures on attitudes, J. abn. soc. Ps.; Vol. 51/1955, S. 107—113.

Martin Osterland

Die Funktion des Films in der Gesellschaft*)

Wie bereits in der Einleitung gesagt wurde, wäre es wünschenswert, daß in diesem Buch jedes Massenmedium mit mindestens einem Beitrag vertreten wäre. Das ist aus Raumgründen nicht möglich. In eigenen Aufsätzen sind hier nur der Film und das Fernsehen (und über die „traditionellen" Medien hinaus die Satellitenkommunikation) repräsentiert. Doch sei darauf hingewiesen, daß in mehreren anderen Beiträgen dieses Bandes bestimmte Medien behandelt werden, etwa die Presse bei Glotz und Langenbucher und die elektronischen Medien Hörfunk und Fernsehen in den Aufsätzen von Lerg und Nordenstreng.

*

Die Frage nach den Zusammenhängen zwischen dem, was die Massenmedien in ihren Aussagen dem Publikum anbieten, und der jeweiligen gesellschaftlichen Realität, ist vor allem beim Film des öfteren gestellt und untersucht worden. Erinnert sei hier etwa an die Studien von Kracauer „Von Caligari bis Hitler" (Hamburg: Rowohlt 1958) oder von Wolfenstein und Leites „Movies: A psychological study" (Glencoe, Ill.: Free Press 1950). Diese Untersuchungen zeigen, daß die Wahl der Themen wie auch die Art der Darstellung nicht zufällig erfolgt, sondern eng verbunden mit historisch-politischen Trends und Tendenzen.

Ein ähnliches Ziel verfolgt das Buch von Osterland „Gesellschaftbilder in Filmen", dem der folgende Beitrag über die Funktion des Films in der Gesellschaft entnommen wurde. Die Arbeit basiert auf einer Analyse der deutschen Nachkriegsfilme von 1949 bis 1964.

Wenn in den Beiträgen des ersten Teils mehrfach gefordert wird, die Massenkommunikationsforschung solle ihren Gegenstand nicht als isoliertes Phänomen, als geschlossenes System sehen, sondern die Verflochtenheit dieses Systems in die größeren gesellschaftlichen Zusammenhänge und Entwicklungen unserer Zeit berücksichtigen, dann können Untersuchungen wie die folgende als Zeichen dafür dienen, daß man auf dem Wege ist, diese Forderung zu erfüllen.

In den immer wiederkehrenden Themen, Figuren und Handlungsmustern wird deutlicher der Zusammenhang zwischen Film und Publikum sichtbar, als eine übermäßige Differenzierung, die nicht nur den betreffenden Filmen, sondern auch ihrem jeweiligen Publikum gelten müßte, dies auszudrücken vermag. Mit der gleichmäßigen, mitunter kruden Behandlung aller unter die Zufallsauswahl fallenden Filme werden gewiß einige Unterschiede eingeebnet, damit jedoch ein Abstraktionsgrad erreicht, der es gestattet, allgemeiner

---

*) Aus: Martin Osterland: Gesellschaftsbilder in Filmen. Stuttgart: Enke Verlag 1970, S. 213—223.

vom Film und seinem Publikum zu sprechen. Denn wenn überwiegend nur geringfügig variierte, oberflächlich auf Aktualität gebrachte Filmmodelle stets von neuem in die Lichtspielhäuser gebracht werden, haben sie sich offenbar bewährt und kommen den Wünschen eines Publikums entgegen, das als Ganzes zu sehen ist. Die relative Konstanz der Themen- und Handlungsabläufe wäre — von wenigen Schwankungen abgesehen — nicht möglich, würde sie nicht vom Publikum in seiner Gesamtheit honoriert. Es verschlägt dann auch nicht, ob beispielsweise der eine Film zwei, ein anderer gleichen Typs drei Millionen Zuschauer hat: Die große Menge der gleichartigen, nur wenig in ihrer inhaltlichen Substanz sich wandelnden Filme drückt ungetrübter als der einzelne Film und seine Zuschauerzahlen aus, was vom Kino erwünscht wird und welche Funktionen Filme erfüllen.

Trotzdem sollte ein kurzer Blick auf die Besucherstatistik geworfen werden[1]). Sie weist einen Trend auf, der deutlich mit dem Angebot korrespondiert. In jenen Jahren, in denen der Zeitfilm, die Komödie und der Heimat/Touristikfilm (insbesondere der mit ernster Grundstimmung) das Angebot bestimmten, war auch bei diesen Filmen der Zuspruch der Besucher am größten. In der zweiten Hälfte der 50er Jahre bis gegen Ende des Untersuchungszeitraums[2]) begann das Interesse an diesen Filmen deutlich nachzulassen und sich vor allem dem Kriminalfilm, dem Kriegs/Soldatenfilm und dem historischen Abenteuerfilm zuzuwenden, deren Anteil am Angebot entsprechend anstieg. Die Filmindustrie hat damit zwar nicht die allgemeine Abnahme der Zuschauer rückgängig gemacht, aber doch wohl verzögern können. Nach den ersten erfolglosen Versuchen, mit aufwendigem Breitwandformat und Farbe gegen das schwarzweiße Kleinbild des Fernsehens zu konkurrieren, hat sie — offenbar erfolgreicher — inhaltlich ihr Angebot verändert. Gewalt und — später— Sexualität, vom Fernsehen noch vergleichsweise wenig offeriert, erwiesen sich als die zugkräftigeren Ingredienzen. Das bundesdeutsche Publikum, dem es in der Wiederaufbauphase offenbar stärker nach einer filmischen Verklärung des privaten Alltags verlangte, schien mit Liebesfilmen und Komödien weitgehend gesättigt, bzw. wurde nunmehr damit in den sogenannten Familienserien des Fernsehens bedient. Das Kino-Interesse richtete sich, wenn auch erst nach dem Untersuchungszeitraum verstärkt und parallel mit einer gewissen Verjüngung des Publikums, auf jene Gebiete, die eher dem Berufsalltag als Ausflucht sich anboten: Dem Leben jenseits der bürgerlichen Normen, deren scheinbare Unabänderlichkeit freilich stets bestätigt wird.

Trotz der Mannigfaltigkeit des Angebots, der Differenzen in den Länderproduktionen und der unterschiedlichen Zusammensetzung des jeweiligen

[1]) Besucherstatistiken sind mit Vorbehalt zu handhaben. Die Filmindustrie schweigt sich wohlweislich über ihre Einkünfte aus. Wer sich dafür interessiert, ist auf sogenannte Marktbeobachtung einiger Filmzeitschriften angewiesen. Sie lassen sich von einer Anzahl Filmtheaterbesitzer den Besuch in „Zensuren" mitteilen und veröffentlichen zum Saisonende Tabellen, die auf einer Skala von 1—8 den Besuch nach der Eigenschätzung der Theaterbesitzer abzulesen gestatten. Mehr als einen äußerst dürftigen Anhaltspunkt vermögen sie freilich nicht zu geben.

[2]) Es handelt sich um die Jahre 1949 bis 1964. Von den in diesem Zeitraum in der Bundesrepublik ur- bzw. erstaufgeführten ca. 7000 in- und ausländischen Filmen hat der Autor in seiner Untersuchung „Gesellschaftsbilder in Filmen" 2281 ausgewählt und unter verschiedenen Aspekten einer ideologischen Inhaltsanalyse unterzogen. (Anm. des Herausgebers)

Publikums werden damit Zusammenhänge zwischen Film und Gesellschaft erkennbar: es zeichnet sich ein Gesamtbild der Filme aus den Jahren 1949 bis 1964 ab, das Gesellschaft zeigt und zugleich preisgibt, wie sich diese zu sehen wünscht. Es ist allerdings ein Bild, das sich gleichsam auf verschiedenen Ebenen der Realität darbietet.

Zunächst ist diese Realität in der physischen, die als abfotografierte im Film sichtbar wird, zu erkennen. An den im Film wahrnehmbaren Produkten der materiellen Kultur (Kostüme, Mobiliar, technische Erzeugnisse, Architektur usw.) können sich sowohl die darin in spezifischer Weise manifestierenden gesellschaftlichen Verhältnisse als auch der historische Zeitabschnitt ablesen lassen. Davon ein getreues Abbild der Wirklichkeit zu verlangen, hieße jedoch das Medium falsch einschätzen, das stets nur Teile abfotografierter Wirklichkeit unter besonderen Gesichtspunkten kompiliert und ihr damit nolens volens Gewalt antut. Wie immer „realistisch" ein Film sich gebärden mag: er deformiert. Indem er Montage, Ausschnitte, Vergrößerungen usw. verwendet, tut er der abfotografierten „Natur" — die im übrigen oft im Atelier nachgebaut ist — Gewalt an. Die fotografische Wiedergabe der Realität muß ohnehin nichts über diese aussagen. Nach Brechts zutreffendem Wort ergibt die Fotografie der Krupp-Werke oder der AEG beinahe nichts über diese Institute. Im Gegenteil, jeder bloße Realismus läuft Gefahr, nur die erscheinende Oberfläche der Gesellschaft festzuhalten. Statt sie analytisch zu durchdringen, kann er zu ihrer Affirmation beitragen. Er gibt Sichtbares wieder, aber macht es nicht durchsichtig.

Oberfläche von Gesellschaft ist aber auch jene mit sozialistischen Daten beschreibbare (Milieu, Alter, Beruf usw.) Ansammlung von Personen, wie sie der Film präsentiert. „Gesellschaft" erweist sich hier als eine begrenzte Kollektion von Trägern bestimmter sozialer Rollen, die weder repräsentativ für Gesellschaft noch für den jeweiligen Rollentypus ist. Unterschichten zählen kaum dazu, Alte oder Kinder fehlen weitgehend. Im Film lebt man in den Metropolen oder auf dem Lande bzw. in der Natur, und Arbeit spielt eine untergeordnete Rolle. Geben sich die Filmfiguren nicht der Muße hin, bieten sie sich in Berufsrollen dar, die nicht nur in keinem Verhältnis zu ihrer Häufigkeit in der Gesellschaft und zu ihrer sozialen Relevanz stehen, sondern auch einen Aspekt dieser Berufe hervorkehren, der ihn in Wirklichkeit nur selten ausmacht: Abenteuer, Mobilität, Abwechslung, Dispositionsspielraum usw. Es liegt auf der Hand, daß auf diese Weise nur partiell und verzerrt „Gesellschaft" wiedergegeben wird.

Doch diese Auswahl von Figuren und der ihr zugehörigen Verhaltensmuster, die zugleich am ehesten entsprechend den typisierten Handlungsabläufen und der begrenzten Thematik der Realität nahe erscheinen, offenbart auch, wofür dieses Zerrbild von Gesellschaft steht: es ist — gleichsam in der Umkehrung — ein Wunschbild, das in dem, was es nicht zeigt, die allgemeinen gesellschaftlichen Verhältnisse erkennen läßt. In dem Slogan von den paar schönen Stunden, die man sich im Kino machen solle (was anderes sehn —

ins Kino gehn), liegt das Eingeständnis, daß die Stunden außerhalb nicht sonderlich „schön" sind. Der Film trägt dem Rechnung und entwirft das Gegenbild: Statt Repression — Freiheit, statt Konflikten — Harmonie, statt Versagung und Resignation — das Versprechen dauerhaften Glücks. Indem er die Zwänge des Alltags in die Unabhängigkeit der Mußezeit verwandelt und die Entfremdung in der industriellen Arbeitswelt in die Identität des Menschen mit sich selbst kehrt, spricht er von einer Gesellschaft, der es daran fehlt. Obgleich sich die zahllosen Liebes- und Abenteuerfilme so augenscheinlich von der Wirklichkeit abwenden, sind sie dieser in ihrer Gesamtheit — gewissermaßen als Negativporträt — näher, als jeder einzelne „realistische" Film.

Der Zuschauer weiß mittlerweile, daß ihm auf der Leinwand eine illusionäre Wirklichkeit vorgestellt wird. Zwar kann dieses Wissen um den Scheincharakter des Films während des Rezeptionsprozesses in den Hintergrund treten, aber es ist, wenngleich oft nur noch rudimentär, stets vorhanden. Darum sucht er auch nicht, wie Hoffmannsthal einst meinte, im Kino „Ersatz für Träume", sondern deren Bestätigung. Der Film kommt dem entgegen, indem er die Komplexität der Wirklichkeit abschafft und damit den Zugang erleichtert: psychische Reaktionen verwandeln sich in fertige Formeln, soziales Handeln nimmt ritualisierte Züge an. Zur Deformation physischer Realität und zur Reduktion der Gesellschaft auf eine ausgesuchte Kollektion von Rollenträgern gesellt sich die Deformation und Reduktion von sozialen Problemen jeder Art auf allemal lösbare Scheinkonflikte. Als gesellschaftlich bedingt werden sie nicht aufgefaßt. In den Privatbereich verlegt und/oder am Exempel des Einzelnen dargestellt, wird soziales Handeln unter den Gesetzen einer als natürlich erlebten Ordnung zum „Schicksal", auf das der einzelne Mensch kaum Einfluß hat.

So weisen die Filme, die keine Antagonismen dulden, selbst einen auf. Sie zeigen das Bild eines Menschen, der weitgehend frei von gesellschaftlichen Zwängen zu sein scheint und über sein Tun gebietet, zugleich aber der höheren Macht des Schicksals unterworfen ist. Erst wenn man den Produzenten eine bewußte oder unbewußte Absicht unterstellte, löste sich dieser Widerspruch: Dem verständlichen Verlangen, dem Alltag in die schönere und abenteuerlichere Welt des Filmes zu entfliehen, wird stattgegeben unter der Bedingung, daß diese nicht als eine beherrschbare und veränderbare erkannt wird. Die Selbstabfindung mit den Verhältnissen soll ihre Verklärung finden.

Den Produzenten darf eine solche manipulative Absicht freilich nicht so ohne weiteres unterstellt werden. Sie folgen vornehmlich den Wünschen eines Publikums, das anscheinend selbst nicht an reale Veränderungen glauben mag. Die Hoffnung auf die unerwartet glückliche Veränderung der Verhältnisse, wie sie im Film immer wieder genährt werden, kommt seinen Vorstellungen von der gesellschaftlichen Entwicklung offenbar mehr entgegen. Sie entsprechen einer Gesellschaft, der es am politischen Bewußtsein mangelt und die soziale Antagonismen nicht austrägt, sondern verdrängt. Diese Gesellschaft hat ihre Interessen für romantische Hoffnungen aufgegeben und läßt sie sich vom Kino bestätigen. Die Zuschauer glauben nicht — um ein Wort Godards zu paraphrasieren — an Filme als ein Abbild der Wirklichkeit, sondern an die Wirklichkeit des Abbildes.

Die stereotypen Filmfiguren und die Handlungsklischees, deren sich der Film fraglos bedient, tragen dazu bei. Indem sie die Komplexität gesellschaftlicher Verhältnisse vereinfachen und statt zu erklären feststellen, nehmen sie dem Zuschauer die Not der Parteinahme und der Entscheidung ab. Was schon in seinem Bewußtsein war, erhält Gestalt, und ein Konsensus wird über Probleme hergestellt, die keine mehr sind.

Die kompensatorische Funktion des Films ist dabei eine zweifache: Mit dem Ausbreiten geographischer und historischer Ferne bietet er einerseits ein eskapistisches Ventil an, das den beruflichen Alltag vergessen macht. Das Kino spendet andererseits für diesen Alltag mit jenen Filmen Trost, welche die Liebe als das erreichbare Glück im Privatbereich anbieten. Losgelöst von sozialen Bezügen, versöhnen sie mit den Zwängen des Alltags und befriedigen die Sehnsucht, daß das Gute über das Böse, die Ordnung über das Chaos, die Liebe über die Niedertracht siegen möge. Sie deshalb in der Thematik für „zeitlos" zu halten und damit quasi zum Anthropologicum zu machen, wäre jedoch zu weit gegriffen. Sollen Filme ihrer Orientierungsfunktion gerecht werden, müssen sie so viel Distanz zur sich wandelnden Realität haben, daß aus Disparitäten ein relativ homogenes Bild entsteht und doch gleichzeitig so realitätsnah sein, daß sie den Zuschauer nicht beirren. Um das Verhalten der Filmfiguren einigermaßen plausibel zu motivieren, fühlen die Produzenten sich deshalb verpflichtet, die Filmhandlungen mit Bezugspunkten zur Wirklichkeit auszustatten. Sie ragt daher nicht nur als abfotografierte Realität in den Film hinein, sondern ist auch und vor allem in den sich im Verhalten der Figuren ausdrückenden sozialen Werten und Normen identifizierbar. Diese sind freilich konstanter als die schneller wechselnden, abfotografierbaren Manifestationen der materiellen Kultur, die im Film äußerlich den Wandel der Zeiten dokumentieren. Die allmählichen Wandlungen, denen Normen und Werte unterworfen sind, nimmt der Film durchaus zur Kenntnis — allerdings zögernd. Die Behauptung, er antizipiere Veränderungen und suche damit aktiv sozialen Wandel zu beeinflussen, trifft nur auf wenige Fälle zu. Sie dienen vornehmlich als Alibi für die vermeintliche Freiheit des Kinos und sind überdies nicht selten eher zufällige Spekulationsobjekte auf kommerzielle Erfolge. Ihnen zuzutrauen, sie riefen soziale Veränderungen hervor, hieße die Möglichkeiten des Kinos weit überschätzen und der naiven Ansicht Vorschub zu leisten, Gesellschaft wäre durch „bessere" Filme und nicht an der Basis durch organisierte politische Anstrengungen ihrer Mitglieder gegen obsolete Verhältnisse zu ändern. Zwar fehlt es nicht an oberflächlich aktuellen Bezügen, die für Attraktion sorgen, doch kann nicht die Rede davon sein, daß der Film Macht und Absicht habe, gesellschaftlichen Wandel zu betreiben.

Obschon einige Filme zweifelsohne gewillt sind, Einfluß im Sinn von Veränderungen zu nehmen, können sie darum kaum als Beweis für die These konservativer Kulturkritiker herhalten, der Film zersetze überkommene gesellschaftliche Strukturen. Die Gegenthese, er spiegele diese gleichsam passiv wider, hat, nach den Ergebnissen zu urteilen, weitaus mehr für sich. Sozialer Wandel geht dem Film voraus, der dessen Resultate allmählich in sich aufnimmt. Die Angst vor Kontroversen, die einen Teil der potentiellen Zuschauer abschrecken könnte, und die Notwendigkeit, sich auf ein Publikum einstellen zu müssen, dem Veränderungen nicht sehr behagen, verhindern weitgehend Neues. Die Produzenten hüten sich davor, solange sie nicht sicher sein können, der Zuschauer werde davon nicht verstört. Das Gros der Filme folgt darum in der Regel Veränderungen erst, wenn sie vom Gros derer, die sein Publikum ausmachen, akzeptiert worden sind. Erst wenn ihre Produzenten relative Gewißheit zu haben meinen, daß das Publikum die Gefolgschaft nicht verweigert und Kontrollinstanzen es nicht bevormunden, wagen sie abzubilden, was nunmehr kein Wagnis mehr ist.

Daran mag es liegen, daß die Filme des Untersuchungszeitraums*) selbst relativ wenig Wandlungen aufweisen. An ihnen gemessen, stellt die „Nachkriegszeit" in der Bundesrepublik, die sie etwa umfassen, tatsächlich eine quasi geschlossene Zeitperiode dar, die sich vor allem durch Immobilismus auszeichnet. Mit der Rückkehr zur kapitalistischen Marktwirtschaft setzte 1949 nicht nur die einer Restauration einstiger gesellschaftlicher Verhältnisse gleichkommende wirtschaftliche und politische Konsolidierung ein, sondern auch inhaltlich der Anschluß an das Kino der Zeit vor 1945. Ein aus dieser politisch-ökonomischen Entwicklung etwas herausragendes Ereignis, das sich sowohl im politischen Leben als auch in den Filmen niederschlug, gab es vor allem mit der Remilitarisierung. Die begreifliche Scheu gegenüber allem Militärischen wurde vermutlich nicht zuletzt mit Hilfe des Kinos überwunden. Die erhöhte Aktualität des Themas nutzten die Filmproduzenten und Filmverleiher geschäftlich und leisteten in der filmischen Präsentation ihren Teil zu seiner Entschärfung. Darüber hinaus scheint es jedoch, an den Filmen gemessen, keine gravierenden sozialen Veränderungen gegeben zu haben. Der wachsende Trend zu Filmen, die Sexualität und Aggressivität thematisch in den Vordergrund rücken, ist noch vergleichsweise unerheblich und nicht so hervorstechend wie die auf aktuelle Anlässe zurückzuführende Zunahme von militärischen Filmen. Erst nach dem Ende des Untersuchungszeitraums zeigt sich verstärkt, was bis dahin noch relativ maßvoll zu beobachten ist: die zunehmende Aggressivität im Kino wie in der Gesellschaft, die Marcuse, Mitscherlich u. a. psychologisch mit der wachsenden Frustration, die der technologischen Entwicklung in der „Gesellschaft im Überfluß" folgt, soziologisch mit der zunehmenden politischen Repression, durch die das von seiner eigenen Irrationalität bedrohte gesellschaftliche System sich zu festigen suche, erklären.

---

*) Gemeint ist die Untersuchung Ostenlands, deren Schlußkapitel hier nachgedruckt ist.

Daß sich, oberflächlich gesehen, die gegenwärtigen gesellschaftlichen und politischen Tendenzen in den Filmen der Untersuchungsperiode kaum ankündigen, ist jedoch eine Augentäuschung. Sie gründen nämlich in gesamtgesellschaftlichen Verhältnissen, über die der Film sich durchaus nicht ausschweigt. Allerdings muß man ihn dabei als eine Art Vexierbild betrachten, bei dem nach der lexikalischen Definition „ein Gegenstand herauszufinden ist, dessen Umrisse gleichzeitig anderen unmittelbar zu sehenden Gegenständen angehören"[3]). Dann nämlich wird erkennbar, daß Film nicht nur reflektiert, was der Gesellschaft fehlt und sie sich erwünscht, sondern auch in der Gesamtheit das, was sie ist: Eine „Gesellschaft des Privatinteresses" (Marx), deren Mitglieder vorwiegend als Objekte fungieren: in der Stellung des Mannes zur Frau, dem Rückzug in die geschlossene Privatsphäre, der Triebunterdrückung, der weitgehenden Abstinenz von politischen Problemen, der Verdinglichung sozialen Handelns und der Beschränkung auf das Individuum findet sie im Film ihren Ausdruck.

Die Alternative, passive Reflektion oder aktive Beeinflussung, ist ohnehin nur eine scheinbare. Auch die bloße filmische Widerspiegelung hat Einfluß auf den gesellschaftlichen Prozeß. Indem der Film reproduziert, was ist, kann er dazu beitragen, daß die gesellschaftlichen Verhältnisse — und mit ihnen seine Konsumenten — so bleiben, wie sie sind. Das Kino wäre außerdem isoliert gesehen und seinen praktischen Möglichkeiten eine Bedeutung zugemessen, die ihm allenfalls gemeinsam mit den anderen Einrichtungen der Kulturproduktion zukäme, verlangte man ihm schlicht ab, es habe Bewußtsein zu ändern. Gewiß gibt es Bereiche, in denen durch filmische Problematisierung des scheinbar Selbstverständlichen Veränderungstendenzen vorangetrieben und bestärkt werden können. Doch die Forderung, das Kino unter den gegenwärtig herrschenden Bedingungen generell zum Medium der Aufklärung zu machen, verkennt, daß Bewußtsein nichts Unmittelbares, sondern ein gesellschaftlich vermitteltes ist, und setzt gewissermaßen jene aufgeklärte Gesellschaft voraus, die auf diese Weise erst erreicht werden soll. Allerdings muß an dieser Stelle noch einmal auf den Prozeßcharakter der Gesellschaft verwiesen werden. Gesellschaft ist kein stationärer Zustand, sondern sie verändert sich — wenn auch periodisch mit qualitativen Unterschieden — ständig. Das Kino, das wie alle „Kultur" oder „Kunst" mit der Gesellschaft in enger, wechselseitiger Beziehung steht, kann dies nicht gänzlich unterschlagen. Ein Indiz dafür sind die momentanen Versuche der verunsicherten Filmindustrie, mit einer vergleichsweise größeren Anzahl von Filmen, die sich nicht gängigen Standards fügen, das erwachte politische Interesse eines verjüngten Publikums in Profite umzumünzen. Und ein Ausdruck des gleichen Interesses sind auch die Hervorbringungen des sogenannten „anderen Kinos", das sich dem etablierten Produktions- und Vertriebsapparat verweigert und sich inzwischen auf dessen Produkte inhaltlich und formal auszuwirken beginnt.

---

[3]) dtv-Lexikon, München 1968, Bd. 19, S. 125.

Auf diesen beiden Ebenen liegen auch die begrenzten politischen Chancen des Kinos: die Lücken des Systems, das sich nicht zum geschlossenen machen läßt, soweit wie möglich auszunutzen und gleichzeitig durch neue Organisationsformen sich den ökonomischen Zwängen der Filmindustrie soweit wie möglich zu entziehen, wozu die technologische Entwicklung der audiovisuellen Medien (Schmalfilm, Video-Recorder z. B.) die Voraussetzung bieten könnte. Allerdings laufen Filme dieser Art einerseits Gefahr, sich ästhetisch und inhaltlich vom Publikum zu entfernen und damit im Gegensatz zum üblichen Konsumfilm zur „Kunst" für eine Elite zu werden, d. h. erneut jener verhängnisvollen Dichotomie von Kunst und Massenkultur anheimzufallen. Der sogenannte Autorenfilm des „anderen Kinos", der getreu dem bürgerlichen Künstlerideal sich als „Ausdruck individuellen Schöpfertums" präsentiert und sich — möglicherweise ungewollt — mit der „Aura des Kunstwerks" umgibt, mag ein Beispiel dafür sein. Daß andererseits die Möglichkeiten, aufklärerische Filme zu machen, skeptisch eingeschätzt werden müssen, zeigt der „junge deutsche Film", der sich nach anfänglichen Bestrebungen, von den Stereotypen des herkömmlichen deutschen Films loszukommen, unterdes wieder in das bestehende System der Filmindustrie hat integrieren lassen. Noch scheinen es die gesellschaftlichen Bedingungen nicht zu erlauben, über mehr oder weniger folgenlose Versuche hinaus den Zirkel von Bedürfnis und dessen Befriedigung mittels gängiger und erprobter Kinoprodukte zu durchbrechen.

Doch es zeichnen sich in der technologisch-ökonomischen Entwicklung Veränderungen ab, die Anlaß geben, nicht voreilig zu resignieren. Die Reduktion der Arbeitszeit und die partielle Humanisierung der Produktionsbedingungen — selbst wenn sie nur Nebenfolgen der herrschenden Diktatur der Produktionszwecke sind — eröffnen wie auch immer bescheidene Auswege, den Zwangscharakter der Arbeit und damit das Bedürfnis nach Flucht in die anstrengungslosen Offerten der „Massenkultur" zu mildern. Soll aber die hinzuzugewinnende Freizeit nicht von jener „Integrationskultur" vereinnahmt werden, und sollen die Massenmedien nicht überwiegend mit anstrengungsloser Unterhaltung eine passive Konsumentenhaltung fördern, muß mit Filmen politisch gearbeitet werden. Hierbei kommt der Erziehung und Ausbildung eine besondere Rolle zu. Solange diese sich freilich an einem Begriff von Kultur orientieren, der alles, was nicht mit dem hehren Anspruch auf „Kunst" auftritt, geringschätzig als „Massenkultur" abtut, ist nicht zu erwarten, daß der affirmative Charakter beider sich wandelt. Diese fatale Trennung aufzuheben und mit ihr das Postulat von der eigenen „objektiven" Gesetzlichkeit des Kunstwerks, dem nur mit immanenten Kriterien beizukommen sei, wäre vordringlichste Aufgabe einer Pädagogik, die ein Verständnis der Künste unter sozialwissenschaftlichem Aspekt zu vermitteln und statt einer feierlichen eine kritische Rezeption einzuüben hätte. Die zuständigen Wissenschaften, wie die Künste selbst, müßten dazu allerdings künstlerische Formen als sozial vermittelte begreifen und sich mithin aus ihrer Befangenheit in der Immanenz des Kunstwerks lösen, die Vorstellung von dessen Autonomie preisgeben und sich zu dem Eingeständnis bequemen, daß „Kunst" sehr wohl etwas mit gemeiner Nutzung zu tun hat. Dies aber hieße, „Kunst" nicht mehr als kulturelles Erbe ehrfürchtig und unter Eingeweihten zu tradieren, sondern Stellung nehmend ihre Relevanz für die Gegenwart zu prüfen und ihren zeitgenössischen Manifestationen, die ohnedies immer weniger den traditionellen Kunstsparten einzuordnen sind, sich zuzuwenden.

An den Hochschulen beginnt, nicht zuletzt von den kritischen Studenten initiiert, diese Erkenntnis sich allmählich durchzusetzen. Anscheinend ist man dort nicht mehr bereit, den gesamten Bereich kultureller Aktivitäten, der jenseits der etablierten Bildungsinstitutionen die Gesellschaft in Beschlag nimmt — Fernsehen und Kino, Trivialliteratur und Pop-Musik — noch länger zu ignorieren. Ob diesen Bestrebungen Erfolg beschieden ist, hängt freilich davon ab, wie lange sich jener ideologieverdächtige affirmative Kulturbegriff noch behauptet, mit Hilfe dessen Massenkultur diffamiert und die Bedrohung elitärer Privilegien abgewendet werden kann. Das demokratische Potential der Massenkultur zu erkennen und deren didaktische Möglichkeiten als Demonstrationsmittel und pädagogisches Instrument zu nutzen, ist nur möglich, wenn ein neuer Begriff von Kunst bzw. Kultur sich durchsetzt, der die wissenschaftliche Erkenntnis ihrer sozialen Funktion einschließt und in politische Praxis umsetzt. Da „Kunst", gleichviel ob als Massenkultur oder Elitekultur, nicht mehr neben der Sphäre der Gütererzeugung steht, sondern Produktion und Reproduktion gesellschaftlichen Lebens mitbestimmt, ist sie selbst und mit ihr die von ihr verbreiteten Ideologien zum Produktionsfaktor geworden, dem Verwertungsprozeß der Gesellschaft unterworfen und ästhetisch an die soziale Organisation der Gesellschaft gebunden. „Kunst" oder „Kultur" ist damit gezwungen, sich selbst und ihre Institutionen in die Reflexion der Interdependenz ästhetischer Gestaltung und gesellschaftlicher Wirklichkeit einzubeziehen. Ein neuer Kunstbegriff als ästhetisch-wissenschaftliche Praxis, der auf die einstige aufklärerische Funktion von Kunst zurückgreift, ist erst dort gewonnen, wo eine die Trennung in eine Elite-Kultur für Eingeweihte und eine Massen-Kultur für Anspruchslose aufhebende „Kunst" — einschließlich des Kinos — nicht mehr überwiegend im Dienste herrschender Interessen, sondern — wieder — als Mittel realer Emanzipation wirksam wird.

Zur wissenschaftlichen Erforschung des Fernsehens*

Der nächste Beitrag ist dem Medium Fernsehen gewidmet. Er wurde dem Einleitungskapitel des Buches „Fernsehen im Leben der Erwachsenen" entnommen, das von einer größeren empirischen Studie berichtet über die Stellung des Fernsehens im Freizeitverhalten, die Meinungen und Attitüden der Erwachsenen gegenüber dem Fernsehen, die Programminteressen, -wünsche und -vorlieben bei der Auswahl von Sendungen und schließlich über die Zusammenhänge auf der Empfängerseite zwischen dem Fernsehen und der Politik.

Zwei Punkte stehen im Mittelpunkt des folgenden Auszuges: die „Wesensmerkmale" des Fernsehens und die Einflüsse dieses Mediums auf Meinungen und Attitüden.

Mit „Wesensmerkmalen" sind hier die Charakteristika gemeint, durch die sich das Fernsehen — psychologisch, soziologisch und technologisch gesehen — von den anderen Massenmedien unterscheidet. Diese Merkmale haben durchaus praktische Konsequenzen: Sie schreiben auf der einen Seite dem Kommunikator bestimmte Regeln und Grenzen bei der Produktion von Sendungen vor; und auf der anderen Seite bestimmen sie in hohem Maße die Wirkungen beim Rezipienten mit.

Vom Einfluß der Massenmedien auf Meinungen und Attitüden und von der Problematik der Erforschung dieses Fragenkreises war in den vorhergehenden Beiträgen schon mehrfach die Rede, insbesondere in dem Bericht der Unesco-Kommission. Im folgenden Beitrag wird diese Thematik wieder aufgegriffen, diesmal speziell unter dem Aspekt, welche Rolle das Medium Fernsehen im Prozeß der Meinungs- und Attitüdenbildung spielt.

Die hier nicht abgedruckten Abschnitte des Einleitungskapitels zum Buch „Fernsehen im Leben der Erwachsenen" geben einen Überblick über den Stand der empirischen Fernseh-Forschung in den USA, in England, Japan, Frankreich und in der Bundesrepublik Deutschland.

Drei Aufgaben sind es vor allem, denen die Sozialwissenschaften gegenüberstehen, wenn sie das Fernsehen als soziologisches und psychologisches Phänomen verständlich machen wollen: Es gilt,

A. die Wesensmerkmale des Fernsehens zu analysieren,

B. das Kommunikationsfeld des Fernsehens und die dabei auftretenden Faktoren und Prozesse zu studieren,

C. die Wirkungen des Fernsehens zu untersuchen.

*) Aus: Fernsehen im Leben der Erwachsenen. Bericht über eine Untersuchung im Auftrag des Deutschen Volkshochschul-Verbandes von Gerhard Maletzke, Clemens Burrichter und Adelheid von Nell. Hamburg: Verlag Hans-Bredow-Institut 1968, S. 9—20 (gekürzt).

A. Wesensmerkmale des Fernsehens

Fragen wir nach den Merkmalen, durch die sich das Fernsehen auszeichnet, so läßt sich — ohne Anspruch auf Vollständigkeit und Systematik — etwa der folgende Katalog entwickeln:

1. Das Fernsehen vermittelt seine Aussagen optisch und akustisch. Durch die optische Komponente wird der Zuschauer gezwungen, sich mit voller Aufmerksamkeit der Sendung zuzuwenden. Er kann sich nur in sehr begrenztem Umfang gleichzeitig noch anderen Beschäftigungen widmen. Aus dieser Tatsache resultiert der große Einfluß des Fernsehens auf die Freizeitgestaltung des einzelnen sowie ganzer Gruppen.
2. Das Fernsehen legt die Zuschauer zeitlich fest. Nicht die Zuschauer, sondern die Programmgestalter bestimmen den zeitlichen Ablauf des Programms; und wenn diese sich auch bemühen, den Wünschen und Lebensgewohnheiten des Publikums zu entsprechen, so können sie doch niemals allen Erwartungen gerecht werden.
3. Das Fernsehen kann — wie der Hörfunk, aber sonst kein anderes Medium — ein Geschehen „live", direkt, gleichzeitig übertragen.
4. Im Vergleich zum Kino hat das Fernsehen ein recht kleines Bild und besitzt infolgedessen nicht eine so starke Involvierungskraft wie das Kino.
5. Das Fernsehen ist leicht und bequem zugänglich und kommt zahlreichen Wünschen und Bedürfnissen des Menschen von heute entgegen. Aus dieser Tatsache erklärt sich die große Beliebtheit des Fernsehens in breiten Bevölkerungskreisen.
6. Fernsehsendungen werden im allgemeinen in der gewohnten häuslichen Umgebung empfangen.
7. Das Fernsehpublikum besteht aus vielen einzelnen Personen sowie aus einer großen Zahl von kleinen Intimgruppen.
8. Das Fernsehpublikum ist oft sehr groß, weit verstreut und relativ inhomogen.
9. In vielen Fernsehländern ist das Angebot an Fernsehsendungen sehr umfangreich und vielfältig.

Jedes dieser Merkmale müßte nun ausführlicher analysiert werden, und aus jedem Merkmal ließen sich wichtige soziologische und psychologische Schlüsse ziehen. Doch müssen wir uns hier auf diese knappen Thesen beschränken.

Die hier angedeuteten Charakteristika des Mediums Fernsehen bilden die Grundlage sowohl für die Gestaltung des Fernsehprogramms als Ganzes wie auch für die Produktion der einzelnen Sendungen; sie bilden — mit anderen Worten — die Grundlage dessen, was man als „Fernsehdramaturgie" (in des Wortes weitester Bedeutung) bezeichnen kann. Zugleich determinieren diese Wesensmerkmale auch in hohem Maße die Art und Weise, wie der Empfänger mit dem Fernsehen umgeht, wie er dieses Medium in seinen Tagesablauf einbaut; und auch die eigentlichen Wirkungen des Fernsehens werden weitgehend durch diese Wesensmerkmale mitbestimmt.

B. Das Kommunikationsfeld beim Fernsehen

Fernsehen ist ein Medium der Massenkommunikation. Die Massenmedien — das gedruckte Wort, der Film, die Schallplatte, Hörfunk und Fernsehen — verbinden Menschen miteinander, die räumlich oder zeitlich oder raumzeitlich voneinander getrennt sind. Auf der einen Seite dieses „Beziehungsfeldes" stehen die Produzenten oder „Kommunikatoren" ,auf der anderen Seite die „Rezipienten", d. h. die große Zahl der weit über das Land verstreuten Personen, die das Publikum der Massenkommunikation bilden. Dabei geht die „Aussage" — im Falle des Fernsehens also die optisch-akustische Sendung — immer nur in der einen Richtung vom Kommunikator zum Rezipienten. Ein unmittelbares Antworten oder Zurückfragen, Bestätigen oder Protestieren ist dem Rezipienten nur möglich, wenn er dazu andere „Kanäle" als die der Massenkommunikation benutzt. Bei dieser Sachlage kommt es in der Massenkommunikation nur sehr bedingt zu einem gegenseitigen Gedankenaustausch zwischen den beiden Partnern im Kommunikationsfeld.

Aus dieser Grundsituation der Massenkommunikation ergibt sich eine weitere wichtige Konsequenz: Weil die Kommunikationspartner hier voneinander getrennt sind, kennen sie einander kaum, und sie wissen nur wenig voneinander. Der Kommunikator weiß relativ wenig von seinem Publikum, und was er weiß, ist nicht selten unvollständig, einseitig oder gar falsch. Aus dieser Situation heraus erwächst das Bedürfnis, das Publikum mit zuverlässigen Methoden empirisch zu erforschen.

Auch der Rezipient kennt sein Gegenüber oft nur wenig oder verzerrt; er hat meist ein sehr vages oder gar falsches Bild vom Fernsehproduzenten und von den Bedingungen, unter denen dieser arbeitet. Allerdings, von denjenigen Personen, die nicht hinter den Kulissen arbeiten, sondern die hörbar und sichtbar auf dem Bildschirm erscheinen, gewinnt der Zuschauer ein sehr konkretes, anschauliches und differenziertes Bild, wie kein anderes Medium es vermitteln kann. In dieser Hinsicht, also bei diesem Kreis von Sprechern, Ansagerinnen, Schauspielern, Kommentatoren, Politikern usw. ist das Fernsehen leistungsfähiger als die anderen Medien. Dieses Faktum hat übrigens mit großer Wahrscheinlichkeit enorme politische Bedeutung: Noch nie zuvor hat die breite Bevölkerung so plastisch-konkrete „Images" von den führenden Persönlichkeiten des öffentlichen Lebens besessen wie heute durch das Fernsehen. Die praktische Reichweite dieses Phänomens können wir hier nicht weiter verfolgen.

Um nun das Kommunikationsfeld des Fernsehens unter sozialwissenschaftlichen Aspekten zu analysieren, müßte man untersuchen

1. die Seite des Kommunikators

   a) psychologisch unter der Frage nach der Persönlichkeit des Kommunikators, nach seinen Rollen und Funktionen, seinen Motiven und Intentionen, seinen dienstlichen und privaten sozialen Beziehungen usw.;

   b) soziologisch unter der Frage nach der Struktur und Dynamik einer Rundfunkgesellschaft, eines Fernsehstudios, einer Redaktion, eines Produktionsteams und nach der Rolle und Funktion der Fernsehproduzenten in der gesamten Gesellschaft;

2. die Seite des Rezipienten bzw. des Publikums

   a) psychologisch unter dem Aspekt der Persönlichkeit des Rezipienten, seiner Motive, Wünsche und Bedürfnisse, seiner Lebensgewohnheiten, seiner Freizeitgestaltung, der sozialen Beziehungen im täglichen Leben usw.; hierher würde unter systematischen Gesichtspunkten auch der Problemkreis der psychologischen Wirkungen des Fernsehens gehören; doch werden wir auf diesen Themenkreis wegen seiner besonderen Bedeutung später kurz in einem eigenen Abschnitt eingehen;

   b) soziologisch unter dem Aspket der Struktur und Dynamik des gesamten Publikums, also unter dem Aspekt der Zusammensetzung des Publikums nach Alter, Geschlecht, Bildungsstand usw., sowie nach den dynamischen Veränderungen dieser Struktur;

3. die soziologischen und psychologischen Interrelationen der Sender- und der Empfängerseite sowie die Beziehungen zwischen diesen beiden Faktoren einerseits und den beiden anderen Faktoren — Aussage und Medium — auf der anderen Seite; dabei wäre — um nur einige wichtige Punkte aus diesem höchst komplexen Problemkreis anzudeuten — danach zu fragen,

   — wie der Kommunikator unter den speziellen Bedingungen des Fernsehens sein Publikum sieht und beurteilt,

   — wie der Rezipient die Kommunikatoren des Fernsehens sieht und beurteilt,

   — wieweit sich der Rezipient durch Fernsehsendungen persönlich angesprochen fühlt,

   — wieweit der Fernsehzuschauer emotionale Beziehungen, Identifikationen, Projektionen usw. gegenüber Personen auf dem Bildschirm entwickelt,

   — welche Bedeutung, welche Funktionen das Fernsehen für die Menschen von heute besitzt, d. h. welchen Bedürfnissen, Wünschen, Erwartungen gerade dieses Medium so stark entgegenkommt, daß es die Freizeitstruktur der Menschen wesentlich verändert; diese „funktionale" Betrachtungsweise hat neue Einsichten, ein neues Verständnis für die sozialwissenschaftlichen Probleme des Fernsehens mit sich gebracht;

— unter welchen Motivationen und mit welchen Selektionsprozessen der Rezipient an das Angebot der Sendungen herangeht.

— welche psychologischen Prozesse sich beim Zuschauer vollziehen, während er Sendungen auf sich einwirken läßt; hier wäre beispielsweise zu fragen nach dem Wahrnehmungs- und Aufmerksamkeitsverlauf, nach dem Verstehen oder Nicht-Verstehen bestimmter Sendungen usw.,

— welches Prestige und welche Glaubwürdigkeit die Rezipienten den einzelnen Kommunikatoren wie auch den Fernsehanstalten und schließlich dem Medium Fernsehen insgesamt zuschreiben.

So könnte man zahlreiche weitere Fragen zur Soziologie und Psychologie des Fernsehens herausarbeiten. Eine ausführliche Behandlung aller dieser Probleme würde mehrere Bände füllen. Hier kam es lediglich darauf an zu zeigen, wie vielschichtig und komplex die Fragen sind, die auftauchen, sobald sich die Sozialwissenschaften dem Fernsehen zuwenden.

Dazu noch ein ergänzender Hinweis: Während man die Prozesse im Kommunikationsfeld lange Zeit als relativ einfache Kausalvorgänge betrachtete, während man also einfach annahm, der Kommunikator produziere eine Sendung, und diese Aussage rufe dann beim Rezipienten bestimmte Wirkungen hervor, weiß man heute, daß die Dinge hier viel komplexer liegen. Sämtliche Faktoren im Kommunikationsfeld sind funktional miteinander verbunden; jeder Faktor wirkt auf alle anderen Faktoren ein und wird von diesen beeinflußt. Es gehört zu den wichtigsten neueren Erkenntnissen der Sozialwissenschaften, daß sich derartige Wechselwirkungen nicht hinreichend mit der Denkkategorie der Kausalität, also mit dem simplen Ursache-Wirkungs-Modell erfassen lassen. Vielmehr dient heute dafür ein Denkansatz, der ursprünglich von der Technik herkam, dann in der Physiologie und nun auch in den Sozialwissenschaften mit Erfolg benutzt wird: der kybernetische Denkansatz der Interdependenz, der Rücksteuerung, des Regelkreises, des Feedback, der Reziprozität. Dieser Denkansatz geht davon aus, daß in einem System Veränderungen der einen Variablen als Determinanten für die andere Variable wirksam werden, so daß sich die Variablen des Systems in komplizierter Wechselwirkung gegenseitig steuern. Natürlich ist ein solches Modell im Falle der Massenkommunikation weitaus schwieriger zu durchschauen, zu analysieren und darzustellen als rein kausale Prozesse. Aber dieser komplexere Ansatz — der übrigens den Kausalnexus in sich „aufhebt" — ist notwendig, wenn die Sozialwissenschaften die Massenkommunikation und also auch die Prozesse bei den einzelnen Medien adäquat in den Griff bekommen wollen. Auf Einzelheiten dieses Modells können wir hier nicht näher eingehen.

C. Wirkungen des Fernsehens

Unser Wissen von den Wirkungen des Fernsehens ist heute noch recht begrenzt. Der Grund dafür liegt nicht nur darin, daß sich die Sozialforschung recht spät diesem Problemkreis zuwandte und daß die Fernsehanstalten bis heute noch viel zu wenig für die Fernsehforschung getan haben, sondern die Schwierigkeiten liegen auch in der Sache selbst: Obwohl die empirischen Sozialwissenschaften scharfsinnige Methoden entwickelt haben, sind viele dieser Methoden immer noch nicht subtil genug, um hochkomplexe Sachverhalte zu erfassen. So auch bei den Fernsehwirkungen: Jeder Mensch steht täglich und stündlich unter einer solchen Fülle von prägenden, belehrenden, informierenden und meinungsbildenden Eindrücken, daß es äußerst schwierig und manchmal unmöglich ist, die Wirkungen des Fernsehens aus dem Gesamtbestand der Veränderungen herauszupräparieren. Wenn beim einzelnen Rezipienten oder beim Publikum bestimmte Veränderungen zu beobachten sind, ist es oft kaum möglich festzustellen, ob und wieweit diese Veränderungen unmittelbare Auswirkungen des Fernsehens sind. Hier steht die sozialwissenschaftliche Forschung vor schwierigen Methodenproblemen, die sie bisher nur zu einem kleinen Teil lösen konnte.

Eine weitere Schwierigkeit der Fernsehforschung liegt in der Frage begründet: Wieweit lassen sich die Ergebnisse der Fernsehforschung eines Landes verallgemeinern oder auf andere Länder übertragen? Wieweit gelten z. B. die amerikanischen, englischen oder japanischen Forschungsdaten auch für die Bundesrepublik Deutschland oder für Spanien, Frankreich oder gar für Entwicklungsländer wie Tunesien oder Thailand? Diese Länder unterscheiden sich voneinander in vielen Hinsichten: In ihrer politischen und gesellschaftlichen Struktur, in den Lebensverhältnissen, aber auch in der Organisationsform des Fernsehens, in Sendedauer, Programmstruktur usw. Wenn sich auch gezeigt hat, daß in den meisten größeren industrialisierten Fernsehländern die Grundstrukturen des Fernsehpublikums, die Beliebtheit der Sendungsgattungen, die Einflüsse des Fernsehens auf das Freizeitverhalten usw. recht ähnlich sind, wissen wir heute doch noch nicht exakt, wieweit die Ergebnisse der Fernsehforschung generalisierbar oder international übertragbar sind.

Nun zu den Wirkungen selbst: Das Fernsehen beeinflußt sehr verschiedene Lebensbereiche. Dieses Medium kann

das Verhalten der Menschen verändern,
die Freizeit umstrukturieren,
das Wissen erweitern,
Meinungen und Attitüden schaffen und verändern,
in den emotionalen Bereich und in die psychische Tiefensphäre hineinwirken,
und es kann die Gesellschaft als Ganzes beeinflussen.

Es ist weder möglich noch erforderlich, an dieser Stelle auf die verschiedenen Wirkungsarten und ihre Problematik näher einzugehen[1]). Wir begnügen uns

---

[1]) Hierzu vor allem J. D. Halloran: Wirkungen des Fernsehens; C. I. Hovland: Effects of the mass media of communication; J. T. Klapper: The effects of mass communication; G. Maletzke: Psychologie der Massenkommunikation, S. 187 ff.

damit, einen bestimmten Wirkungsbereich exemplarisch herauszugreifen und in seiner Grundproblematik zu umreißen, nämlich den Bereich der Wirkungen des Fernsehens auf Meinungen und Attitüden, also einen Bereich, der in der heutigen Diskussion besonders häufig angesprochen wird.

Meinungen und Attitüden sind Stellungnahmen des Menschen zu Dingen, Personen, Tatbeständen oder Prozessen. Im Vergleich zu den relativ peripheren, flüchtigen und leicht zu beeinflussenden Meinungen versteht man unter Attitüden ein wesentlich intensiveres, persönlichkeitsnäheres, stabileres und dauerhafteres Stellungnehmen. Ohne Zweifel beeinflußt das Fernsehen die Meinungen und Attitüden der Zuschauer. Das Fernsehen kann die Vorstellungen vom Leben, von der Welt und vom Wesen des Menschen und der Gesellschaft formen, prägen und verändern. Es kann stereotype, klischeehafte Images aufbauen, verstärken und abbauen. Der Bildschirm bietet zahlreichen Kindern sehr frühe Einblicke in die Denkwelt der Erwachsenen und in deren Konflikte und Schwierigkeiten, Einblicke, welche die Kinder oft noch nicht richtig verarbeiten können. Dabei ist man sich weithin einig in der Annahme, daß das Fernsehen in seinem Einfluß auf Meinungen und Attitüden in der Regel wirksamer ist als die anderen Massenmedien, teils wegen seiner bildhaften Anschaulichkeit, teils aber auch dadurch, daß der „Durchschnittszuschauer" diesem Medium mehr Zeit widmet als je einem anderen Medium zuvor.

Obwohl die wissenschaftlichen Studien zu diesem Themenkreis schon ganze Bibliotheken füllen, sind wir heute noch kaum in der Lage, exakt zu bestimmen, wie weit diese Wirkungen tatsächlich im einzelnen reichen. Wir wollen dies kurz am Beispiel der Meinungsbildung durch Propaganda erläutern:

Die Propagandaerfolge des Nationalsozialismus und anderer totalitärer Systeme führten dazu, daß man den meinungsbildenden Einfluß der Massenmedien für nahezu unbegrenzt hielt. Man betrachtete den Propagandaeinfluß als eine einfache Kausalbeziehung zwischen der publizistischen Aussage und dem Menschen, der diese Aussage auf sich einwirken läßt; d. h. man nahm an, eine so und so beschaffene Aussage — ein Zeitungsartikel, ein Film, eine Rundfunk- oder Fernsehsendung — rufe beim Publikum eine ganz bestimmte, durch Form oder Inhalt der Aussage eindeutig determinierte Wirkung hervor. Natürlich war man nicht so naiv anzunehmen, diese Wirkungen seien bei allen Empfängern absolut gleich; aber auf den einzelnen kam es dabei nicht so sehr an, und in der Masse des Publikums, so meinte man, würde sich die beabsichtigte Wirkung zwangsläufig, nach durchschaubaren Gesetzmäßigkeiten einstellen, sofern man nur die Aussage „richtig" gestaltete und verbreitete. Die Einsicht, daß viele evidente Propagandaerfolge nur aus einmaligen historisch-sozialen Konstellationen sowie aus der staatlich-monopolistischen Kontrolle des publizistischen Apparates in autoritären Staaten zu verstehen sind, diese Einsicht blieb unseren Tagen vorbehalten. Hinzu kommt eine weitere wichtige psychologische Erkenntnis: die Einsicht nämlich, daß der

Mensch eine Reihe von Abwehrkräften gegen publizistische Beeinflussungsversuche entwickelt.

Der Mensch als Objekt der Massenkommunikation ist keineswegs — wie man oft stillschweigend anzunehmen scheint — eine „tabula rasa", der man beliebig alles Mögliche auf- oder einprägen kann. Vielmehr ist er durch drei Momente gekennzeichnet, die den Wirkungsprozeß entscheidend mitbestimmen: durch die *bereits vorhandenen Attitüden,* durch den *persönlichen Einfluß* anderer Menschen und durch *die Kräfte und Normen der Gruppen,* denen das Individuum angehört. Dazu jeweils einige kurze Erläuterungen:

Vorhandene Attitüden

Der erwachsene Mensch begegnet den meisten Aussagen, die durch Massenmedien an ihn herangetragen werden, mit bereits vorhandenen Attitüden, mit einer im Laufe des Lebens gewachsenen und oft sehr verfestigten Struktur von Bewertungs- und Reaktionsdispositionen. Das bedeutet: Der Mensch steht vielen meinungsbildenden Aussagen bereits vorgeformt und in bestimmte Richtungen tendierend gegenüber. Das wirkt sich aus sowohl bei der Auswahl dessen, was er auf sich einwirken lassen will, als auch im Wahrnehmen, Erleben, Verarbeiten und Bewerten der Aussage. Diesen Prozeß, den die Psychologen in zahlreichen Untersuchungen nachweisen konnten, erfaßt man am besten mit der von *Festinger* geprägten Formel von der „kognitiven Dissonanz"[2]). Der Mensch versucht, in seinem Wahrnehmen und Verhalten Dissonanzen zu vermeiden zwischen dem, was ihm in der Umwelt begegnet, und der präexistenten Attitüdenstruktur. Der Mensch organisiert im allgemeinen sein Erleben und Verhalten auf eine kognitive Konsonanz hin. Dieser Vorgang hat weitreichende Konsequenzen für die Wirkungen des Fernsehens. Viele Sendungen erreichen überhaupt nicht das angezielte Publikum, weil die potentiellen Rezipienten schon vorher annehmen und befürchten, durch diese Sendungen in ihren bereits vorhandenen Meinungen und Attitüden verwirrt zu werden; sie sehen sich solche Sendungen erst gar nicht an. So kommt es, daß die Wähler im Wahlkampf meist nur Sendungen, Flugblätter, Zeitungsartikel ihrer favorisierten Partei konsumieren. Daher beschränkt sich heute die Wahlpropaganda meist darauf, die bereits festgelegten Wähler in ihren Ansichten zu festigen und die Unentschlossenen zu sich herüberzuziehen. Der Versuch, politische Gegner durch Aussagen der Massenkommunikation zu „bekehren", gilt heute als ziemlich hoffnungslos.

Das Konzept von dem Streben nach kognitiver Konsonanz besagt also: Die Beeinflussung ist in der Regel um so stärker, je mehr die empfangenen Aussagen mit den schon vorhandenen Attitüden beim Zuschauer übereinstimmen. Starke Wirkungen sind auch möglich, wenn sich der Zuschauer auf dem Gebiet, von dem eine Sendung handelt, noch nicht festgelegt hat. Bei einer Dissonanz zwischen der Aussage und den präexistenten Dispositionen

---

[2]) L. Festinger: A theory of cognitive dissonance.

kommen oft gar keine Wirkungen zustande, oder die Wirkungen laufen sogar den Intentionen des Kommunikators zuwider („Bumerang-Effekt").

Persönlicher Einfluß

Ein weiterer Faktor, der den Wirkungen des Fernsehens Grenzen setzen kann, ist der persönliche Einfluß anderer Menschen auf den Fernsehzuschauer. Allzu leicht vergessen Politiker, Propagandisten und Fernsehproduzenten, daß der Mensch seine Ansichten und Meinungen nicht nur durch die Massenmedien bezieht, sondern daß er über Tagesfragen, Ereignisse und öffentliche Probleme in direkter, persönlicher Begegnung mit Menschen seiner Umgebung spricht, mit Familienangehörigen, Freunden, Bekannten und Kollegen. Die Sozialwissenschaftler haben nachgewiesen, daß in sehr vielen Fällen diese unmittelbare persönliche Kommunikation stärker wirkt als Aussagen, die durch Massenmedien vermittelt werden. Einflüsse, die durch Fernsehsendungen zustande kommen, werden daher nicht selten durch persönliche Gespräche neutralisiert oder ins Gegenteil verwandelt.

In diesem Zusammenhang ist auch das Konzept von der „mehrstufigen Kommunikation" und vom „Meinungsführer" zu erwähnen, ein Konzept, das noch gründlicher weiterer Studien bedarf und auf das wir hier nicht näher eingehen können[8]).

Der Rezipient als Glied von Gruppen

Der Wirkungsprozeß wird schließlich auch dadurch mitbestimmt, daß der Zuschauer Gruppen angehört und damit einer Reihe von Kräften und Normen dieser Gruppen unterworfen ist. Das Individuum strebt danach, Gruppen anzugehören, deren Normen mit den eigenen Attitüden korrespondieren. Und ebenso sucht der Mensch seine Attitüden den Normen seiner Gruppen anzupassen. Daher entwickelt der einzelne starke Widerstände gegenüber Beeinflussungsversuchen, die in Widerspruch zu den Normen der Gruppen stehen, denen er angehört. Und dieser Widerstand ist um so stärker, je mehr sich das Individuum mit seinen Gruppen und deren Normen identifiziert.

Zusammenfassend können wir also sagen: wenn beim Zuschauer bestimmte Wirkungen festzustellen sind, dann sind diese Wirkungen nicht nur aus der Aussage heraus zu verstehen, sondern neben und mit der Aussage sind noch viele andere Faktoren am Wirkungsprozeß beteiligt, sogenannte Mittlerfaktoren („mediating factors"), die in vielfältigen Zusammenhängen miteinander verbunden sind. In der Fernseherforschung fragt man heute nicht mehr primär danach, *ob* eine Sendung Wirkungen hat und *wie* diese Wirkungen aussehen, sondern man fragt, *unter welchen Bedingungen* sie zustande kommen. Allerdings muß man sich vor der Gefahr hüten, jetzt nur noch die Faktoren und Bedingungen zu sehen und dabei die Wirkungen selbst aus dem Blick zu verlieren. Während man bei der älteren Auffassung die ab-

---

[8]) E. Katz und P. F. Lazarsfeld: Persönlicher Einfluß und Meinungsbildung.

schwächenden oder neutralisierenden Momente nicht erkannt hatte und deshalb die Wirkungen des Fernsehens überschätzte, könnte eine zu einseitige Betonung dieser Momente dazu führen, daß man die Wirkungen des Fernsehens — und zwar die positiven wie die negativen — unterschätzt. Und der eine Fehler ist ebenso gefährlich wie der andere.

Schließlich ist anzumerken, daß sich bisher die Wirkungsforschung — von den heute verfügbaren Methoden her — recht einseitig nur mit einigen wenigen Wirkungsaspekten befaßt hat. Daher ist nur sehr wenig bekannt über langfristige Wirkungen und deren zeitlichen Verlauf, über kumulative Wirkungen bei wiederholten gleichartigen Einflüssen und über unbewußte und unterschwellige Wirkungen.

Von diesen Einsichten und Zusammenhängen ausgehend muß sich nun die sozialwissenschaftliche Fernsehforschung weit mehr als bisher auch mit den gesellschaftlich relevanten Aspekten und Wirkungen des Fernsehens beschäftigen. Wir können das hier nur andeuten. Die Forschung sollte unter anderem die folgenden Fragen zu beantworten suchen:

Wieweit ist das Fernsehen im konkreten Einzelfall in der Lage, die Meinungs- und Attitüdenverteilung in einer Gesellschaft umzustrukturieren? Trägt das Fernsehen dazu bei, das Interesse an politischen Fragen zu stärken und auszubreiten, oder führt dieses Medium zu politischer Apathie? Oder präziser ausgedrückt: Unter welchen Bedingungen, bei welchen Konstellationen der beteiligten Faktoren tritt der eine oder andere Fall auf?

Macht das Fernsehen die Menschen passiv in ihrer Freizeitgestaltung, ihrer Meinungsbildung und ihrer schöpferischen Phantasie? Wenn ja: unter welchen Bedingungen und in welchem Umfang?

Wie wirkt sich das Fernsehen auf das Familienleben aus?

Welche Rolle spielt das Fernsehen bei der Jugendkriminalität?

Wieweit und in welcher Form beeinflußt das Fernsehen den Geschmack breiter Bevölkerungskreise?

Über jede dieser Fragen ließe sich heute bereits einiges sagen, sei es als Forschungsergebnisse, sei es in Form von Hypothesen für künftige Untersuchungen. Doch ist es nicht unsere Aufgabe, hier im einzelnen auf die gesellschaftlichen Wirkungen des Fernsehens einzugehen.

Ein wichtiger Hinweis läßt sich den Forschungsdaten der Sozialwissenschaften entnehmen: Das Fernsehen ist — auch in den größten und „fortschrittlichsten" Fernsehländern — noch keineswegs am Ende seiner Entwicklung angekommen. Hierfür als Beispiel drei Forschungsresultate: In den *USA* zeichnet sich ab, daß dort der Höhepunkt der Fernsehbegeisterung überschritten ist; die Menschen beginnen, sich wieder etwas mehr jenen Tätigkeiten zuzuwenden, die sie zugunsten des Fernsehens eingeschränkt hatten. Zugleich ist dort ein leichter Trend erkennbar fort von den populären Massenunterhaltungssendungen hin zu spezielleren und anspruchsvolleren Themen. Und schließlich wandelt sich die äußere Fernsehsituation und damit sicher auch das Erleben und die Wirkung des Fernsehens dadurch, daß in immer mehr Haushalten zwei, drei oder noch mehr Empfangsgeräte vorhanden sind; dadurch wird die bei nur einem Gerät übliche Familiensituation aufgelöst; zugleich aber werden dadurch die einzelnen Familienmitglieder freier und unabhängiger in ihrer Programmwahl.

Unser Überblick über die soziologischen und psychologischen Aspekte und Probleme des Fernsehens führt uns zu der Schlußfolgerung: Seitdem sich die Sozialwissenschaften mit dem Fernsehen befaßt haben, sind die Probleme keineswegs einfacher geworden. Vielmehr tun sich mit jedem Schritt in dieses Gebiet neue, höchst komplizierte Fragen auf. Auch das heute weithin akzeptierte Modell von der Massenkommunikation als einem Feld von Faktoren, die in bestimmten Interrelationen miteinander verbunden sind, hat die Forschungssituation keineswegs vereinfacht, sondern die Komplexität dieses Bereiches erst voll sichtbar gemacht. Die Massenkommunikationsforschung ist heute durch eine Situation gekennzeichnet, die zwar auch anderen Wissenschaftsbereichen keineswegs fremd ist, jedoch im Bereich der Massenkommunikation offensichtlich besonders ausgeprägt ist: Die sozialwissenschaftliche Erforschung der Massenkommunikation reicht heute in ihrem Problembewußtsein sehr viel weiter als die zur Verfügung stehenden Methoden. Mit dem Feldsystem der als Interdependenzen zu denkenden Relationen zwischen den Faktoren lassen sich heute zahlreiche Probleme scharf und präzise formulieren, für deren Bewältigung die bislang erarbeiteten Methoden nicht ausreichen. Die wichtigste Aufgabe der künftigen Forschung auf diesem Gebiet wird somit darin bestehen, Methoden zu entwickeln, die den hochkomplexen Prozessen im Felde der Massenkommunikation gerecht werden.

Harald Weirich und Otto Wilfert

Auf dem Weg in die elektronische Kommunikation*)

Von einer der neuesten technischen Entwicklungen handelt der Aufsatz von Weirich und Wilfert: Zusammen mit dem sogenannten „Kassettenfernsehen", mit der Erschließung neuer elektronischer Frequenzbereiche und mit dem Kabelfernsehen ist es vor allem die Satellitenkommunikation, welche die „Landschaft" der Massenmedien (nicht zuletzt auch in Entwicklungsländern) in wichtigen Punkten verändert. Doch sollte Klarheit darüber herrschen, daß dieses neue Kommunikationsinstrument nicht ein eigenes Medium, sondern eher eine Art „Verlängerung" bereits vorhandener Medien darstellt. Nichtsdestoweniger bringt die Satellitenkommunikation eine Vielzahl neuer wirtschaftlicher, politischer, rechtlicher und gesellschaftlicher Probleme mit sich. Die wichtigsten von ihnen werden in dem Beitrag von Weirich und Wilfert erörtert, so zum Beispiel Sprachbarrieren, Abschirmungstendenzen, Propagandaversuche, nationale und regionale Interessen, Einflüsse der kommerziellen Orientierung, eine drohende Weltraumdiktatur der Großmächte u. a. Die Autoren zeigen, daß bisher nur ein kleiner Teil dieser Probleme gelöst werden konnte und daß mit der weiteren Entwicklung der Satellitenkommunikation schon in der nächsten Zukunft eine Fülle weiterer schwieriger Fragen auf uns zukommen wird.

Eine Gruppe von Sachverständigen, die 1460 die Erfindung des Johann Gensfleisch zu Gutenberg untersuchte, kam zu dem Schluß, die Buchdruckerpresse sei unnütz und habe keine Zukunft. Die Begründung war einleuchtend: Die Zahl der Personen, die lesen könnten, sei so gering, daß die Buchproduktion der kopierenden Mönche völlig ausreiche. Bald darauf hat dann die Erfindung der beweglichen Lettern die Welt von Grund auf verändert.

Vor einer ähnlichen Revolution stehen wir jetzt. Der amerikanische „Kommunikationsphilosoph" Marshall McLuhan prophezeit das Ende des „Gutenberg-Zeitalters" und die Entstehung des „elektronischen Weltdorfes." Aber während der Weltraumforscher und Utopie-Schriftsteller Arthur C. Clarke („Odyssee 2000") glaubt, daß „Organisationen wie das Satellitensystem zur meteorologischen Beobachtung und Bodenforschung sowie das Weltnachrichtensystem ... schließlich über den Rahmen ihrer speziellen Einrichtungen hinausgehen und irgendwann im nächsten Jahrhundert eines Tages deren Lenker zu ihrem großen Erstaunen entdecken werden, daß sie eigentlich die Welt regieren", definieren andere, jener Sachverständigenkommission von 1460 ähnlich, die Himmelssatelliten von heute schlicht als verlängerte „Fernsehtürme ohne Fuß".

Die Entwicklung, in der wir uns befinden, läßt sich nicht zutreffend abschätzen, wenn wir allein die Bedürfnisse der Gegenwart in Rechnung stellen

*) Aus: Frankfurter Hefte 26 (1971), Heft 6, S. 467—475.

oder die technische Seite isoliert betrachten. Der Fortschritt befriedigt nicht nur vorhandene Bedürfnisse, sondern weckt auch neue. Die Anwendungsmöglichkeiten eines neuen Mediums üben einen Sog aus. Für die Fernmeldesatelliten eröffnet sich ein Feld unabsehbarer Möglichkeiten.

Die Systeme

Ähnlich wie bei Flugzeugen und Computern rechnet die Industrie beim Bau von Satelliten in „Generationen". Sie unterscheidet in der Regel deren drei: als erste die (einfachen) Nachrichtensatelliten, als zweite Verteiler- oder Gemeinschaftssatelliten, als dritte Satelliten für Direktempfang. Wir befinden uns in der ersten Phase. Sie reicht vom Start des Experimentsatelliten TELSTAR am 10. Juli 1962 über den ersten kommerziellen Satelliten EARLY BIRD (1965) bis zu den Satelliten der INTELSAT IV-Klasse, die seit Beginn dieses Jahres[1]) eingesetzt werden können. Eines ihrer Kennzeichen ist das relativ geringe Gewicht; zu ihrer Placierung im Weltraum sind daher nur Raketen mittlerer Größenordnung erforderlich. Sie strahlen im Schnitt nicht mehr als die Energiemenge einer Haushaltsglühbirne aus. Infolgedessen ist der Bau teurer und komplizierter Empfangs- und Übertragungsanlagen auf der Erde erforderlich, die die Signale verstärken und sie in verständliche Information umwandeln. Zur Zeit sind rund vierzig solcher Bodenstationen in Betrieb. (Die Deutsche Bundespost unterhält eine dieser Anlagen in Raisting/Oberbayern.) Die nationalen Netze übernehmen von dort die Nachrichten und leiten sie auf konventionelle Weise weiter.

Zwischen den Satelliten der ersten Generation gibt es beträchtliche Unterschiede. Mit steigendem Gewicht, höheren Umlaufzahlen und der Verfeinerung der elektronischen Ausrüstung sanken die Kosten rapid. EARLY BIRD wog 100 Pfund, INTELSAT III wiegt 300 Pfund, INTELSAT IV wiegt 1 200 Pfund. EARLY BIRD schaffte 240 Umläufe, die Satelliten der INTELSAT-Serien III erreichen rund 1 200, INTELSAT IV ist auf 6 000 bis 10 000 Umläufe programmiert. Die Vermittlungskapazität von INTELSAT IV ist fünfmal höher als die jedes anderen in Betrieb befindlichen Satelliten: 6 000 Telefongespräche oder 12 Farbfernsehsendungen gleichzeitig. Und je Umlauf werden die Kosten von 15 300 Dollar (EARLY BIRD) auf 500 Dollar (INTELSAT IV) sinken.

INTELSAT IV steht vor der Schwelle zur zweiten Generation, zu den „Gemeinschafts- oder Verteilersatelliten". Für sie wird eine bedeutende Steigerung der Sendeleistung kennzeichnend sein. Verbesserte Solarzellen werden die erforderliche Energie aus Sonnenstrahlen gewinnen. EARLY BIRD verstreute seine Signale wahllos in den Weltraum, die neuen Leitsysteme werden ihre Impulse gebündelt und gezielt an die Empfänger auf die Erde weitergeben. Dieses System macht regionale Bodenstationen überflüssig, es ermöglicht einen direkten Empfang über Gemeinschaftsanlagen und macht ihn rentabel. Der kostspielige und risikoreiche Umweg des Satellitensignals

[1]) Januar 1971.

von der nationalen Empfangsstation über Funk- und Kabelsysteme zum Konsumenten entfällt. Universitäten, Schulen, Krankenhäuser, Bibliotheken, kleine Gemeinden, Schiffe werden über Parabol-Spiegel mehrere Fernsehprogramme, zum Beispiel aus ganz Europa, empfangen können. Bis 1975 lassen sich die technischen Probleme lösen. Es können dann noch einige Jahre bis zur kommerziellen Nutzung vergehen, weil die Umrüstung potentieller Empfänger auf Parabol-Antennen von 1—2 Metern Durchmesser weitere Zeit in Anspruch nehmen dürfte. Vor 1985 wird wahrscheinlich eine regelmäßige Versorgung durch Satelliten über herkömmliche Privatempfänger nicht möglich sein. Dann aber schlägt die Stunde der „Satelliten für Direktempfang". Ihr technisch vorerst ungelöstes Problem liegt darin, daß die ausgestrahlten Impulse so stark sein müssen, daß sie die einzelne Antenne mit gleicher Intensität erreichen wie heute die Signale der Verteilerstationen. David Sarnoff, Aufsichtsratsvorsitzender der „Radio Corporation of America (RCA)", schlug den Bau von drei Satelliten zu je 2,25 Tonnen Gewicht vor, die mit Atomreaktoren ausgerüstet werden sollen. Ihre ständige Leistung müßte 30 Kilowatt betragen. Diese Anlage würde für eine weltweite Grundausrüstung ausreichen.

Wird die respektable sowjetische Weltraumtechnik diese Entwicklung beschleunigen? Auf der Internationalen Expertentagung in Wien 1967 teilte ein russischer Delegierter mit, in der UdSSR werde daran gearbeitet, den direkten Heimempfang von Satelliten zu ermöglichen. Nun, der erste sowjetische Übermittlungssatellit der MOLNIYA-Klasse ist am 23. April 1965 gestartet worden; seitdem hat die Sowjet-Union sechs weitere Nachrichtensatelliten mit großer Präzision am Himmel placiert. Sie umkreisen die Erde in gleichen Abständen im Laufe von zwölf Stunden einmal und bilden das „ORBITA"-Übermittlungssystem, das auch INTERSPUTNIK genannt wird, soweit es die Ostblockstaaten mitversorgt. ORBITA verfügte im November 1969 über 30 Bodenstationen; es ist das erste rein nationale Satellitenverbindungssystem der Welt. Sein Nachteil gegenüber der INTELSAT besteht jedoch darin, daß es keine „Synchron-Satelliten" einsetzen kann. Diese stehen auf der Äquatorlinie und laufen zur Erdumdrehung „synchron", sie sind also sozusagen am Himmel festgenagelt. Damit entfällt die Einrichtung von Antennen mit komplizierten Nachführmechanismen bei den Bodenstationen, um die ständig drohende Gefahr auszuschalten, aus dem Sendebereich eines Satelliten zu geraten, ohne den nächsten sicher geortet zu haben. Die Sowjet-Union kann aus geographischen Gründen Synchron-Satelliten nicht einsetzen; der Ausstrahlwinkel vom Äquator zu den nördlichen Gebieten der nördlichen Halbkugel ist so groß, daß mit ständigen Störungen (Rauschen zum Beispiel) gerechnet werden müßte.

Die Anwendungen

Die ständige Verbesserung der Sendesysteme, die ständig wachsende Zahl der Anwendungsmöglichkeiten und die drastischen Kostensenkungen haben schon jetzt zu einer wahren Explosion in Kommunikation über Satelliten geführt. So stieg die Übermittlung von Fernsehsendungen von 40 Stunden auf 76 Stunden 1966, auf 225 Stunden 1967, auf 666 Stunden 1968 und seither weiter. Der Fortschritt gilt freilich nur für den Gürtel der Industriestaaten, — dort, wo Nachrichtensatelliten am dringendsten gebraucht würden, sind sie noch kaum in Erscheinung getreten: in den Entwicklungsländern. Für weitausgedehnte Gebiete mit großer Bevölkerungszahl und schlechten Verkehrswegen — für Indien, China, Indonesien, Brasilien . . . — bietet der Fernmeldesatellit die Möglichkeit, den Abstand zu den Industriestaaten zu verringern: den Analphabetismus zu besiegen, rationelle Methoden der Bewirtschaftung auszubreiten, dem Hunger zu begegnen, Hygiene und Familienplanung zu propagieren, in mancher anderen Hinsicht die gesellschaftlichen Verhältnisse zu verändern. Die Entwicklung der regionalen Satelliten-Systeme steckt indes noch in den Kinderschuhen; trotz dem zu erwartenden immensen Nutzen und den im Vergleich zu herkömmlichen Kommunikationsmitteln geringen Investitionskosten scheint außer China keines jener Länder die einmalige Gelegenheit zu seiner raschen Weiterentwicklung rechtzeitig nützen zu wollen oder zu können. Im Jahre 1981, so rechnet man in Indien, werden erst 19 Prozent des Territoriums und 25 Prozent der Bevölkerung von konventionellen Fernsehsendern erreicht sein. Bei Investitionen in Höhe von nur etwa 50 Millionen Dollar könnte ein Satellitensystem eingerichtet werden, das in der Lage wäre, der gesamten Bevölkerung nicht nur eines, sondern mehrere Programme anzubieten.[2])

Für die Industriestaaten stellt sich das Problem der Regionalsysteme weniger aus finanziellen oder technischen als aus politischen und juristischen Gründen. In den USA, in Europa und in Japan sind Wissenschaft und Industrie fasziniert von den schier unerschöpflichen Verwendungsmöglichkeiten, die sich anbieten. Längst ist der Fernmeldesatellit nicht mehr nur Nachrichtenübermittler, Relaisstation im All; er ist die Vorbedingung zur Gewinnung vielfältiger neuer Informationen geworden.

Im erstbezeichneten Bereich werden sich die traditionellen Mittel des Fernmeldeverkehrs, Telegraphie und Telephon, in weit stärkerem Maße als bisher nützen lassen. Gleichzeitig wird aber an ihre Stelle das „sprechende Bild" treten. Es war eine der Attraktionen der Weltausstellung in Osaka. Wenn das Angebot an Übertragungskanälen durch Fernmeldesatelliten im gleichen Maße wie bisher wächst, kann das private Bild-Gespräch zwischen Deutschland und den USA noch in diesem Jahrzehnt für jeden Apparatebesitzer erschwinglich werden. Damit eröffnet sich auch die Möglichkeit der Konferenzschaltung, der Diskussion in Bild und Ton aus verschiedenen Regionen. Nicht nur das Fernsehen macht zuweilen davon bereits Gebrauch; beim Mediziner-Tag 1970 in München diskutierten deutsche Spezialisten für Herzkrankheiten mit amerikanischen Kollegen, deren Bild von „INTELSAT III" übertragen, in München auf eine Filmleinwand projiziert wurde.

---

[2]) Indien plant jetzt die Einrichtung eines Satellitenfunks für 1974. Die USA stellen einen Experimentier-Satelliten zur Verfügung; der Empfang soll über Gemeinschaftsantennen-Anlagen erfolgen.

Den Möglichkeiten, die der Nachrichtensatellit vermittelt, steht die Medizin besonders aufgeschlossen gegenüber. Ein Zeitgewinn von wenigen Minuten kann den höchsten Preis wert sein: das menschliche Leben. Es bestehen daher Pläne, ein weltweites Netz von Verbindungen zu schaffen, das es Ärzten erlaubt, einen Fall mit Spezialisten durchzusprechen, ihnen durch Bildfunk Aufzeichnungen, Elektrokardiogramme und andere Daten zur Auswertung zu senden, um in kürzester Frist Diagnose und Behandlungsratschlag zu empfangen. Operationen können aus der Ferne beobachtet, ja selbst angeleitet werden.

Der ständige Dialog zwischen Universitäten, Bibliotheken und Labors, heute noch schwerfällig und gehemmt durch weite Entfernungen, wird bis zur Unmittelbarkeit des direkten Gesprächs beschleunigt werden. Die erste wirkliche „universitas artium" ist im Entstehen begriffen, — es wird einen beispiellosen kumulativen Effekt im Bereich von Wissenschaft und Forschung geben. Um ihren Informationsaustausch zu vereinfachen, schlug der Weltraumforscher Professor Dr. Wilbur Schramm, Paris, im Jahre 1968 vor, zentrale „Datenbanken" einzurichten. Neue Forschungsergebnisse könnten von Wissenschaftlern in den Entwicklungsländern oder in abgelegenen Teilen der Erde ebensoleicht über Fernmeldesatelliten abgerufen werden wie von ihren Kollegen in Europa oder Amerika. Die „Datenbanken" mit ihren Riesenmengen verschlüsselter Information ließen sich gleich mit den Satelliten in den Weltraum befördern und dort fortlaufend anreichern. Das würde die Sendekapazität verdoppeln, weil die jeweilige Rückfrageverbindung fortfiele.

Für Unterricht und Bildung wird sich die Verwendung der Satelliten in den Industrieländern allerdings voraussichtlich weit weniger durchsetzen als in den Entwicklungsländern: Sprachbarrieren, nationale und partikularistische kulturelle Interessen werden die allein rationelle Ausstrahlung über Gebiete von der Größe eines Kontinents vermutlich noch lange behindern.

Für Zeitung, Rundfunk und Fernsehen hingegen werden die Nachrichtensatelliten den Zwang zur Aktualität verstärken. Zwar wird die Zeitung nicht mit dem „Realtime-Programm": der Deckung von Ereignis und Übermittlung konkurrieren können, aber sie wird, sofern sie das Schwergewicht nicht auf die zeitlich und sachlich distanzierte Zusammenschau und Kommentierung verlagert, eine andere Möglichkeit nutzen, die „Faksimile Übertragung": die Zeitung der Zukunft wird im Hause des Empfängers gedruckt, das heißt fotokopiert, Sekunden nachdem ihre Redakteure die letzten Meldungen zusammengebaut haben. Man wird in Europa die „New York Times" im gleichen Augenblick auf dem Schreibtisch vorfinden wie die amerikanischen Abonnenten. Die erste funktionierende Anlage dieser Art konnte auf der Weltausstellung in Osaka bewundert werden. Auch den Post-Bereich revolutioniert die Faksimile-Übertragung: den soeben unterschriebenen Brief hält der Adressat am andern Ende der Welt einige Augenblicke später in Händen.

Besonderen Nutzen ziehen Schiffahrt und Luftfahrt aus der Verwendung von Navigationssatelliten, die eine ständige genaue Kontrolle der eigenen Route ermöglichen und damit den Gefahren des Abweichens von der festgelegten Bahn und des Zusammenstoßes — im verkehrsüberfüllten Luftraum! — vorbeugen.

Die Satelliten sind jedoch , wie gesagt, in den vergangenen Jahren weit über ihre ursprüngliche Funktion als Relaisstation hinausgewachsen, — sie produzieren selbst Information.

Wettersatelliten ermöglichen erstmalig langfristige Voraussagen aufgrund weltweiter Beobachtung. Der Zusammenschluß des amerikanischen TIROS-Systems mit dem METEOR-System der Sowjet-Union unter dem Dach einer Unterorganisation der Vereinten Nationen für Meteorologie (WMO) sorgt für die Meldung aller wetterbestimmenden Faktoren. Die gesammelten Informationen werden durch Schnellübertragungsdienste den drei meteorologischen Zentren Moskau, Melbourne und Washington zugeleitet, wo Computer sie analysieren. Die Voraussagen werden dann an die regionalen meteorologischen Stationen verteilt. Der ökonomische Nutzen der Frühwarnung vor Stürmen, Taifunen, Orkanen, dem Monsun liegt auf der Hand. Die Warnung des Wettersatelliten TIROS ermöglichte es 350 000 Menschen in Amerika, rechtzeitig vor dem Wirbelsturm „Carla" zu fliehen.

Spionage-Satelliten geben in schärfsten Aufnahmen Kunde von militärischen Bewegungen oder wirtschaftlichen Veränderungen auf dem Territorium von Feind und Freund. Aber nicht nur die Oberfläche der Erde beobachten Satelliten und zeichnen sie auf, — mittels ihrer Fernerkundungsausrüstung, die die Luftphotographie mit magnetischen und gravimetrischen Apparaten koppelt, dringen „Earth Resources Satellites" in die Erdkruste ein und melden den Reichtum von Rohstoffen, die der Planet noch verborgen hält. Bedeutende Nickellager sind auf diese Weise in Manitoba erschlossen worden, Erzvorkommen im Staat Ontario. Durch die tägliche Aufzeichnung der Wanderungen von Fischschwärmen oder des Planktons werden Satelliten sowohl den Ozeanographen — zur Feststellung der Meeresströmungen — als auch dem Fischfang nutzen.

Die Organisation und Kontrolle

Der Fortschritt durch Satelliten war, positiv und negativ, an die Entwicklung des Ost-West-Konfliktes gebunden. Die Sowjet-Union stieß in der zweiten Hälfte der fünfziger Jahre als erste in den Weltraum vor. Der „Piep"-Laut ihres Satelliten löste in den USA den „SPUTNIK-Schock" aus; er stachelte den Ehrgeiz der größten Industrienationen an, den Konkurrenten so schnell wie möglich im Weltraum zu überflügeln. Der ökonomische Nutzen war nur ein Abfallprodukt des politisch und wissenschaftlich-technisch motivierten Satelliten-Wettrennens.

Um zu verhindern, daß der Weltraum zum Tummelplatz einzelner privater Interessenten würde — 1962 nahm die „American Telephone & Telegraph Company" (AT & T) den Satelliten TELSTAR in Betrieb —, veranlaßte der Kongreß die Gründung der „Communication Satellites Corporation", kurz COMSAT genannt. Nach einem bestimmten Verteilerschlüssel konnten Einzelpersonen und im Nachrichtenwesen tätige Unternehmen Beteiligungen an COMSAT erwerben, jedoch ohne die Möglichkeit, die Aktienmajorität zu erlangen; in der öffentlichen Hand verblieb außerdem die Sperrminorität. Der COMSAT war von vornherein die Aufgabe zugedacht, gemeinsam mit anderen Nationen ein weltweites Netz der Kommunikation über Fernmeldesatelliten zu schaffen. Im Sommer 1964 wurde die INTELSAT (International Telecommunication Satellites Consortium) gegründet; sie bestand damals aus neunzehn westlichen Ländern, die sich durch ihre Postverwaltungen vertreten ließen; durch Zuzug aus der Dritten Welt ist die Zahl der INTELSAT-Mitglieder inzwischen auf 77 gestiegen. INTELSAT ist Eigentümer der Satelliten, beschafft sie, sorgt für ihren Abschuß in den Weltraum, überwacht und steuert sie in der Umlaufbahn und vermietet Kanäle an Fernmeldeverwaltungen oder Betriebsgesellschaften, die über Bodenstationen verfügen. 53 Prozent der Aktien der INTELSAT besitzt die COMSAT, rund 30 Prozent sind in europäischer Hand, den Rest teilen sich die übrigen Mitglieder. Als Generalsekretär fungiert selbstverständlich ein Amerikaner. 80 Prozent aller Aufträge des Konsortiums wurden 1969 an amerikanische Firmen vergeben.

Die der INTERVISION angeschlossenen Staaten des Ostblocks beteiligen sich ihrerseits an Kosten und Nutzung des INTERSPUTNIK-Netzes.

So sind also die beiden konkurrierenden Systeme nicht nur Ausdruck des Ost-West-Konflikts, sondern auch des Bestrebens der Supermächte, ihre Interessengebiete zusammenzuhalten und zu beherrschen. Dies gelang ihnen hierin umso leichter, als die Zweitmächte nicht in der Lage waren, eigene Satelliten im Weltraum zu placieren.

Die Partnerstaaten in West und Ost akzeptierten das Weltraum-Diktat ihrer Vormächte so lange, als sie sich von der Gegenseite bedroht wähnten und über das technische „know-how" nicht verfügten. Mit Beginn der Kennedy-Ära setzte eine Phase der Entspannung, ja der Kooperation zwischen den Supermächten ein, die ihren ersten spektakulären Erfolg dort hatte, wo noch keine unmittelbare Konfrontation stattgefunden hatte: oberhalb der Atmosphäre. Im Weltraum-Vertrag von 1967 sicherten sich beide Seiten zu, diesen Bereich ausschließlich friedlichen Zwecken nutzbar zu machen. Als Clearing-Pool zur Regelung strittiger Fragen richtete die UN ein „Comité des utilisations pacifiques de l'espace extraatmosphérique" ein.

Die Sowjet-Union scheint zu einem weiteren Schritt bereit zu sein. Auf einer privaten Expertenzusammenkunft in Talloires (Frankreich) gab Professor G. Shukow, Mitglied der „Akademie der Wissenschaften", zu verstehen, daß sein Land mit INTELSAT zur Bildung eines umfassenden Fernverbindungssystems zusammenarbeiten könnte. Die Umlaufbahnen der MOLNIYA-Satelliten würden in der Tat das Netz der erdstationären Satelliten der westlichen Gesellschaft hervorragend ergänzen. Das bereits praktizierte Modell der Zusammenarbeit auf dem Gebiet der Wetterforschung durch Satelliten verweist ebenfalls auf das entstehende Weltsystem der Satelliten-Kommunikation. Während der ersten Landung auf dem Mond war es für einige Stunden bereits Wirklichkeit.

Hier ist die Anwendung der Satellitentechnik nicht nur Spiegelbild, sondern unter Umständen auch Schrittmacher neuer politischer Entwicklungen.

Die Notwendigkeit globaler Regelungen

Was die Europäer betrifft, so steht die Zahl der Weltraumorganisationen, die sie gegründet haben, im umgekehrten Verhältnis zu deren Erfolgen. Die europäischen Postverwaltungen (CEPT) bildeten im März 1966 eine „Europäische Konferenz für Fernmeldeverbindungen mittels Satelliten" (CETS). Eine Gründung der Raumfahrtindustrie ist die EUROSPACE. Die ESRO („European Space Research Organisation") befaßt sich mit dem allgemeinen Studium von Weltraumproblemen und speziell der Satelliten-Technologie, die ELDO („European Launcher Development Organisation") mit der Entwicklung von Raketen und Raumfahrzeugen. Der ELDO waren auf ihrem Raketen-Startgelände in Woomera (Australien) bisher nur Fehlschläge beschieden. Industrielle aus Frankreich und der Bundesrepublik schlossen im Jahre 1967 ein Abkommen zur Konstruktion von zwei Satelliten „SYMPHONIE" (ein Modell wurde auf der Funkausstellung in Düsseldorf gezeigt). Sie sollen 1972 mit ELDO-Raketen von Kourou in Guyana abgeschossen werden.[3]) Der eine ist für Telephon- und Telegraphie-Verkehr geplant, der andere zur Übermittlung von Rundfunk und Fernsehen.

Daß die USA trotz allem offiziellen Widerstand eine Regionalisierung des westlichen Satelliten-Systems für unvermeidlich halten geht schon daraus hervor, daß mehrere amerikanische Gesellschaften (so Western Union, AT & T, COMSAT) in der Öffentlichkeit die Einrichtung eines nationalen Netzes propagieren. Vielleicht wird es in diesem Jahr Wirklichkeit, möglicherweise kommt Kanada den USA noch zuvor. Weitere Aspiranten sind Brasilien, Indien, Indonesien, Australien und Japan.

Die Einrichtung nationaler Netze, verbunden mit den Möglichkeiten des Direktempfangs von 1985 an, wirft Fragen juristischer, politischer und ethischer Natur auf, die — wie M. Marzin, Vorsitzender der CETS vor einem Jahr feststellte — „noch weit davon entfernt sind, gelöst zu sein". Wie in den Frühzeiten des Rundfunks droht ein allgemeiner „Wellenkrieg" mit dem Resultat eines „Wellensalats" für den Empfänger, falls die beteiligten Staa-

[3]) Vorerst auf Anfang 1974 verschoben.

ten oder Staatengruppen sich nicht einem internationalen Reglement unterwerfen. Wie schwer es ist, bei allem guten Willen die aufgeworfenen Probleme zu lösen, zeigt das Beispiel „SYMPHONIE". Frankreich will mit dem Relais-Satelliten Richtfunkstrecken zwischen Europa und den französischen Interessengebieten in Nordafrika und Mittelamerika betreiben. Zu diesem Zweck wird SYMPHONIE mit vier verschiedenen Antennen ausgerüstet, die unabhängig voneinander und in fast beliebiger Kombination gleichzeitig betrieben werden können, um gezielt in „Keulen" zu senden und Streuverluste zu vermeiden. Unter den Bedingungen des Direktempfangs würde sich kaum verhindern lassen, daß auch Staaten in den Genuß des französischen Programms kämen, die sich eine solche Beeinflussung strikt verbitten würden. Nachrichtensatelliten respektieren nationale Grenzen nicht, sie „überfluten" sie. (Fachleute diskutieren diese Frage unter dem Stichwort „spill over".) Die Grenze zwischen Nachricht und Propaganda ist fließend. Was für den einen Staat selbstverständlich ist, wird für den Nachbarn oftmals zur Herausforderung. Welche Komplikationen würden sich gar ergeben, wenn der Vorschlag verwirklicht würde, den der deutsche Abgeordnete Berkhan vor der Westeuropäischen Union am 2. August 1967 gemacht hat: die Staaten des Ostblocks via Nachrichtensatellit mit westlichem Gedankengut zu versehen?

Es lassen sich Gegenmaßnahmen denken, von der Störung der Ausstrahlung bis hin zur Zerstörung der Satelliten selbst. Eine Möglichkeit, den Stein des Anstoßes aus dem Weg zu räumen, wäre es an sich, die technische Entwicklung in ihrem gegenwärtigen Stand einzufrieren, das heißt, den Direktempfang zu blockieren. Denn solange alle Funksignale über nationale Bodenstationen verstärkt und weitergeleitet werden müssen, besteht auch die Kontrollmöglichkeit. Es würde jedoch aller Erfahrung widersprechen, wenn es gelänge, den technischen Fortschritt auf dem Gebiet der Information aufzuhalten. Wenn es schon den geistlichen und weltlichen Herrschern des Gutenberg-Zeitalters trotz Indizierungen und sonstigen Repressionen gegen das freie gedruckte Wort nicht gelang, um wieviel aussichtsloser sind da auf Dauer in unserer Zeit Unterdrückungsmaßnahmen?

Die Hoffnung richtet sich auf einen Sieg der Vernunft in Gestalt eines weltweiten Abkommens über die Einrichtung und den Gebrauch von Nachrichtensatelliten. Als Forum dazu bietet sich die Außerordentliche Weltfunkverwaltungskonferenz im Juni 1971 an, bei der die Frequenzverteilung neugeordnet werden soll. Die Internationale Fernmelde-Union (Genf) müßte in die Lage versetzt werden, den Funkverkehr zu überwachen, gegebenenfalls mit Sanktionen einzugreifen. Zu diesem Zweck wird eine Präzisierung der recht allgemein gehaltenen Forderungen im Internationalen Fernmeldevertrag von 1965 nötig sein.[4])

[4]) Die Versammlung konnte sich lediglich zu folgender Entschließung durchringen: „Rundfunksatelliten dürfen nur dann in den Orbit gebracht und betrieben werden, wenn dafür Abkommen und dazugehörige Frequenzpläne bestehen, die auf weltweiten oder regionalen Konferenzen angenommen worden sind." Auf den Termin einer solchen weltweiten Konferenz vermochte sie sich nicht zu einigen.

Wer beherrscht die neuen Medien?

Eine weltweite Übereinkunft der Staaten, sich sendetechnisch nicht ins Gehege zu kommen, reicht jedoch bei weitem nicht aus, die zukünftigen Auswirkungen der Nachrichtensatelliten politisch in den Griff zu nehmen. Im Zusammenhang mit der Weiterentwicklung anderer Informationstechniken werden sie die Gesellschaftsstrukturen und das Leben gewaltig verändern. Video-Recorder machen den Verbraucher unabhängig von der zeitlichen Programmeinteilung der Fernsehanstalten, das Kassetten-Fernsehen bringt eigene Programme ins Haus. Erste geglückte Experimente mit Laser-Strahlen geben uns eine Vision vom Fernsehen im Jahre 2000: drei-dimensionale Bilder von Zimmerhöhe und -breite, akustisch belebt durch Vierkanal-Stereoton, werden den Konsumenten in den Bann ziehen. Der Nachrichtensatellit für Direktempfang wird diese Entwicklung potenzieren. Rund um die Uhr wird er Programme aus aller Welt in die Mehr-Medien-Räume projizieren, die die Architekten der Zukunft den Neubauten einplanen werden. Auf der Düsseldorfer Funkausstellung 1970 wurde das Modell eines solchen Raumes gezeigt, das freilich nur mit den verhältnismäßig bescheidenen Apparaten der Gegenwart ausgestattet war. Aber schon diese konkrete Utopie wirft verstärkt die Fragen auf, insbesondere nach dem Inhalt der Programme und ihrer Kontrolle, die angesichts der Praxis, wie sie sich entwickelt hat, seit langem diskutiert werden.

Es wäre verhängnisvoll, die Macht der neuen Medien zu unterschätzen. Die umweltverändernde Dynamik der neuen Medien und der Zwang zu ihrer effizienten Nutzung tendieren dahin, ihren Gesetzen die politischen Strukturen anzupassen. Wenn beispielsweise die Einrichtung eines Satellitennetzes für einen europäischen Staat auf der einen Seite lebenswichtig, auf der andern Seite allzu kostspielig ist, so heißt das erstens, daß sich mehrere Staaten zu diesem Zweck zusammenschließen müssen, daß zweitens allein Programme übertragen werden können, die das Gemeinsame und nicht das Gegensätzliche hervorheben, drittens daß sich daraus Rückwirkungen auf die Denkweise der Empfänger ergeben, die, in politische Impulse umgesetzt, auf supranationale Einheiten hin drängen. Es zeichnet sich ab, daß fast alle Menschen zwei oder drei gemeinsame Weltsprachen verstehen werden, weil ihre elektronische Umgebung von Kindheit an mehrsprachig sein wird. In Höhen, die die Baumeister des Turms zu Babel sich nicht vorstellen konnten, sind, so meint Arthur C. Clarke, die Raketen- und Kommunikationsingenieure im Begriff, den Fluch zu lösen, der über unsere Vorfahren verhängt worden ist.

Eine europäische oder weltweite Einigung im Zeichen der Massenmedien wird möglicherweise aber keine „Einheit in der Vielfalt" sein können, wie wir sie heute anstreben. Im Gegenteil, den schrecklichen Simplifikateuren könnte sehr wohl die Vielfalt und Buntheit des Lebens zum Opfer fallen. Eine „Brave New World" wäre das Ergebnis. Soweit die Medien kommerziell ausgebeutet werden, decken sich die Interessen der Auftraggeber mit denen ihrer Instrumente, denn die Nachrichtensatelliten und die mit ihnen verknüpften Fernsehnetze drängen um der höchstmöglichen technischen Effizienz willen ebenso auf weitverbreitete und unproblematische Programme wie die werbetreibende Industrie. Läßt sich, als dritter im Bunde, der Konsument lieber unter Bergen eines süßen Breis aus *soap-operas* und Visionen einer heilen Welt begraben, als sich freiwillig mit den schwierigen, oft schmerzlichen Problemen der menschlichen Gesellschaft zu befassen?

Die bisher konventionellen Medien ließen ihren Benutzern Jahrhunderte, wenigstens Jahrzehnte Zeit, sie nacheinander in ihr Leben einzubeziehen und sie einigermaßen beherrschen zu lernen. Wir aber werden innerhalb einer Generation schockartig mit mehreren neuen Informationsträgern konfrontiert werden, die „unter die Haut gehen" und unser Leben tiefgreifend umgestalten werden. Die technologische Intelligenz legt sich vorerst wie eh und je über die ethischen und politischen Folgen ihrer „wertfreien" wissenschaftlichen Forschung keine Rechenschaft ab. Die Programmproduzenten passen sich schon heute dem Sog der technischen Zwänge an. In unseren öffentlich-rechtlichen Fernsehanstalten haben Themen, die sich nicht optisch auflösen lassen, immer geringere Aussicht, auf dem Bildschirm abgehandelt zu werden; vor der Entscheidung für einen Sendestoff steht die Frage nach dem „Wie"; das „Was" wird sekundär. Den neuen Medien voll gewachsen zeigte sich bis heute nur eine Macht: der Markt, das kommerzielle Interesse. Wie ist diesem Zustand und seinen Gefahren beizukommen?

Karl Erik Rosengren und Swen Windahl

Funktionale Aspekte bei der Nutzung der Massenmedien*)

Wenn in dieser Einführung in die Massenkommunikationsforschung der umfangreiche und komplexe Themenkreis der Rezipienten- oder Publikumsseite mit nur einem Beitrag vertreten ist, so sei noch einmal darauf hingewiesen, daß zu diesem Feldfaktor Vieles in anderen hier abgedruckten Arbeiten gesagt wird, so in allen drei Beiträgen des ersten Teils, aber auch beispielsweise bei den Studien von Glotz und Langenbucher sowie von Dröge, Weißenborn und Haft und in dem Nachdruck „Zur wissenschaftlichen Erforschung des Fernsehens".

Rosengren und Windahl behandeln einen wichtigen neueren Ansatz der Massenkommunikationsforschung: die „funktionale Betrachtungsweise", im Englischen häufig „uses and gratifications approach" genannt. Den Ausgangspunkt dieses Konzeptes bildet die Annahme, daß sich der Mensch auf lange Sicht freiwillig immer nur solchen Gegenständen (dieses Wort im weitesten Sinne genommen) zuwendet, die ihm etwas bedeuten, wie sie andere Gegenstände in dieser Form nicht aufweisen. Hier wird also der Mensch in seinen dynamischen Relationen zu seiner Umwelt gesehen. Man fragt einerseits nach den Antrieben, Erwartungen, Bedürfnissen, mit denen der Mensch der Welt begegnet, zum anderen danach, welche Gegenstände diesen Antrieben entsprechen, wieweit die verschiedenen Gegenstände also geeignet sind, bestimmte Erwartungen und Bedürfnisse zu erfüllen.

Die Tatsache, daß die Massenmedien eine bedeutsame Rolle im Leben der Menschen von heute spielen — die Nutzung der Massenmedien nimmt den größten Teil der Freizeit ein —, die Tatsache führt zu dem Schluß, daß mit den Aussagen der Massenkommunikation offensichtlich „Gegenstände" angeboten werden, die große funktionale Bedeutung für die Rezipienten haben. Unter diesem Aspekt gehen Rosengren und Windahl der Frage nach, ob die Massenmedien, „funktional" betrachtet, als Alternativen für andere mögliche Gegenstände dienen.

Weggelassen wurde hier der zweite Teil des Originaltextes, in dem die Autoren von einer in Schweden durchgeführten empirischen Untersuchung zur Überprüfung der im ersten Teil entwickelten Hypothesen berichten. Danach sind abschließende Aussagen noch nicht möglich; vielmehr werden Vorschläge für die weitere wissenschaftliche Erforschung der Thematik unterbreitet.

Studien über die Beziehungen zwischen den Massenmedien und ihrem Publikum oder der Gesellschaft als Ganzem werden oft in zwei Arten unterteilt: Wirkungsstudien und sogenannte Benutzungs- und Nutzenstudien

*) Original: Mass media consumption as a functional alternative. In: D. McQuail (Hrsg): Sociology of mass communications. London: Penguin (im Druck).

(„uses and gratifications studies"). Diese zweite Gruppe impliziert in der Regel einen sogenannten „funktionalen Ansatz". Die Funktionen der Medien und ihre Verwendung können vom Gesichtspunkt des Individuums oder von dem der Gesellschaft gesehen werden. Viele Funktionen, umfassende und enger begrenzte, wurden vorgeschlagen, diskutiert, und manchmal sogar gemessen: Sozialisierung, Erholung, Flucht aus der Realität, Information, usw.[1]) Oft wurde behauptet oder als erwiesen angenommen, daß eine enge Beziehung zwischen dem Medieninhalt und der Medienfunktion besteht, aber es scheint jetzt eine wachsende Übereinstimmung darüber zu herrschen, daß fast jede Art von Inhalt fast jeder Art von Funktion dienen kann.

Es ist Zweck dieses Aufsatzes, eine spezielle Gruppe von Medienfunktionen für das Individuum zu untersuchen. Wir versuchen, einen gewissen Typ der Befriedigung mit einem gewissen Typ von Publikumseigenschaften in Beziehung zu bringen. Diesem Versuch liegt die Überzeugung zugrunde, daß die Massenmedienforschung früher oder später aufhören muß, nur demographische Variablen als unabhängige Variablen und nur den Medienkonsum als abhängige Variable zu benutzen. Verschiedene soziologische und sozialpsychologische Variablen sollten als unabhängige oder intervenierende Variablen eingeführt werden, während die abhängige Variable, der Massenmedienkonsum, qualitativ nach verschiedenen Typen des Konsums differenziert werden sollte. Bevor wir unsere Version dieses Programms darstellen, müssen wir vorerst einige Beziehungen zwischen dem Individuum, seinen Bedürfnissen und den Möglichkeiten, diese Bedürfnisse auf verschiedene Art zu befriedigen, erörtern.

Wir alle haben die verschiedensten Arten von Bedürfnissen. Nehmen wir an, daß wir an dem Studium eines besonderen, ziemlich genau definierten Bedürfnisses interessiert sind.[2]) Nehmen wir ferner an, daß es mehrere Möglichkeiten gibt, dieses Bedürfnis zu befriedigen, Möglichkeiten Nummer 1, 2, 3, ... Dies sind funktionale Alternativen, von denen möglicherweise, aber nicht notwendigerweise, eine als die natürliche gelten kann — aus biologischen, psychologischen oder kulturellen Gründen.[3]) Wir nennen diese Alternative „Möglichkeit Nummer eins". Es wird angenommen, daß die Möglichkeiten, Alternative Nummer eins der Bedürfnisbefriedigung anzuwenden, auf dem individuellen und dem Umweltniveau variieren. (Die Umwelt soll hier alle außerindividuellen Variablen einschließen: sozialpsychologische, soziale und gesellschaftliche.) Wenn seine individuellen oder milieugegebenen Möglichkeiten, diese Art der Bedürfnisbefriedigung anzuwenden, gering oder nicht-existent sind, neigt das Individuum dazu, das gleiche Bedürfnis durch eine oder mehrere der funktionalen Alternativen zu befriedigen, die ihm die Gesellschaft und ihre Kultur anbieten, Möglichkeiten Nummer 2, 3, ... n.

Unter diesen Voraussetzungen kann eine Typologie der Möglichkeiten zur Bedürfnisbefriedigung erstellt werden. Individuelle und milieubedingte Möglichkeiten zur Bedürfnisbefriedigung durch Alternative eins können jeweils in befriedigende und nicht-befriedigende unterteilt werden, wodurch sich eine Typologie von vier Fällen ergibt.

Fig. 1. Typologie der Möglichkeiten, ein bestimmtes Bedürfnis auf eine bestimmte Art zu befriedigen.

		Milieubedingte Möglichkeiten, auf bestimmte Art Befriedigung zu finden	
		Befriedigend	Nicht-befriedigend
Individuelle Möglichkeiten, auf bestimmte Art Befriedigung zu finden	Befriedigend	1	2
	Nicht-Befriedigend	3	4

Wenn die Möglichkeiten einmal in ein solches Schema gebracht sind, können die vier „Zellen" der Typologie als die Werte einer neuen Variablen gesehen werden, nämlich des *Grades der Abhängigkeit von den funktionalen Alternativen.* Wenn ein Mensch befriedigende individuelle und milieubedingte Möglichkeiten hat, seine Bedürfnisse auf Art eins zu befriedigen, ist er nur in geringem Maße von den möglichen Alternativen abhängig (Zelle 1). Hat er aber unbefriedigende individuelle und milieubedingte Möglichkeiten, seine Wünsche auf diese Art zu befriedigen, hängt er in hohem Maße von den Alternativen ab (Zelle 4)). Die Zellen 2 und 3 mögen als dazwischen liegende Fälle angesehen werden, die möglicherweise auf denselben Zwischengrad von Abhängigkeit von funktionalen Alternativen zur Bedürfnisbefriedigung hinauslaufen.

Lassen Sie uns als Beispiel das Bedürfnis nach sozialer Interaktion nehmen, das wir für ziemlich allgemein verbreitet ansehen, und das einige Fähigkeiten bei dem Individuum vorausgesetzt (z. B. einen gewissen Grad von Extrovertiertheit, Einfühlungsvermögen, Sozialisierung), aber auch von seiner Umgebung abhängt (z. B. jemand, mit dem man in Interaktion treten kann). Auch hier gibt es einen „natürlichen" Weg, dies Bedürfnis zu befriedigen: Kontakt von Angesicht zu Angesicht mit wirklich lebenden Menschen; es gibt auch funktionale Alternativen für die Befriedigung des gleichen Bedürfnisses, z. B. Briefe schreiben, Bücher lesen oder sich den Massenmedien wie Hörfunk, Fernsehen, Zeitungen und Zeitschriften zuwenden.[4])

Ein geselliger Mensch mit stark nach außen gerichteten Interessen und Einfühlungsvermögen hat genügend individuelle Möglichkeiten, sein Bedürfnis nach sozialen Interaktionen auf natürlichem Wege zu befriedigen, Weg eins, d. h. durch gegenseitige Kontakte mit real existierenden Menschen. Wenn er Partner findet und die übrigen Voraussetzungen gegeben sind (Zeit z. B.), kann man auch seine milieubedingten Möglichkeiten als befriedigend bezeichnen, und (laut Definition) wird seine Abhängigkeit von solchen Alternativen wie Bücherlesen oder Rundfunkhören gering sein (Zelle 1).

Von der stark introvertierten Persönlichkeit auf der anderen Seite, mit geringem Einfühlungsvermögen, deren Sozialisierung viel zu wünschen übrig läßt, kann man sagen, daß sie nicht-befriedigende Möglichkeiten auf der persönlichen Ebene hat, ihr Bedürfnis nach geselliger Interaktion auf Art eins zu befriedigen. Wenn ihre Umgebung in dieser Beziehung ebenfalls Mängel aufweist, wird sie sehr abhängig von den gebotenen Alternativen sein, die man ihr anbietet, z. B. durch die Massenmedien (Zelle 4). — Und nun wollen wir mit unserem theoretischen Argument fortfahren.

Als wir die vorgeschlagene Typologie vom Standpunkt des Individuums und seiner Beziehungen zu den zweckmäßigen Alternativen betrachteten, kamen wir zu dem unterschiedlichen „Grad von Abhängigkeit". Aber man könnte die Typologie ebenso gut vom Blickwinkel der funktionalen Alternativen und ihrer Beziehung zu Möglichkeit eins ansehen. Diese Beziehungen können als definiert angesehen werden durch die Möglichkeiten, ein bestimmtes Bedürfnis auf Art eins zu befriedigen. D. h. für jedes der vier Kästchen der in Figur 1 dargestellten Typologie werden wir eine besondere Beziehung der funktionalen Alternative zu Möglichkeit eins erhalten. Auf diese Weise können einige der in der Debatte gebrauchten Bezeichnungen eine präzise Bedeutung erhalten.[5]) Dies wird in Figur 2 getan.

Figur 2. Verhältnis der funktionalen Alternativen zu Möglichkeit Nummer eins, definiert als die Möglichkeiten, ein bestimmtes Bedürfnis auf Art Nummer eins zu befriedigen (vgl. Figur 1)

1 Zusatz (Supplement)	2 Ergänzung (Complement)
3 Ergänzung (Complement)	4 Ersatz (Substitute)

Figur 2 läuft auf den Vorschlag einer präziseren Terminologie hinaus. Die Bezeichnungen selbst sind natürlich nur Etiketten und könnten ohne große Folgen ausgewechselt werden. Trotzdem erscheint es uns, daß, wenn befriedigende individuelle und milieubedingte Möglichkeiten vorhanden sind, Weg eins zu beschreiten, eine funktionale Alternative etwas Zusätzliches (engl. *Supplement*) ist. Wenn keine der beiden Möglichkeiten befriedigend oder gar vorhanden ist, kann die funktionale Alternative mit einiger Rechtfertigung ein Ersatz (engl. *Substitute*) für Weg eins genannt werden. Eine Ergänzung (engl. *Complement*) ist eine funktionale Alternative, wenn es individuelle, aber keine milieubedingten (oder milieubedingte und keine individuellen) Möglichkeiten gibt, das Bedürfnis auf Art eins zu befrieden. Es sollte darauf hingewiesen werden, daß diese Bezeichnungen nicht bewertend gemeint sind, obwohl wir wegen der Kargheit der Sprache Bezeichnungen wählen mußten, von denen einige besser klingen als andere. Dies ist so trotz der Tatsache, daß alle funktionalen Alternativen bei jeder der vier Zellen dienen können, d. h. eines Menschen Ersatz mag sehr wohl eines anderen Zusatz sein. Also, die gleiche sich bietende Alternative zu wirklichen geselligen Wechselbeziehungen — sagen wir ein Fernsehspiel — kann entweder ein Zusatz, eine Ergänzung oder ein Ersatz sein, je nach den Umständen.

Die funktionale Alternative kann von dem Individuum aus verschiedenen Gründen oder Motiven gesucht werden. Wir glauben, daß diese Motive auch vorzugsweise durch die Möglichkeiten des Individuums, Weg eins zur Bedürfnisbefriedigung zu nutzen, definiert werden sollten. So benutzen wir wiederum die vier Kästchen der Typologie von Figur 1, diesmal um zwischen vier Arten von Motiven zu unterscheiden (d. h. hier finden wir es sinnvoll, die zwei dazwischen liegenden Fälle zu unterscheiden). Dies wird in Figur 3 getan.

Figur 3. Motive für die Suche nach funktionalen Alternativen, definiert durch die Möglichkeiten, ein bestimmtes Bedürfnis auf Art Nummer eins zu befriedigen (vgl. Figur 1.)

1 Abwechselung	2 Entschädigung (Kompensation)
3 Wirklichkeitsflucht (Escape)	4 Stellv. Erfahrung

Wie Figur 2 läuft Figur 3 auf den Vorschlag einer präziseren Terminologie hinaus. Wiederum sind die Bezeichnungen nichts anderes als Etiketten und könnten ohne große Folgen für unsere Argumentation ausgewechselt werden. Trotzdem finden wir sie sinnvoll, zumindest in einem gewissen Grade. Es ist sinnvoll, glauben wir, anzunehmen, daß der Mensch, der reichliche individuelle und umweltgegebene Möglichkeiten hat, ein bestimmtes Bedürfnis zu befriedigen, durch den Wunsch nach Abwechselung motiviert sein muß, wenn er Alternativen zu der ersten Möglichkeit der Befriedigung sucht. Ein anderer Mensch, der sich als Individuum vollkommen des natürlichen Weges der Bedürfnisbefriedigung bedienen könnte, dessen Umgebung jedoch keine Möglichkeit bietet, dies zu tun, von diesem Menschen könnte man mit einigem Recht sagen, daß er in einer funktionalen Alternative Entschädigung oder Kompensation sucht für das, was die Gesellschaft ihm versagt. Der weniger

Begabte oder Talentierte ohne individuelle Möglichkeiten der natürlichen Bedürfnisbefriedigung, der jedoch — soweit es unsere Befriedigungsmöglichkeit eins betrifft — in einer Welt des Überflusses lebt, sucht wahrscheinlich ein Mittel der Flucht (*escape*) aus seiner frustrierenden Situation. Und das Individuum schließlich, das keine eigenen Möglichkeiten hat und dem seine Umgebung keine bietet, seine Erlebnisse in dieser Hinsicht werden stellvertretend sein. (Um bei unserem Beispiel der Wechselbeziehungen zu bleiben: dies ist der wenig gesellige Jugendliche ohne Freunde, der sich den Massenmedien zuwendet auf der Suche nach einem Ersatz, einem stellvertretenden Erlebnis für das, was ihm seine individuelle und Umweltsituation vorenthält.) Ausgehend von einer Typologie der Möglichkeiten zur Bedürfnisbefriedigung (größerer und kleinerer individueller und umweltbedingter Möglichkeiten für eine bestimmte Art der Befriedigung), fortfahrend mittels einer neuen Variablen mit drei oder vier Werten (Grad der Abhängigkeit von funktionalen Alternativen) und einer Typologie funktionaler Alternativen (Zusatz, Ergänzung, Ersatz) endeten wir bei einer Typologie der Motive für die Suche nach funktionalen Alternativen (Abwechselung, Kompensation, Wirklichkeitsflucht, stellvertretende Erfahrung). Der Leser mag mit Recht fragen, wie wir alle diese Begriffe anwenden wollen.

Prinzipiell könnten sie angewandt werden, wann immer ein Sozialwissenschaftlicher Individuen untersucht, deren Bedürfnisse auf eine Art befriedigt werden können, die individuelle und soziale oder gesellschaftliche Hilfsquellen voraussetzt, und wo es gleichzeitig andere Wege der Befriedigung gibt — die funktionalen Alternativen. In diesem Aufsatz wollen wir die Argumentation auf das Bedürfnis nach sozialer Interaktion anwenden, das wir schon ein paarmal für illustrative Zwecke benutzt haben.

Dies ist nicht der erste Aufsatz, der dem Problem der Massenmedien und dem Bedürfnis nach Interaktion gewidmet ist. Wenn man sich dem Gegenstand nähert, macht man eher die Erfahrung des *Embarras de richesse,* und die Schwierigkeit ist nicht zum geringsten Teil durch den Reichtum der Terminologie über den Gegenstand hervorgerufen. Es gibt keinen Mangel an Ausdrücken wie Flucht, Ersatz, Ergänzung, Phantasie, stellvertretende Erfahrung usw. Bevor wir versuchen einige der Gedanken auszudrücken, die sich hinter diesen Bezeichnungen verbergen, wollen wir indessen noch eine andere Typologie einführen, die sich auf das spezielle Bedürfnis bezieht, auf das wir unsere Aufmerksamkeit gerichtet haben: das Bedürfnis nach Wechselbeziehungen oder sozialer Interaktion.

Interaktion ist eine bestimmte Art von Beziehungen zwischen Individuen. Eine andere ist die Identifikation. Wenn man erstere grob als gegenseitige Stimulation und Reaktion definieren kann, kann man die andere für unsere Zwecke mit dem Akt, sich selbst anstelle einer anderen Person vorzustellen, gleichstellen.[6]) Wenn man diese etwas elastischen Definitionen nicht allzu eng nimmt, kann man sagen, daß beide Beziehungen zwischen wirklichen Menschen und einem Akteur der Massenmedienwelt bestehen können: dem Helden oder „Anti-Helden“ des Fernsehspiels oder der Illustrierten-Geschichte, dem bekannten Kolumnisten der Tageszeitung, dem Disk-Jockey des Rundfunkprogramms. Zumindest ist dies von mehr als einer Untersuchung über den Gebrauch der Massenmedien behauptet worden. Die Identifikation mag in diesen Fällen natürlich sehr flüchtig und oberflächlich sein und vielleicht nur während der kurzen Momente der Massenmedienszene von erhöhter Spannung oder Erleichterung existieren. Wechselbeziehungen können nur in der Einbildung vorhanden sein (das Publikum nimmt nur imaginär an der Handlung teil), sie können nur einseitig, oder nur auf besondere Art gegenseitig sein (z. B. ein Conferencier erzählt einen Witz und macht danach eine Pause, um den weit-entfernten Zuhörer lachen zu lassen).

Die zwei Arten der Beziehung — Identifikation und Interaktion — können dazu benutzt werden, eine Typologie der Beziehungen zwischen wirklichen Menschen und einem oder mehreren Akteuren der Massenmedien zu entwerfen (Fig. 4).

Figur 4. Typologie der Beziehungen zwischen Publikum und Darsteller der Massenmedien

		Interaktionen: Ja	Interaktionen: Nein
Identifikation	Ja	1 Ungebundenheit (Detachment)	2 Para-soziale Interaktion
	Nein	3 Einzel- Identifikation	4 Gebundenheit (Capture)

Diese Tabelle zeigt vier Arten der Beziehungen. Wir bezeichnen sie vom Gesichtspunkt des Publikums her und nennen die in Kästchen 1 enthaltene Ungebundenheit. (Vom Gesichtspunkt des „Schauspielers“ her gesehen, hätten wir sie z. B. „Mangel an Beziehungen“ nennen können.) Dies ist der Fall, wenn das Individuum sich weder mit einem Darsteller des Massenmedieninhaltes indentifiziert noch eine Interaktion besteht.[7])

Die Beziehung in Kästchen 2 nennen wir *para-soziale Interaktion*, wobei wir die Bezeichnung einem einfallsreichen und einsichtigen Artikel von Horton und Wohl[8]) entnehmen. Diese Art der Beziehung wird später in diesem Aufsatz ausführlicher behandelt werden. Kurz gesagt, sie bedeutet die Wechselbeziehung mit irgend jemand aus der Massenmedienwelt, so als wäre er in Person anwesend, ohne daß man auch nur vorübergehend die eigene Identität aufgibt. Die Gegenseitigkeit dieser Art von Interaktion ist ganz besonderer Natur.

Die Beziehung in Kästchen 3 ist, so glauben wir, äußerst selten oder gar in der Realität überhaupt nicht vorhanden. Wir meinen, daß es sehr schwierig ist, sich mit jemandem aus den Massenmediendarbietungen zu identifizieren, ohne zur gleichen Zeit in Wechselbeziehungen zu den übrigen Mitwirkenden zu treten. Aber etwa im Falle einer Ein-Mann-Show oder wenn eine Person oder Rolle besonders dominiert, mag vielleicht eine Identifikation ohne Interaktion vorkommen. Wir nennen diese Art der Beziehung *Einzel-Identifikation.*

Die Beziehung in Kästchen 4 nennen wir Gebundenheit. Dies ist das Gegenteil von der Beziehung in Kästchen 1: Die Person identifiziert sich mit einem oder mehreren Akteuren, und gleichzeitig tritt sie auch in Wechselbeziehungen zu einem oder mehreren anderen Akteuren. (Die Wechselbeziehung ist natürlich imaginär.)

Die vier Arten der Beziehungen können wir verstehen als die Werte einer neuen Variablen formend, die wir *Grad der Beteiligung* (Involvement) nennen wollen. Die Variabel kann als aus drei Werten bestehend angesehen werden, d. h. wie vorher möchten wir die zwei Zwischenstadien in eines zusammenfallen lassen. Wir nehmen die Möglichkeit einer positiven Korrelation zwischen dem Grad der Abhängigkeit, wie oben definiert, und dem Grad der Beteiligung an. Je abhängiger jemand von den Massenmedien als Lieferant von möglichen Alternativen zu wahren Wechselbeziehungen ist, desto höher wird sein Grad der Beteiligung sein[9]). Gleichfalls nehmen wir eine positive Korrelation zwischen dem Grad der Beteiligung und der Menge des Konsums an: je höher der Grad der Beteiligung, desto größer der Konsum der Massenmedien. In beiden Fällen ist die Beziehung wahrscheinlich gegenseitig.[10])

Wir glauben, daß unabhängig vom Grad der Abhängigkeit von den Massenmedien und ungeachtet der Motive und des Grades der Beteiligung das Bedürfnis nach Wechselbeziehungen (und in der Tat alle Bedürfnisse, die auf eine oder andere Art von den Massenmedien befriedigt werden können) nahezu von jeder Art Mediengehalt befriedigt werden kann. Aber dies bedeutet nicht, daß wir keinerlei Korrelation erwarten dürfen zwischen der Vorliebe für den Konsum von bestimmten Medieninhalten auf der einen Seite und andererseits dem Grad der Abhängigkeit sowie den Motiven, die funktionale Alternative der Medien zu suchen, oder dem Grad der Beteiligung. Deshalb soll unsere Argumentation mit einer Typologie des Inhaltes verbunden werden.

Wiederum greifen wir auf eine vierfache Typologie zurück, die wir dadurch erhalten, daß wir die beiden Begriffe des Fiktiven und des Informativen kreuzweise tabellieren (Fig. 5). Wir setzen voraus, daß es möglich ist, zwischen erfundenem (fiktivem) und nicht erfundenem Medieninhalt zu unterscheiden, obwohl wir uns der Tatsache bewußt sind, daß es Grenzfälle gibt. Mit informativem Mediengehalt meinen wir solche Aussagen, bei denen der Kommunikator (ein weiterer heikler Begriff!) beabsichtigt, explizite und konkrete Informationen zu übermitteln.

Figur 5. Typologie des Medieninhaltes

		Inhalt vermittelt explizite und konkrete Informationen: Ja	Inhalt vermittelt explizite und konkrete Informationen: Nein
Inhalt ist erfunden (fiktiv)	Nein	1 Nachrichten, Tagesgeschehen, belehrender Inhalt, usw.	2 Unterhaltung, Musik, usw.
	Ja	3 Lehrfilme, gewisse Dokumentation, usw.	4 Schauspiele, Theaterstükke, Romane, Kurzgeschichten, usw.

Dieses Schema zeigt, welche Arten von Inhalt in den verschiedenen Kästchen untergebracht werden, und wir brauchen dies nicht weiter zu erläutern, obwohl wir offen zugeben, daß die Typologie tatsächlich primitiv ist und einer Differenzierung bedarf. Wir meinen, daß eine verbesserte Version einer Aussagen-Typologie dieser Art (Aussage vom Standpunkt des Mediums oder des Kommunikators her gesehen) letztlich in Übereinstimmung gebracht werden sollte mit einer Art der Typologie, wie sie von Emmett vorgeschlagen wurde (die Aussage vom Standpunkt des Rezipienten her gesehen).[11]) In diesem Aufsatz jedoch müssen wir es bei der soeben angebotenen Typologie bewenden lassen.

In Analogie zu unserer früheren Strategie können wir die vier Arten von Aussagen als Werte einer neuen Variablen sehen, nämlich *Grad der Wirklichkeitsnähe der Aussageninhalte.* Der Inhalt von Kästchen 1, da er nicht erfunden ist und klare und konkrete Informationen liefert, ist der Wirklichkeit näher, so meinen wir, als der Inhalt von Nr. 4, welcher erdichtet und nicht belehrend ist; die Inhalte von Nummer 2 und 3 fallen zwischen diese beiden Extreme.

Am Rande sei hier vermerkt, daß wir uns der Tatsache wohl bewußt sind, daß wir den Begriff „Wirklichkeit" überhaupt nicht definiert haben. Geht man von anderen ausdrücklich oder stillschweigend implizierten Wertungen aus als von denen, welche die unausgesprochene Basis dieses Aufsatzes bilden, kann man leicht zu einer abweichenden Auffassung der Wirklichkeit und folglich zu einer anderen Anordnung der Kästchen bei der Variablen „Grad von Wirklichkeitsnähe" kommen. Wir hätten also keine Einwände, wenn jemand meinte, daß zumindest einige Schauspiele und Romane in der Tat der Wirklichkeit sehr nahe sind, d. h. „Wirklichkeit" und „nahe" in einem gewissen Sinne des Wortes.

Wenn wir unsere Definition der Variablen „Grad von Wirklichkeitsnähe" akzeptieren, könnten wir sie mit den Variablen „Grad von Abhängigkeit" und „Grad von Beteiligung", wie früher definiert, korrelieren, und es wäre unsere Hypothese, daß ein hoher Grad von Abhängigkeit und Beteiligung mit der Vorliebe für den Konsum von Aussagen mit einem geringen Grad an Wirklichkeitsnähe einhergehen würde, da sowohl die Identifikation als auch die Interaktion mit dieser Art Inhalt wahrscheinlich leichter herzustellen ist. Wie schon gesagt, glauben wir, daß die mutmaßlichen Korrelationen wahrscheinlich eine gegenseitige Beziehung darstellen.

Schließlich sollte etwas über die Auswirkungen des Massenmedienkonsums gesagt werden. In der Regel werden Wirkungsstudien und funktionale Studien als zwei verschiedene Ansätze betrachtet. Das Schlagwort „Was machen die Medien mit den Menschen, und was machen die Menschen mit den Medien?" wird manchmal benutzt, um die zwei verschiedenen Ansätze zu charakterisieren. Aber nach Merton sind Funktionen eine gewisse Art von Wirkungen[12]), und selbst wenn man in diesem Falle Funktionen für Nutzen, Arten der Befriedigung u. ä. setzt, kann man durchaus fragen, was für eine Wirkung eine bestimmte Nutzung der Massenmedien oder eine bestimmte dadurch erreichte Befriedigung haben kann. Wir sind daher überzeugt, daß früher oder später die beiden Richtungen miteinander verschmelzen müssen.

Während wir auf eine solche Verschmelzung warten, ist es sehr wichtig, daß die Wirkungsargumente möglichst weitgehend verfeinert werden. Indessen ist es offensichtlich nicht möglich, im gegenwärtigen Stadium der Massenkommunikationsforschung allzu anspruchsvoll zu sein. Eine Mindestforderung wäre es, zwischen langfristigen und kurzfristigen Wirkungen zu unterscheiden sowie Auswirkungen auf die Persönlichkeit und auf die Gesellschaft oder auf Teile der Gesellschaft. Es ist zu erwarten, daß die Wirkungen des Massenmedienkonsums sich nicht nur mit der Menge des Konsums, sondern auch mit dem Grad der Abhängigkeit, mit den Motiven für die Suche nach funktionalen Alternativen, welche die Medien anbieten sowie mit dem Grad der Beteiligung und dem Grad von Wirklichkeitsnähe des konsumierten Inhalts verändern. Dementsprechend sollte man sich bemühen, derartige Variablen zu beachten. Ebenso sollten Bewertungen so weit und so lange wie möglich aus der Argumentation herausgehalten werden, so daß sie mit größerer Genauigkeit und größerem Gewicht aufgestellt werden können, wenn man sie schließlich festlegt.

Nachdem wir auf wenigen Seiten die Strecke vom Grad der Abhängigkeit von den Massenmedien als funktionale Alternativen bis zu den möglichen Auswirkungen des Massenmedienkonsums unter einer Reihe von verschiedenen Umständen durchmessen haben, erscheint es zweckmäßig, unsere Anregungen etwas klarer zu umreißen. Wir werden dies tun, indem wir die bisherigen Ergebnisse und Argumente der Forschung in der Terminologie der in diesem Aufsatz dargestellten Typologien ausdrücken. Wir wählen drei Beispiele: den Begriff der para-sozialen Interaktion, entwickelt von Donald Horton und Richard Wohl; das Konzept von der Flucht (escape), wie es von Elihu Katz und David Foulkes erklärt wurde, und Wilbur Schramm's und seiner Mitarbeiter Doppelkonzept der verzögerten und der sofortigen Belohnung, des phantasie- und wirklichkeitsorientierten Inhalts. Es ist offensichtlich, daß wir hier diesen Begriffen kaum gerecht werden können. Unser Ziel ist nicht eine Bewertung oder Überprüfung früherer Arbeiten auf diesem Gebiet, sondern wir wollen lediglich unseren Beitrag mit Hilfe früherer Arbeiten, die auf die eine oder andere Art bahnbrechend gewesen sind, verbessern.

Vor mehr als zwanzig Jahren präsentierte Wilbur Schramm seine Idee von der sofortigen und der verzögerten Belohnung durch Aussagen der Massenkommunikation, besonders der Nachrichten, und zwölf Jahre später verfeinerten und entwickelten er und seine Mitarbeiter das Konzept so, daß es auch den Begriff des phantasie- und wirklichkeitsorientierten Inhalts einschließt.[13])

Bezugnehmend auf Freud's Lust- und Realitätsprinzip behaupten Schramm und seine Mitarbeiter, daß es zwei „Hauptrichtungen der Massenkommunikation" gibt, die sie mit den Begriffen *„Phantasie"* und *„Wirklichkeit"* bezeichnen.[14]) Phantasie bringt sofortige, Wirklichkeit spätere Befriedigung. „Im allgemeinen gehören Western, Kriminalfilme, volkstümliche Musik und Varieté-Vorstellungen vorwiegend der Phantasie an, während Nachrichten, Kommentare, Interviews, Programme über öffentliche Angelegenheiten und erzieherische Fernsehsendungen hauptsächlich in das Gebiet des Wirklichkeitsmaterials fallen."[15])

Die beiden Richtungen bestehen also aus verschiedenen Inhalten, die verschiedene Belohnung bieten. Phantasieorientierter Inhalt kann nach unserer Inhaltstypologie als nicht-informativer, erfundener oder nicht-erfundener Inhalt, d. h. Inhalt mit mittlerer bis geringer Wirklichkeitsnähe, bezeichnet werden. Unserer Argumentation entsprechend fällt der Konsum solcher Aussagen mit einem hohen Grad der Beteiligung zusammen. Solcher Inhalt wird also vorwiegend gesucht als Ergänzung oder Ersatz, für die Kompensation, Flucht (escape) oder stellvertretende Erfahrung, die er bieten kann unter Beziehungen, die als para-soziale Interaktionen, Einzel-Identifikation oder Gebundenheit beschrieben werden können, wobei alle diese Begriffe wie früher definiert verwendet werden.

Realitätsorientierter Inhalt, andererseits, kann mit unseren Bezeichnungen als informativer, gewöhnlicherweise nicht erdichteter Inhalt beschrieben werden, d. h. als Inhalt mit einem hohen Grad von Wirklichkeitsnähe. In einem gewissen — unbekannten — Ausmaße wird ein solcher wirklichkeitsnaher Inhalt natürlich überhaupt nicht zu Zwecken der Interaktion als möglicher Alternative zu lebensechten Wechselbeziehungen, sondern als Quelle der Information genutzt, d. h. er wird zu dem genutzt, wofür er bezweckt war. Wir wissen nicht, in welchem Maße sich das so verhält, aber das sich über die Jahre ansammelnde empirische Material legt immer mehr nahe, daß auch wirklichkeitsnaher Inhalt oft für ganz andere Zwecke genutzt wird als die, um derentwillen er angeblich übermittelt wurde.

Andere Ergebnisse als die der Untersuchungen von Schramm und Mitarbeitern benutzend, haben Schneider und Lysgaard den Begriff der verzögerten und der sofortigen Belohnung zu zwei verschiedenen Lebensstilen verallgemeinert, von denen sie annehmen, daß sie für die Arbeiter- und Mittelklasse jeweils charakteristisch sind: sofortige und verzögerte Befriedigung.[16]) Ohne daß wir die Gültigkeit dieser Verallgemeinerung bestreiten wollen, geben wir uns damit zufrieden klarzustellen, daß die vier von uns aufgestellten Motive oder Funktionen, die auf verschiedenen Ebenen der Abhängigkeit von den Massenmedien als möglichen Alternativen wirksam sein können, alle mit sofortiger Belohnung gedacht werden sollten. Man erhält keine verspätete Befriedigung von den Massenmedien, wenn man ihren Inhalt als Zusatz, Ergänzung oder Ersatz aufnimmt und wegen Abwechselung, Flucht oder stellvertretendes Erlebnis konsumiert, sondern wenn man ihn als Quelle der Information, d. h. als informativen, nicht-erfundenen Stoff konsumiert, nicht als Alternative, sondern um seiner selbst willen.

Hätten wir mehr Raum zur Verfügung, könnten wir die detaillierten empirischen Ergebnisse, die Schramm und seine Mitarbeiter über das Fernsehen im Leben der Kinder zusammengetragen haben, in der Terminologie unserer Typologienreihe ausdrücken. Z. B. wäre es verlockend, die Kapitel 6 und 7 dieses interessanten Buches auf diese Weise auszulegen. Es ist wahrscheinlich, daß dies zu einer Verfeinerung unserer Typologie führen würde und auch zu einem besseren Verständnis der empirischen Ergebnisse. Wir sehen jedoch von diesem Vorhaben ab.

Nun zu einem anderen Benutzungs- und Nutzen-Ansatz: Indem sie die Argumente von Kriterien der Populärkultur aufzeigen, präsentieren Katz und Foulkes eine Reihe von Schlüsselbegriffen auf dem Gebiet der Massenkommunikation: „Unsere alltäglichen Rollen in der modernen Gesellschaft lassen Spannungen oder *Triebe* aufkommen (entstammend aus Entfremdung oder Entbehrung), die zu einer starken *Exposition* gegenüber den Massenmedien mit ihrer charakteristischen *Umgebung* (z. B. dem Kino) und ihrem charakteristischen *Inhalt* (z. B. Phantasie) führen, wobei man durch *psychologische Prozesse* (wie etwa die Identifikation) eine kompensatorische Befriedigung und, vielleicht als eine nicht vorhergesehene *Folge,* eine ‚Betäubung' anderer Rollenerwartungen findet."[17])

Die Schlüsselbegriffe dieser Darlegung sind Rollen, Triebe, Exposition, Umgebung, Inhalt, psychologische Prozesse, ersatzweise Befriedigung und Folgen. Sie passen gut in unsere eigene Reihe von Typologien und Variablen. In der Tat kann unser Aufsatz als ein Versuch einer Explikation dieser und ähnlicher Argumentationen gesehen werden, die natürlich einen der Ausgangspunkte dieses Aufsatzes bilden. Wenn man die Schlüsselbegriffe des Aufsatzes von Katz und Foulkes unseren eigenen Typologien und Variablen gegenüberstellt, ergibt sich ein klares Bild der engen Parallelität der beiden Paradigmen:

Katz und Foulkes:	*Rosengren und Windahl:*
Rollen	Vgl. Grad der Abhängigkeit, weiter unten auf der Liste
Triebe	Bedürfnisse nach Interaktion
— — —	Grad der Abhängigkeit von funktionalen Alternativen zur Bedürfnisbefriedigung, z. B. Massenmedien
— — —	Typologie der funktionalen Alternativen
— — —	Typologie der Motive für die Suche nach funktionalen Alternativen
Exposition	Menge des Konsums
Umgebung	— — —
Inhalt	Grad der Wirklichkeitsnähe
Psychologische Prozesse	Grad der Beteiligung
Kompensatorische Befriedigung	Vgl. Typologie der Motive, oben
Folgen	Wirkungen

Man kann erkennen, daß wir die Umgebung vernachlässigt haben, während wir auf der anderen Seite einige Lücken zwischen Trieben und Ausgesetztsein im Schema von Katz und Foulkes ausgefüllt haben. Es war uns nicht möglich, den Begriff der Umgebung mit unserer Argumentation in Beziehung zu bringen. Wir sind in der Tat nicht sicher, ob er von großem Belang ist, obwohl wir die Möglichkeit anerkennen, daß er bei anderen Überlegungen von Wichtigkeit sein mag.

Fährt man in den Vergleich zwischen den beiden Kolumnen fort, so bemerkt man, daß gemäß Katz und Foulkes Rollen *vor* Trieben rangieren, während wir es vorgezogen haben, unsere teilweise entsprechende Variable etwas weiter unten in der Liste zu plazieren. Dies entspricht unter anderem der Tatsache, daß solche Abhängigkeit als das Charakteristikum eines Individuums, nicht einer Rolle gesehen werden muß. Das Individuum handelt natürlich im Rahmen seiner bio-psychologischen und sozialen Möglichkeiten, von denen ein Teil aus der Rolle besteht, die das Individuum ausführt. Demnach sehen wir den Grad der Abhängigkeit durch solche Variablen wie Rollen *und* biologische und psychologische Variablen bestimmt. In der Tat ist dies die Art und Weise, wie der Grad der Abhängigkeit definiert wird

Ein weiterer Unterschied in der Gegenüberstellung liegt darin, daß Katz und Foulkes die „kompensatorische Befriedigung" nahezu an das Ende ihrer

Liste gestellt haben, während wir unsere entsprechende Typologie der Motive weiter oben angesetzt haben. Diese unterschiedliche Plazierung von teils identischen Begriffen — kompensatorische Befriedigung kann in unsere Typologie einbezogen und mit Kompensation gleichgesetzt werden — spiegelt ein Dilemma wider, dem man in jeder Untersuchung zweckorientierten Verhaltens begegnet: Das Ziel, am Ende einer Reihe von Handlungen und Prozessen, ist einer der auslösenden Faktoren dieser Kette.

Man mag dieser Gegenüberstellung entnehmen, daß wir nicht mit Katz und Foulkes übereinstimmen, „daß der Begriff der ‚Wirklichkeitsflucht' etwas mit den Folgen der Mediennutzung zu tun haben sollte."[18]) Wir glauben im Gegenteil, daß Katz und Foulkes es selbst ganz klar gemacht haben, daß Flucht (escape) vorzugsweise als etwas wie ein Ziel, ein Wert oder ein Motiv gesehen werden sollte. Dies entspricht unserer Typologie der Motive, wo „Wirklichkeitsflucht" eine der vier Arten von Motiven ist. Die Folgen oder Auswirkungen der Tatsache, ein solches Ziel, einen derartigen Wert oder ein solches Motiv zu haben oder zu suchen, mögen unterschiedlich sein. Sie können vorgesehen und beabsichtigt oder unvorhergesehen und unbeabsichtigt sein. Sie können alles andere als Flucht sein. Sie können „gut" oder „schlecht" sein. Sie können es in lang- oder kurzfristiger Hinsicht sein und das Individuum und/oder die Gesellschaft betreffen, wie Katz und Foulkes es selbst darstellen.

Eine potentielle, möglicherweise „schlechte" Auswirkung auf das Individuum können wir mit Katz und Foulkes treffend als Narkotisierung bezeichnen: Das Streben nach Flucht kann auf Betäubung hinauslaufen. Es sollte jedoch nicht vergessen werden, daß Betäubung manchmal die beste von mehreren „schlechten" Lösungen für ein schwieriges Problem sein kann. Man sieht also, daß es sich nicht nur um terminologische Fragen handelt. Bezeichnungen sind nicht immer unwichtig; zu Zeiten können sie unsere Gedanken in die richtige oder falsche Richtung lenken. Im ganzen glauben wir, daß der Aufsatz von Katz und Foulkes in dieser Hinsicht potentiell ergiebig ist. Wir meinen auch, daß das Studium über Benutzung und Nutzen durch eine klare Gegenüberstellung dieses und anderer Paradigmen schließlich eine Art Startphase erreichen kann, die zu schnellerem Wachstum und demzufolge zur Sammlung gültigen und sachdienlichen Wissens über die bei den Massenmedien gesuchte und gefundene Befriedigung führt.

Eine weitere Arbeit auf diesem Gebiet ist der Aufsatz von Donald Horton und Richard Wohl über „Massenkommunikation und para-soziale Interaktion".[20]) Was Horton und Wohl para-soziale Interaktion nennen, ist ein spezieller Fall von Interaktion, etwas „Ähnliches wie das Geben und Nehmen im Gespräch", stattfindend zwischen einer gewissen Art von Massenmedien-Kommunikatoren, genannt *Personae* (hauptsächlich Unterhalter) und ihrem Publikum. Das Geben und Nehmen sei von seiten der *Personae* eine vorausschauende Anpassung an die erwartete Antwort des Publikums, und von seiten des Publikums sei dieses Geben und Nehmen, indem das Publikum die erwartete Antwort gibt, mehr als reines Beobachten, nämlich die Tatsache, daß der Rezipient von dem Wissen der *Personae* profitiert, ihren Rat befolgt, mit ihren Schwierigkeiten sympathisiert, ihre Fehler vergibt, die Produkte kauft, die sie empfehlen, und deren Sponsors auf dem laufenden hält über die Wertschätzung, die sie genießen.[21]) Kurz gesagt, man nimmt an, daß das Publikum die Personae auf sich einwirken läßt — die Quiz-Master, Ansager, Interviewer usw. Diese quasi-Wechselbeziehung wird para-soziale Interaktion genannt und unterscheidet sich von der Beziehung, die manchmal zwischen den Darstellern eines Schauspiels und ihrem Publikum existieren kann, hauptsächlich durch den Mangel an Identifikation mit irgend einer der auf der Bühne oder Leinwand gespielten Rollen. Das Publikum behält die ganze Zeit seine Identität bei — notwendigerweise so —, denn dann und wann wird es „aufgefordert, die passenden Antworten zu geben, welche die der *Personae* ergänzen."[22])

Horton und Wohl haben viele interessante Dinge über diesen Gegenstand zu sagen, und der Leser wird für weitere Informationen auf ihren anregenden Aufsatz hingewiesen. Wir müssen uns damit begnügen, hier zu bemerken, daß das, was Horton und Wohl beschrieben haben, den Zwischenwert unserer Variablen „Grad der Beteiligung" darstellt, der durch Interaktion, aber zugleich durch Mangel an Identifikation mit einem oder mehreren Akteuren der Massenmedien charakterisiert wird. Dieser Wert wird passend als parasoziale Interaktion bezeichnet, übereinstimmend mit den Vorschlägen von Horton und Wohl.

Entsprechend unserer Hypothese sollte dieser Grad der Beteiligung dann gefunden werden, wenn der Grad der Abhängigkeit intermediär ist und die Massenmedien als Ergänzung zu realen Interaktionen genutzt werden, um Kompensation für, oder Flucht aus, einer gesellschaftlichen oder individuellen Situation zu finden, die durch manchmal leichte, manchmal starke Mängel charakterisiert ist.

Demgemäß fügt sich der von Horton und Wohl eingeführte Begriff der parasozialen Wechselbeziehung ausgezeichnet in unsere verschiedenen Typologien, und dies ist kein Zufall, denn es war tatsächlich dieses Konzept, das unsere Arbeit inspirierte.

*

Im zweiten Teil der englischen Fassung dieses Aufsatzes wenden die Autoren das hier erarbeitete konzeptuelle Instrumentarium an, um ihre Hypothesen zu überprüfen. Da jedoch die empirischen Untersuchungen zum Teil schon begonnen hatten, bevor die theoretischen Konzepte ausgearbeitet waren, konnten nicht alle Konzepte berücksichtigt werden. Die Autoren entwickelten einen „Interaction Potential Index" und einen „Degree of Involvement Index", mit denen sie die Konzepte des „Grades der Abhängigkeit von funktionalen Alternativen" und des „Grades der Beteiligung" empirisch zu erfassen suchten. Je höher das Interaktionspotential — so war die Annahme — desto geringer die Abhängigkeit von funktionalen Alternativen zur realen sozialen Inter-

aktion. Das heißt: Auf Grund der theoretischen Überlegungen müßte eine negative Korrelation zwischen den beiden Indizes bestehen.

Die empirischen Untersuchungen bei Zufalls-Samples der erwachsenen Bevölkerung in Helsingborg und Växjö (Südschweden) bestätigen diese erwarteten Zusammenhänge.

Anzumerken ist jedoch, daß der „Grad der Beteiligung" in Växjö etwas geringer zu sein scheint als in Helsingbord. Die Autoren gehen von der Hypothese aus, daß dies äußeren Wirkungsbedingungen zuzuschreiben ist: Die etwas kleinere Stadt Växjö bietet möglicherweise bessere Gelegenheiten für reale soziale Interaktionen als Helsingborg: demzufolge kann das Bedürfnis nach der funktionalen Alternative parasozialer Interaktionen in Växjö etwas geringer sein als in Helsingbord.

Um diesen hypothetischen Milieueinfluß zu untersuchen, werden gegenwärtig zwei Surveys durchgeführt, und zwar in einer kleinen Gemeinde und in Malmö (mit 265 000 Einwohnern). Dabei werden auch Persönlichkeitstests verwendet, um den möglichen Einfluß individueller Bedürfnisse und der Fähigkeit zu sozialer Interaktion zu messen.

Anmerkungen

1 Vgl. C. R. Wright, **Mass Communication. A Sociological Perspective,** New York: Random House, 1959, pp. 16—23; P. Müller, **Die soziale Gruppe im Prozeß der Massenkommunikation,** Stuttgart: Ferdinand Enke Verlag, 1970, pp. 60—70; K. E. Rosengren, Diffusion of News, The Case of Sweden and Apollo 13, **Psykologist Försvar,** 51, Stockholm: Beredskapsnämnden för psykologiskt försvar, 1971, pp. 67—69 (mimeo).

2 Wir setzen hier weitgehend Bedürfnisse mit Trieben gleich. In vielen oder den meisten Fällen denken wir wahrscheinlich an erworbene Triebe: „A motive, need, or source of motivation (rarely defined) that is a product of learning". J. S. Brown, Acquired Drives **International Encyclopedia of the Social Sciences,** 4, New York: MacMillan, 1968, p. 280.

3 R. K. Merton, **Social Theory and Social Structure,** Glencoe: The Free Press, 1963, p. 34 and passim. Die Argumentation des restlichen Aufsatzes bleibt stichhaltig, selbst wenn die funktionalen Alternativen gleichwertig sind, so daß es keinen mehr oder weniger selbstverständlichen „Weg eins" unter ihnen gibt.

4 „There is good reason to consider this **basic drive for contact** the most important factor in keeping all communication in operation." K. Nordenstreng, Consumption of Mass Media in Finland, **Gazette,** 15, 1969, p. 254.

5 Eine ausgezeichnete Übersicht der Literatur über Massenmedien als Ersatz, Ergänzung, Flucht usw. kann man finden in Kapitel 9 von D. Lundberg und O. Hultén, **Individen och mass-media,** Stockholm: Norstedt & Söner, 1968 (in Schwedisch). Lundberg und Hultén beziehen sich auf bekannte Werke u. a. von Bailyn, Berelson, Himmelweit, Riley & Riley, Schramm, Steiner, aber auch auf einige weniger bekannte Untersuchungen.

6 Vgl. G. A. Theodorson und A. G. Theodorson, **A Modern Dictionary of Sociology,** London: Methuen, 1970; vgl. auch u. a. F. E. Emery, Psychological Effects of the Western Film: A Study in Television Viewing, **Human Relations,** 12, 1959, pp. 195—229; H. C. Kelman, Processes of Opinion Change, **The Public Opinion Quarterly,** 25, 1961, pp. 57—78, und die von den Autoren zitierte Literatur.

7 Vgl. den entsprechenden Begriff von „adult discount", eingeführt in W. S. Dysinger und C. A. Rucknick, **The Emotional Response of Children to the Motion Picture Situation.** New York, MacMillan, 1933. Vgl. auch J. G. Blumler, J. R. Brown und D. McQuail, **The Social Origins of the Gratifications Associated with Television Viewing,** 1970 (mimeo), p. 31.

8 D. Horton und R. R. Wohl, Mass Communication and Para-social Interaction, **Psychiatry,** 19, 1956, pp. 215—229.

9 Vgl. M. A. Turner, News-reading Behavior and Social Adjustment **Journalism Quarterly,** 35, 1958, pp. 199—204.

10 Vgl. H. L. Zetterberg, **On Theory and Verification in Sociology,** New York: The Bedminster Press, 1965, pp. 72 f.

11 B. P. Emmett, A New Role for Research in Broadcasting, **The Public Opinion Quarterly**, 32, 1968, pp. 654—665.

12 Vgl. R. K. Merton, op. cit., p. 51.

13 W. Schramm, The Nature of News, **Journalism Quarterly**, 26, 1949, pp. 259—269; W. Schramm, J. Lyle und E. B. Parker, **Television in the Lives of Our Children**, Stanford University Press, 1961; vgl. V. Pietilä, Immediate Versus Delayed Reward in Newspaper Reading, **Acta Sociologica**, 12, 1969, pp. 199—208.

14 W. Schramm u. a., op. cit. p. 63.

15 Ibidem, p. 64.

16 L. Schneider und S. Lysgaard, The Deferred Gratification Pattern: A Preliminary Study, **American Sociological Review**, 18, 1953, pp. 142—149.

17 E. Katz und D. Foulkes. On the Use of the Mass Media as „Escape": Clarification of a Concept, **The Public Opinion Quarterly**, 26, 1962, pp. 379 f.

18 **Ibidem**, p. 380.

19 **Ibidem**, p. 380. Der Begriff der Betäubung ist natürlich auf verschiedene Weise angewandt worden. Vgl. z. B. P. Lazarsfeld und R. K. Merton, Mass Communication, Popular Taste and Organized Sozial Action, in B. Rosenberg & D. M. Whit (Hrsg.), **Mass Culture**, Glencoe: The Free Press, 1957 pp. 457—473.

20 D. Horton und R. R. Wohl, op. cit.; vgl. D. Horton und A. Strauss, Interaction in Audience-Participation Shows, **The American Journal of Sociology**, 62, 1957, pp. 579—587.

21 D. Horton und R. R. Wohl, **op. cit.** p. 219.

22 **Ibidem**, p. 219.

Biographische Angaben zu den Autoren der einzelnen Beiträge

Dr. Franz Dröge (geb. 1937) ist Professor für Kommunikationswissenschaft an der Universität Bremen.

Dr. Peter Glotz (geb. 1939) ist Mitglied des Bayerischen Landtages.

Henning Haft (geb. 1942) ist wiss. Assistent an der PH Westfalen-Lippe.

Dr. Henner Heß (geb. 1940) ist Wissenschaftlicher Assistent am Institut für Kriminologie der Universität Heidelberg.

Dr. Günter Kieslich (geb. 1924) war zuletzt Ordinarius für Publizistik und Kommmunikationstheorie an der Universität Salzburg. Er starb dort am 9. Dezember 1971.

Dr. Wolfgang Langenbucher (geb. 1938) ist wissenschaftlicher Mitarbeiter und Lehrbeauftragter am Institut für Zeitungswissenschaft der Universität München.

Dr. Winfried B. Lerg (geb. 1932) ist Professor für Publizistik an der Universität Münster.

Dr. Kaarle Nordenstreng (geb. 1941) ist Direktor des Instituts für Journalismus und Massenkommunikation der Universität Tampere (Finnland). Zur Zeit der Entstehung des hier abgedruckten Berichtes war er Forschungsleiter der Finnischen Rundfunkgesellschaft.

Dr. Martin Osterland (geb. 1937) ist Direktor am Soziologischen Forschungsinstitut Göttingen.

Dr. Christian Padrutt (geb. 1934) ist Leiter des Journalistischen Seminars der Universität Zürich und Lehrbeauftragter für Publizistik an der Hochschule St. Gallen für Wirtschafts- und Sozialwissenschaften.

Dr. Karl Erik Rosengren (geb. 1932) ist Dozent und Universitätslektor der Soziologie an der Universität Lund (Schweden).

Harald Weirich (geb. 1942) ist Assistent des rheinland-pfälzischen SPD-Landesvorsitzenden Wilhelm Dröscher.

Dr. Rainer Weißenborn (geb. 1943) ist Akademischer Rat am Institut für Publizistik in Münster.

Otto Wilfert (geb. 1935) ist Redakteur beim Zweiten Deutschen Fernsehen.

Swen Windahl (geb. 1942) ist Universitätslektor der Soziologie an der Universität Lund (Schweden).